DE REIS VAN JE LEVEN

Ook verschenen van Viora Rebergen en
Joost van Willigenburg bij Xander Uitgevers

Beter op reis (2020)

VIORA REBERGEN EN
JOOST VAN WILLIGENBURG

De reis van je leven

XANDER

Uitgegeven door Xander Uitgevers
www.xanderuitgevers.nl

Omslagontwerp: Studio Jan de Boer
Binnenzijde omslag: Select Interface
Omslagfoto: fotoarchief auteurs
Auteursfoto: © Bart Honingh
Zetwerk: Michiel Niesen, ZetProductes

Eerste druk 2021

ISBN 978 94 0161 600 3 | NUR 320

INHOUD

VOORWOORD

Het is 4 juni 2016. Op een terras in Noordwijk, met uitzicht op zee, vraagt Viora me wat ik wil doen als ze straks weer gezond is, genezen van de leukemie. 'We kunnen ons bij iedere keuze wel afvragen of het de juiste is, maar het leven kan zo voorbij zijn, dat zien we nu met eigen ogen. Ik wil een feest maken van mijn gezonde jaren, waarom zouden we wachten? Ik wil met jou op wereldreis.' Ze haalt even adem. 'Hoe zie jíj het dan voor je, Joost, als ik straks beter ben?'

Goed punt, we zouden het zeker groots moeten vieren. Na tweeënhalf jaar ziekenhuis in en uit lijkt een vakantie me niet meer dan logisch, maar een jaar op reis... Ik snap helemaal waarom Viora dit wil, maar het past totaal niet bij mij.

'Denk er maar rustig over na, maar dit zou voor mij een droom zijn.'

Mijn hoofd heeft moeite om na te denken over een wereldreis terwijl er eerst nog zo'n lange behandeling gepland staat. 'Laat me even aan het idee wennen. Maar dat we iets groots moeten gaan doen als je beter mag worden, daar ben ik het helemaal mee eens!'

We proosten met onze alcoholvrije biertjes op de onzekere toekomst. 'Eén ding is zeker: we gaan niet zomaar terug naar het normale leven. We gaan het leven vieren!'

Nog geen jaar later, nog midden in Viora's behandeling, begonnen we langzaam met de voorbereidingen van onze wereldreis. Het gesprek en dit idee waren natuurlijk in ons hoofd blijven rondspoken en uiteindelijk was ook Joost helemaal om.

Het plan om drie maanden weg te gaan maakte plaats voor een reis van een jaar. Uiteindelijk heeft Joost zelfs zijn baan opgezegd, hoe eng dat ook was. We maakten een spaarplan, bedachten wat we moesten doen met ons huis, maakten een lijst met wat er in de backpacks moest en bepaalden een route. Onze plannen veroorzaakten soms slapeloze nachten en zorgden meer dan eens voor een overweldigend gevoel van onzekerheid. Maar uiteindelijk was het dat allemaal meer dan waard.

In dit boek geven we jou antwoorden op alle vragen die wij vooraf hadden, delen we onze fantastische ervaringen en willen we je inspireren om ook de stap te zetten: ga op wereldreis! Waarom zou je wachten, morgen is je niet gegeven.

Dit is ons verhaal van de reis van ons leven.

FROM RUSSIA WITH LOVE

---

28 APRIL 2019/WERELDREISDAG 8

JOOST

'Zullen we toch maar een slaappil nemen?' roep ik door de treincoupé naar Viora. Ze ligt nog geen vijftig centimeter bij me vandaan, maar door het donderende geluid van de schuddende trein en het piepen van de remmen moet ik keihard praten om erbovenuit te komen.

'Laten we dat maar doen, anders wordt het een lange nacht.' Ze zet haar slaapmasker af, knipt haar leeslampje aan en drukt twee kleine blauwe pillen uit een strip. Deze slaappillen hebben we laatst van mijn ouders meegekregen.

'Voor het geval dat,' zei mijn moeder toen. Inmiddels zijn we pas een week op wereldreis, maar we hebben ze nu al nodig. Laten we hopen dat dit geen voorbode is van wat ons nog te wachten staat…

We zitten inmiddels acht uur in de trein en de tijd is voorbijgevlogen. Eindelijk zitten we in de Transmongolië Express. Voor ons toch wel dé start van onze wereldreis.

Afgelopen zondag zijn we vanaf Eindhoven Airport vertrokken naar Boedapest, een fantastische eerste stop. De stad doet gemoedelijk aan en heeft een van de meest uitgebreide tramnetwerken van Europa. De klassieke gele trams zijn een niet te missen kenmerk van de stad. Mijn eerste hostelervaring is inmiddels ook een feit. We hadden een ruime en nette tweepersoonskamer, met een gedeelde douche en wc op de gang. De kamer was simpel: alleen een bed en een kast. Voor die paar nachtjes was het prima, want we zijn toch niet veel binnen geweest. Ons hostel lag aan de route van tramlijn 2, die via de Donau langs alle bezienswaardigheden van de stad gaat. Met een bezoek van drie dagen hadden we meer dan genoeg tijd om de highlights te bezoeken, zoals een middag spenderen in een van de vele beroemde badhuizen. Wij zijn naar het Gellért-badhuis geweest, sinds 1918 een van de grootste en meest indrukwekkende badhuizen van Boedapest. Als je in badkleding en met de verplichte badmuts op door dit gebouw loopt (of zwemt) kun je de historie bijna voelen, vooral vanwege het imposante tegelwerk en de glazen plafonds.

Helemaal ontspannen door ons bezoek aan het badhuis stapten we in het vliegtuig naar Moskou. Ik had niet zo'n heel positief beeld van Moskou. Ik weet niet waar dat op gebaseerd was, maar ik had er hetzelfde grauwe beeld bij als dat ik heb van steden als Berlijn of Warschau. Steden met een grote historie die bij mij vooral bekend zijn uit de geschiedenisboeken, vanwege alle oorlogen en het kille industriële karakter. In alle drie de steden was ik nog nooit geweest, dus of mijn aanname klopt weet ik niet, maar ik moet bekennen dat ik die van Moskou nu wel grotendeels moet aanpassen. De stad barst van de kleuren, sfeer en elegantie, maar is bovenal enorm modern. Het absolute hoogtepunt was natuurlijk het Rode Plein met de wereldberoemde Basiliuskathedraal. Met zijn rode gevels en kleurrijke koepels is dit hét beeld van Moskou dat je als eerste op Google ziet. En nu stond ik er gewoon zelf!

Naast het Rode Plein staat het Kremlin, waar de regering van Rusland is gevestigd. Rondom dit immense paleis wemelt het continu van de politieagenten en militairen met grote geweren. Wanneer er een hoge functionaris in aantocht is, gaan alle stoplichten in de omgeving van het gebouw op rood. Vervolgens komen er met hoge snelheid en loeiende sirenes motoragenten aan, die met hun geweren goed zichtbaar op het kruispunt gaan staan om de zwaarbeveiligde zwarte auto van de functionaris richting het Kremlin te escorteren. Toen we dit voor de eerste keer zagen wisten we zeker dat Poetin in de auto zat. Toen wisten we nog niet dat dit het standaardprotocol is bij leden van de regering, en dat dit spektakel zich dus een paar keer per dag voltrekt.

Niet alleen de auto's van de regeringsleden zijn modern, alles in Moskou ademt luxe en rijkdom. Metrostations die eruitzien als paleizen, met hun kroonluchters en mozaïek op de muren. Gigantische warenhuizen, bijzondere restaurants en schone en brede straten. Eigenlijk precies zoals ik het mij niet had voorgesteld. Wat een aangename verrassing was deze stad!

Modern was ons hostel echter allerminst. Onze kamer was een bezemkast met daarin alleen een stapelbed en een nachtkastje dat precies tussen het bed en de muur paste. Ik schrok me kapot toen we naar binnen stapten, terwijl Viora in lachen uitbarstte: 'Ik denk dat dit expres is gedaan om ons alvast te laten wennen aan de trein straks.'

Hoewel ons bezoek aan Boedapest en Moskou fantastisch was, voelde onze tijd in allebei de steden toch meer als een voorbode op het grote moment: het vertrek van de Transmongolië Express.

De eerste uren van de reis staren we alleen maar naar buiten. Moskou is zó groot. Het duurt zeker twee uur voordat we de grijze industriële buitenwijken vol fabrieken van deze stad achter ons laten en de trein koers zet richting niemandsland.

Bij de eerste kilometers schrokken we van het geschud, getoeter en gefluit van de trein. 'Dat wordt vast wel minder als we eenmaal buiten de stad rijden,' had ik nog tegen Viora, en vooral tegen mezelf, gezegd. Eenmaal in bed besef ik dat het gerammel en gebonk van de trein niet gaat veranderen en dat we nog ruim tachtig uur te gaan hebben. In het eerste deel van deze treinreis doorkruisen we in vier nachten en vijf dagen het grootste deel van Rusland en rijden we van Moskou direct naar onze eerst stop: Irkoetsk.

Ik word wakker van de deur die met een harde klap dichtvalt als Viora binnenkomt met een kop thee. 'Sorry, ik wilde je niet wakker maken!' zegt ze verontschuldigend. 'Wil je ook thee?'

'Ja, graag,' zeg ik met schorre stem terwijl ik overeind kom. De trein is vannacht op twaalf stations gestopt en ik heb er helemaal niks van gemerkt. Tijdens een van deze stops heeft de tijd ook een sprong vooruit gemaakt. Rusland is zo groot dat het land maar liefst elf tijdzones kent. Tussen Moskou en Irkoetsk reizen wij door vijf tijdzones. In dit geval een fijne bijkomstigheid, want zo gaat de tijd toch ineens een stuk sneller voorbij. Het is wel ingewikkeld: we hebben op onze telefoons geen bereik, dus springen ze ook niet automatisch over op de juiste lokale tijd. Daarom zetten we mijn analoge horloge steeds handmatig om, zodat we zelf nog een beetje weten hoe laat het is.

Bij het boeken van de treinkaartjes hebben we een overzicht gekregen met daarop alle stations waar we stoppen, hoelang we stoppen en wanneer we een volgende tijdzone inrijden. Na elke stop streep ik hem door op het schema en bekijken we wanneer en hoelang de volgende is. Dat varieert van vijf minuten tot wel drie kwartier. Gisteravond zijn we om halftien nog uitgestapt tijdens een korte stop van tien minuten. Even de benen strekken en wat frisse lucht pakken voor de nacht. Dat laatste was niet zo moeilijk: na een middag in de trein was de buitentemperatuur gedaald naar zeven graden, terwijl het die middag in Moskou nog ruim twintig graden geweest was.

Als ik nu naar buiten kijk verwacht ik niet dat het vandaag veel warmer zal zijn, al doet de temperatuur in de trein anders vermoeden. De verwarming staat continu aan, ook 's nachts, en blaast een muffe, warme lucht de coupé in. Ik krijg hoofdpijn van de lucht en wil niets liever dan een raampje openzetten, maar... Je raadt het al. Dat is helaas niet mogelijk.

Terwijl we onze havermout opeten raast het landschap aan ons voorbij. Voor in iedere wagon staat een *samovar,* de redding van iedere reiziger in de trein. Het is een boiler waar je heet water kunt tappen voor je thee of koffie, maar waarmee je dus ook havermout, instant noodles of soep kunt maken. Uitgebreider dan dat wordt het niet. Er is wel een restauratiewagen, maar op de menukaart staan alleen wat onverklaarbare Russische gerechten, die bovendien niet te betalen zijn. Vooralsnog houden wij het daarom bij onze zelf meegebrachte noodles en havermoutjes. Nadat we Moskou hadden verlaten, reden we door uitgestrekte groene vlaktes met hier en daar een rokende fabriekspijp. Nu rijden we vooral door bossen en is er geen teken van leven te zien. Vooral bomen, heel veel bomen. Geen wegen, geen huizen, geen dieren. Maar omdat het uitzicht iedere seconde toch weer anders is, worden mijn ogen steeds als een magneet naar het raam getrokken.

'Wat gaan we vandaag allemaal doen?'

Viora moet lachen om mijn vraag. 'Uh, wat dacht je van... niks? Precies niks!'

Ik laat haar zien dat het vandaag nog best druk wordt met vier stations waar we minstens een kwartier gaan stoppen. Dan kunnen we makkelijk even uit de trein. De eerste stop is al over een halfuur.

'Opschieten dus, want we moeten onze kamer nog opruimen en ons omkleden.' Ik sta op om mijn bed in te klappen. Wij hebben een tweedeklascoupé met vier bedden. Oftewel: twee stapelbedden van zestig centimeter breed met daartussen een gangpad van nog geen halve meter. De bovenste bedden kun je opklappen zodat je overdag net genoeg ruimte hebt om te staan en te zitten. We hebben besloten dat we wel steeds 'boven' gaan slapen. Zo houden we het slapen en wonen apart op de paar vierkante meter die we hebben.

Ondanks de kleine ruimte is het wel praktisch ingedeeld. Zo zit er onder de onderste bedden een grote opbergruimte, waar met gemak vier backpacks in kunnen, en ook boven het bed hebben ze ieder hoekje benut zodat je er bijvoorbeeld je spullen in kunt opbergen. Ik ben zo blij dat wij de coupé voor onszelf hebben, want hoe praktisch het ook is ingericht, met vier volwassen personen vijf dagen lang in deze ruimte, daar zou ik gillend gek van zijn geworden. Bovendien is er aan boord geen douche of badkamer. Alleen in de wc is een klein kraantje waar we onze tanden kunnen poetsen.

De trein uit gaan terwijl we al onze spullen achterlaten voelt elke keer weer spannend. De coupé kan niet op slot en iedereen zou naar binnen kunnen gaan. En wat als we per ongeluk achterblijven op een station? Hoe komen we dan ooit weer bij onze spullen? Voor onze eigen geruststelling en veiligheid nemen we daarom steeds één tas mee de trein uit, met daarin onze belangrijkste spullen zoals onze paspoorten, portemonnees, treinkaartjes, telefoons, camera en laptop.

Als we uit de trein stappen en op het ijskoude perron staan, vragen we ons af waarom we hier eigenlijk stoppen. Het is zelfs een stop van een halfuur! We zien een industrieel en vervallen station met niets of niemand in de wijde omgeving, behalve onze medereizigers. Iedereen draagt comfortabele en ruimzittende kleding, heeft verwilderde haren en zijn slippers aan. Het sneeuwt een beetje en het voelt wat somber, maar toch zorgt het ergens ook voor een magische sfeer. Het voelt hier zo verlaten en onbereikbaar. Dat laatste is in dit geval ook wel echt zo. We hebben geen Russische simkaart aangeschaft voor onze telefoons, omdat het bereik onderweg toch heel slecht is – zonde van het geld. We hoopten nog even dat er misschien op een aantal grotere stations een wifiverbinding zou zijn, om af en toe een teken van leven naar onze vrienden en familie in Nederland te sturen. Maar nu we de eerste paar stations hebben gezien vermoeden we dat dat 'm niet gaat worden. We geven ons over aan de situatie en juist doordat er niks kan, voelen we een enorme rust. Even onbereikbaar zijn is juist wel lekker.

Maar nu, na bijna 24 uur in de trein, weten we nog niet goed of we het nou écht leuk vinden. Omdat we er zo lang naar uit hebben gekeken valt het misschien juist wel een beetje tegen. Ik baal van die gedachte. Hebben we het idee van de trein te veel geromantiseerd, of zijn alle indrukken gewoon zo overweldigend dat we iets langer de tijd nodig hebben om te wennen? Voor veel mensen is deze treinreis een droom, staat het boven aan hun bucketlist. Waarom voelen wij dat nog niet zo? Ik bedenk dat ik op dit moment alleen invloed heb op mezelf, op mijn gedachten. De trein rijdt gewoon door, douchen kan niet, het landschap schiet voorbij en onze coupé gaat echt niet groter worden. Dus als ik over 24 uur een ander gevoel wil hebben, dan moet ik proberen mijn eigen gedachten en houding te veranderen. Juist proberen om te genieten van deze heel bijzondere ervaring.

Ik installeer mezelf met een kop thee, een boek en een muziekje op de smalle bank. Viora ligt languit tegenover me met een puzzelboekje en een zakje chips in de hand, terwijl ze zit mee te neuriën op de muziek die uit onze kleine box galmt. Zij kan zich in dit soort situaties altijd iets makkelijker aanpassen. Ik wissel het lezen af met naar buiten kijken. De sneeuwvlokken worden steeds groter en het landschap begint steeds witter te worden. We hadden ons wel voorbereid op koude temperaturen, maar aan sneeuw in april hadden we niet meer gedacht. Zo wordt het vanzelf romantisch!

Plattegrond
In Moskou worden de namen van de metrostations alleen aangeduid in cyrillische tekens. Zorg er dus voor dat je een plattegrond bij je hebt waar zowel de Engelstalige als de Russische benamingen op staan, want anders is de kans dat je verdwaalt honderd procent!

Langste roltrap
In Moskou ligt een van de langste roltrappen ter wereld. Deze roltrap in het metrostation Park Pobedy is maar liefst 176 meter lang. Als je erop staat lijkt er geen einde aan te komen.

Instagramaccounts waardoor je onmiddellijk op reis wilt:
- @mariefeandjakesnow
- @travelmonster.nl
- @madetwotravel
- @positravelty
- @saltinourhair

Viora's favo boeken:
- *Backpackbestemmingen* – Roëll de Ram
- *365 dagen onderweg* – Floortje Dessing
- *Pinnen in Mongolië* – Liesbeth Rasker

Ga je alleen reizen? Dan is het boek *Solo reizen* van Liesbeth Rasker ook aan te raden.

De dag vliegt voorbij met lezen, een beetje slapen, een potje Yahtzee, Netflix, meer slapen, eten, een rondje over een station lopen, meer slapen… eigenlijk komen we helemaal tot rust. We wisselen wel zo nu en dan van plek, zodat we allebei soms vooruit en soms achteruit rijden. Ondanks het feit dat we geen last hebben van wagenziekte, snapt ons evenwichtsorgaan het soms ook niet meer. Zodra we een perron op stappen om even een rondje te lopen, hebben we het gevoel dat we nog steeds schommelen en rijden, alsof je na een lange dag op een boot weer aan wal staat.

De laatste stop is om negen uur 's avonds in Jekaterinenburg. Deze stad is de op drie na grootste stad van Rusland en dat merken we meteen op het station. Digitale borden met vertrektijden, rookruimtes op het perron en sfeervolle verlichting in plaats van witte tl-balken die schommelen in de wind. De laatste uren is het steeds harder gaan sneeuwen en voordat ik het doorheb krijg ik van achteren een hoop sneeuw in mijn gezicht.

'Je wilde toch zo graag douchen, hier heb je een ijskoude douche!' Viora rolt snel nog een sneeuwbal en gooit die mijn kant op.

Volgens Viora's stappenteller hebben we niet meer dan 2500 stappen gezet. We zijn ook nog lang niet moe, maar moeten toch gaan slapen, anders is ons ritme straks helemaal in de war. Na een laatste potje Yahtzee gooien we er nog een slaappil in en proberen we in slaap te komen. Gisteren was ik vooral bezig met de geluiden om me heen; daar ben ik inmiddels aan gewend. Wat me opvalt, als we op onze rug liggen en naar het plafond staren, is de rijrichting van de trein. De hele dag gingen we natuurlijk voor- of achteruit, maar nu liggen we zijwaarts.

Ik draai me om en geef, over het gangpad heen, Viora nog een kus. 'Welterusten schat! En ik heb zin in morgen.'

'Hoezo, zin in morgen?' vraagt ze enigszins verbaasd.

'Nou gewoon, de hele dag niksdoen, Cup-a-Soup drinken, chips eten en naar buiten kijken.'

Ze moet lachen. 'Wat moet ik nou met jou, het ene moment wil je het vliegtuig pakken naar een tropisch eiland, en nu heb je zin om een dag in de trein te zitten? Hoe dan ook, ik ben blij dat je er zo over denkt. We gaan er morgen weer een leuke dag van maken!' Ze geeft me nog een kus en draait zich dan om.

De dagen daarna zien er niet heel anders uit, maar ik begin me wel helemaal op mijn gemak te voelen. Het schudden van de trein, de geringe afleiding en het continu wisselende landschap geven ons een 'zen' gevoel. We gaan op in het ritme van de trein en dat is heel fijn. Geen afleiding van mijn telefoon, laptop en sociale verplichtingen... zo kan ik me opeens uren achter elkaar in stilte op één ding tegelijk concentreren. Ik heb inmiddels zelfs al een boek uitgelezen, terwijl ik normaal gesproken niet echt een lezer ben.

We beginnen ook patronen te herkennen. Zo komt iedere ochtend om elf uur de *provodnik* langs met de stofzuiger om de gang en de coupé schoon te maken. Iedere wagon heeft een provodnik, een soort hostess en beheerder van de wagon. Ze spreken slecht Engels, maar we proberen ze ondanks de taalbarrière te vriend te houden: ze hebben namelijk onze tickets ingenomen bij het binnengaan van de trein. Dit is een normale procedure, maar we hebben ze straks wel weer nodig als we na ons verblijf in Irkoetsk doorreizen naar Mongolië. De provodniks maken bij iedere stop de deur open en geven dan aan of we eruit mogen om de benen te strekken. Op het perron staan ze vervolgens bij de openstaande deur, ter controle en voor de veiligheid. Het is een bijzonder gezicht om op een leeg perron al die provodniks in uniform te zien staan.

'*Go no far away*!' Onze provodnik raadt het ons steeds expliciet af het perron te verlaten. Dat is omdat we geen ticket hebben, maar ook omdat de kans bestaat dat je de tijd vergeet en te laat weer bij de trein bent. Er is namelijk geen conducteur die op zijn fluitje blaast om aan te geven dat de trein weer gaat vertrekken. Je bent echt zelf verantwoordelijk. Onze wandelingetjes gaan dus vaak niet verder dan van het begin van de trein naar het eind en weer terug. Heel af en toe zijn we rebels en lopen we het station op, maar dat risico nemen we alleen als we een stop van meer dan een halfuur hebben.

De afgelopen dagen reden we door een besneeuwd landschap, maar inmiddels dooit het en keert het groen langzaam terug naarmate de uren verstrijken. In de Yahtzee-competitie staat het 18-13 in mijn voordeel en het aantal zakken chips dat we hebben gegeten is niet meer op één hand te tellen. Op een aantal stations bevindt zich op het perron een winkeltje, niet meer dan een hokje met open raam waar wat chips, instant noodles en water of frisdrank worden verkocht. Soms staan er ook oudere vrouwen te schreeuwen vanachter een hek. Ze mogen niet op het perron komen, maar door de hekken heen verkopen ze vers fruit en broodjes tegen een gunstiger tarief dan het winkeltje. Om onszelf bezig te houden kopen we bij iedere stop wel wat, en zo houden we de chips op voorraad.

Joosts favoriete YouTubetravelkanalen:

Kombi Life
De wereld rond in een oud Volkswagenbusje. Voor veel mensen de ultieme droom, maar Ben doet het gewoon. Samen met zijn (inmiddels ex-) vriendin en hond reis je met ze mee en gaat deze ultieme reisdroom ook voor jou als kijker in vervulling.

Kara and Nate
Met meer dan een miljoen abonnees deelt dit superleuke Amerikaanse stel hun reis, alhoewel, een reis kun je het niet echt noemen. Al zeker vijf jaar zijn ze non-stop op pad. Ze hadden ooit als doel om honderd landen te bezoeken. Dit aantal zijn ze ruimschoots voorbij, maar dat maakt de video's er zeker niet minder leuk op!

Jon Olsson/Janni Deler
Niet per se een stel dat op reis is, maar doordat dit knappe koppel verspreid over de wereld huizen heeft, maken ze de mooiste video's waar je de reiskriebels van krijgt.

Laat je verrassen
Zoek op trefwoorden die jij interessant vindt of waar je meer over wilt weten. Zo heb ik bijvoorbeeld veel gezocht op de Transmongolië Express om een goed beeld te krijgen van die reis. Op die manier kwam ik vanzelf uit bij kleine (Nederlandse) YouTubeaccounts die over wereldreizen gingen. Dit waren video's die eigenlijk alleen voor familie en vrienden waren gemaakt, maar dat maakte ze juist extra leuk en toegankelijk.

De provodnik heeft ons om zes uur gewekt, een halfuur voor Irkoetsk, zodat we het station niet zouden missen. We hadden zelf de wekker natuurlijk ook gezet, en onze backpacks staan klaar. Doodmoe maar ergens toch heel ontspannen stappen we rond halfzeven de trein uit. Na vier nachten in dit ding dendert hij zonder ons verder door het immense land. Wat een gek idee.

Een man met een bordje MISTER VAN WILLIGENBURG staat al op ons te wachten. Hij brengt ons naar onze *homestay* voor vannacht. We hebben een stop van 22 uur in Irkoetsk en dan stappen we weer in de trein.

In een achterbuurt van Irkoetsk worden we afgezet bij Olga, een lieve Russische vrouw van ongeveer zeventig jaar. Ze verwelkomt ons in haar flat. Ze heeft een klein maar fijn kamertje voor ons met, niet te vergeten, een heerlijk warme douche na vier nachten zonder. Nadat we uit de douche komen heeft ze ook een uitgebreid ontbijt voor ons op tafel gezet en vraagt ze wat ons plan voor vandaag is. We willen graag het Baikalmeer bezoeken, dus legt ze ons uit hoe we hier het best kunnen komen.

Het is ruim anderhalf uur rijden in een minibusje met te veel mensen en eerlijk gezegd valt het Baikalmeer ons een beetje tegen. Het Baikalmeer is net zo groot als België en daarmee ook het grootste zoetwaterreservoir ter wereld. In de winter is dit meer helemaal bevroren, maar nu is daar, op wat ijs en sneeuw langs de kanten na, weinig van te zien. Het schattige dorpje dat aan het meer ligt is helemaal gesloten, op een marktje met veel vis, bont en matroesjka's na. De temperatuur is net onder het vriespunt en de wind is snijdend. Na twee uur rondgelopen te hebben vinden we het mooi geweest; we hebben het koud, zijn moe en hebben honger. Snel op zoek naar een busje dat ons terug kan brengen naar Irkoetsk.

Morgen ben ik jarig en omdat we dan alweer vroeg de trein in moeten, willen we vanavond uit eten in Irkoetsk. Even geen instant noodles, maar een lekkere verjaardagsmaaltijd met wat verse producten. Viora zoekt online naar een leuk restaurant en daar zijn er gelukkig genoeg van. Zoals we online al lazen is Irkoetsk verder een heel doorsnee Russische stad, waar je als toerist niet bijzonder veel kunt doen. Eigenlijk stopt iedereen hier alleen om even uit de trein te zijn en een bezoek te brengen aan het Baikalmeer.

Na een heerlijk diner met verse pasta en rode wijn gaan we vroeg slapen. Het voelt de hele nacht alsof ik nog steeds in de trein lig. Zodra ik mijn ogen sluit begint alles te draaien, en dat komt in dit geval echt niet door die twee wijntjes en het glaasje champagne waarmee we alvast geproost hebben op mijn verjaardag.

Om halfzes gaat de wekker weer. Olga heeft al heel lief een ontbijtje voor ons gemaakt en vertelt honderduit over Rusland, Europa, haar kleinkinderen en hoe bijzonder ze onze reis vindt. Omdat we ons redelijk moeten haasten en haar niet in verlegenheid willen brengen, vertellen we maar niet dat ik jarig ben. Dat gaan we zo in de trein wel op onze eigen manier vieren.

TIPS VOOR DE REIS VAN JE LEVEN

De bureaucratie die hoort bij reizen

Visum

Check vooraf goed voor welke landen je een visum nodig hebt. Als je googelt op het land + visum vind je meestal snel de juiste info en prijzen. Kijk ook naar de datum waarop het artikel is gepubliceerd, want de regels wijzigen nog wel eens. Mocht je toch nog twijfelen, dan kun je ook altijd op de site van de ambassade van je reisbestemming kijken voor de meest actuele informatie.

Visum *on arrival* of van tevoren regelen

Voor de meeste landen heb je een visum *on arrival* nodig. Oftewel: een visum dat je regelt als je aankomt in het land. Vaak moet je dan in de aankomsthal een stempel in je paspoort halen en een klein bedrag betalen om, meestal voor een maand, in een land te mogen zijn als toerist. Voor landen zoals bijvoorbeeld China, Rusland en Mongolië ligt dat anders. Hiervoor moet je vooraf een visum aanvragen. Wees daar dus niet te laks mee en check dit allemaal goed van tevoren, want anders kom je er écht niet in. En dat zou heel zonde zijn van deze bijzondere bestemmingen!

Visumbureau

Om het jezelf makkelijk te maken zouden wij je adviseren om je visum te regelen via een visumbureau. Na wat research zijn wij gegaan voor Goedkoopvisum.nl, maar er zijn meerdere plekken die dit kunnen. Je doet je visumaanvraag bij zo'n bureau, stuurt dan je paspoort en de bijbehorende papieren op en zij gaan voor jou aan de slag. Met jouw paspoort gaan zij naar de ambassade. Je moet anders zelf je paspoort naar iedere ambassade brengen en vervolgens weer ophalen voordat je naar de volgende ambassade kan. En ja, het is best eng om je paspoort op te sturen in de hoop dat je het op tijd terug gaat krijgen. Dus check vooral ook even de reviews van de bedrijven waar jij je visumaanvraag wilt doen!

Begin op tijd

Het klinkt suf, maar het is wel heel belangrijk. Voorbereiding, en dan vooral op tijd beginnen met die voorbereiding, is *key* om met een gerust hart Nederland te verlaten. Wij waren in totaal bijna vier weken onze paspoorten kwijt, en je wilt niet in de stress zitten dat je je paspoort niet op tijd terug hebt.

Aanleveren papieren

Ook al regel je de aanvraag via een visumbureau, je moet alsnog zelf alle papieren aanleveren. Dit vonden wij zelf best veel werk; je moet bijvoorbeeld eerst online een hele vragenlijst invullen en per land is de lijst weer anders. Daarnaast moesten wij voor China bijvoorbeeld een overzicht van onze bankrekening aanleveren, maar ook van onze reis: waar verblijf je, wanneer verlaat je het land weer, hoe ga je reizen door het land, je vluchtgegevens en ga zo maar door.

Pasfoto's

Zorg dat je genoeg pasfoto's laat maken, voor elke aanvraag moet je namelijk apart een pasfoto meesturen. Stop voor de zekerheid ook één of twee pasfoto's in je backpack. Die kunnen altijd van pas komen. Wij hadden de pasfoto's ook altijd digitaal bij ons. Uiteindelijk hebben we zowel de fysieke als de digitale foto's nooit ergens voor nodig gehad, maar je kunt maar beter goed voorbereid zijn.

Duur grapje

Hou er in je budget- en spaarplan rekening mee dat je best wat kwijt bent aan de visumaanvragen. Wij hebben per persoon uiteindelijk € 335 betaald voor de visa- en bemiddelingskosten van Rusland, Mongolië en China. Geloof ons, het is misschien wel een bak geld voor slechts een paar stempels, maar het is het allemaal waard!

ZADELPIJN OP DE MONGOOLSE VLAKTE

3 MEI 2019/WERELDREISDAG 13

VIORA

'*Stand up*!' Een norse Russische douanebeambte kijkt me streng aan vanuit de deuropening van onze coupé. Achter hem staan twee militairen, met in hun ene hand een wapen en aan de andere een aangelijnde hond. Ik probeer te glimlachen, maar daar is hij duidelijk niet van gediend: '*Don't smile*!'

Ik moet mijn paspoort afgeven. Hij kijkt van de foto naar mij en terug. '*Sit down*!' Zo, dat is duidelijke taal. Hij pakt het formulier aan dat we moesten invullen en zet een stempel in mijn paspoort. Vervolgens snauwt hij weer '*stand up*', nu in de richting van Joost en onze coupégenoot, een Italiaanse jongen van onze leeftijd met wie we al heel wat verhalen hebben uitgewisseld.

Ik ben een beetje nerveus, voel me bijna crimineel. Ik trek me dit veel te persoonlijk aan en ik ben in zo'n situatie altijd bang dat ik iets verkeerd doe of zeg. Aan de andere kant krijg ik er toch wel een kick van, omdat het heel avontuurlijk voelt.

De trein staat inmiddels al een kleine twee uur stil en we moeten in onze coupé blijven zitten. We weten niet goed waarom deze controle zo lang duurt. Meteen toen de trein tot stilstand kwam hebben we al een drugscontrole gehad, inclusief drugshonden. Ik wist natuurlijk zeker dat we geen drugs bij ons hadden, maar ook dat voelde even spannend. Wat als een van de honden ineens was gaan zitten naast onze backpacks? Of wat als onze Italiaanse coupégenoot (Joost noemt hem huisgenoot) toch een aantal verdovende middelen als souvenir de grens over wil smokkelen?

De provodnik heeft ons net voor de grens in heel gebrekkig Engels instructies gegeven. '*Toilet close in ten minutes for hours*!' Oftewel: de wc's gaan op slot tijdens de grenscontrole. Ook instrueerde ze ons om onze tas helemaal in te pakken en niets te laten slingeren. Op die manier kan de douane makkelijk controleren welke spullen bij jou horen, maar kunnen ze je ook in één keer uit de trein zetten met al je spullen. Heel even flitst door mijn hoofd wat ik zou doen als ik hier in het donker uit de trein gegooid zou worden. Een koude rilling loopt over mijn rug.

Er mogen zelfs geen losse spulletjes op het tafeltje in de coupé liggen. Het flesje vodka en de halve zak paprikachips moeten ook van tafel en terug in de tas. De fles vodka slepen we al mee vanaf Moskou en hebben we vanavond pas opengemaakt, voor Joosts verjaardag. Omdat niemand ons vandaag kon bereiken heb ik in Nederland al een filmpje in elkaar gezet met allemaal felicitaties van vrienden, familie en inmiddels oud-collega's. Onder in mijn tas had ik nog wat ballonnen en slingers gepropt waarmee ik nu de hele coupé heb versierd. Gelukkig mochten de slingers tijdens de grenscontrole wel blijven hangen van de provodnik.

Wodka of Vodka?
In het drankje zelf zit geen verschil: het land van herkomst is bepalend voor de naamgeving! De Polen noemen het *wodka*, terwijl de Russen *vodka* zeggen.

Vodka betekent in het Russisch letterlijk 'watertje'.

Alcohol
In Nederland drinkt een volwassen persoon gemiddeld ruim zeven liter pure alcohol per jaar. Een Rus daarentegen drinkt gemiddeld vijftien liter pure alcohol per jaar.

Kijktip
Expedition Happiness is een documentaire over een Duits stel dat met hun omgebouwde schoolbus en hun grote hond Rudi het Amerikaanse continent over rijdt. Helemaal van Alaska naar Argentinië! Echt een aanrader om te kijken, want je geniet helemaal met ze mee tijdens dit geweldige avontuur. Ik hield het niet droog...

Na tweeënhalf uur komt de trein schokkerig in beweging; we gaan met een slakkengangetje op weg naar de grens met Mongolië. Ik moet heel nodig plassen, maar durf niet aan de strenge provodnik te vragen of dit alweer mag. Ik hou het nog wel even op. Gelukkig zijn er meer mensen die moeten plassen en al snel doet de provodnik eindelijk de deur van de wc open. Als ik naar de wc ga poets ik gelijk mijn tanden en trek mijn pyjama aan, dan is dat klusje maar vast gedaan. Wie weet mogen we hierna weer een hele tijd niet naar het toilet.

Pas na een minuut of twintig komt de trein weer tot stilstand, dit keer voor de controle aan de Mongoolse grens. Ik vraag me hardop af hoe dit precies werkt. 'Reden we dan net in niemandsland?' vraag ik aan Joost.

Voor Joost is dit sowieso de meest bijzondere verjaardag uit zijn leven. Eentje waarvan we jaren later nog zeggen: weet je nog die ene verjaardag in de Transmongolië Express, met al die controles?

Nu komen er douanemedewerkers van Mongolië de trein in. Vier vriendelijke mannen met duidelijk een andere instelling dan de Russische douane gluren onze cabine in.

'Wie is er jarig?' vraagt een van de mannen opgewekt als hij de slingers in onze coupé ziet hangen.

'Ik!' zegt Joost enthousiast. Hij wordt uitgebreid gefeliciteerd en ik heb meteen een veel vrolijker gevoel bij dit land.

Aan deze beambte moeten we onze paspoorten afgeven. Ergens voelt dat niet goed, maar het zal wel gebruikelijk zijn, dus we doen het toch maar braaf. Het is inmiddels middernacht geweest en we wachten al een hele tijd op onze paspoorten. Ik ben uitgeput van alle korte nachten en alle indrukken van de afgelopen dagen, maar we willen pas gaan slapen als we onze paspoorten weer terug hebben.

Na ruim anderhalf uur krijgen we eindelijk onze paspoorten terug, inclusief een mooie stempel van Mongolië.

'Zou dit elke dag zo lang duren?' vraag ik aan Joost. 'Blijkbaar wordt er over het spoor heel wat gesmokkeld! Ik ga nog wel even naar buiten voor een frisse neus.'

'Is goed,' antwoordt Joost, 'maar ik ga alvast proberen te slapen, ik kan niet meer!'

De volgende ochtend komen we, na weer een kort nachtje, vroeg in de ochtend aan in Ulaanbaatar, de hoofdstad van Mongolië. Vanuit het raam hebben we al meerdere groepen wilde paarden gezien terwijl de trein dwars door de eindeloze vlaktes reed. We hebben onze treinreis van tevoren helemaal vastgelegd en geboekt bij Treinreiswinkel. Online had ik gelezen dat het verstandig was om dit te doen. Dit is niet iets wat je last minute allemaal kunt regelen op de stations zelf. Nu we hier zijn begrijp ik dat maar al te goed: er zijn weinig automaten waar je tickets met je pinpas kunt kopen en een Engelssprekende servicebaliemedewerker is geen garantie. We zijn moe en blij dat we nu niet hoeven te zoeken, maar rechtstreeks naar het hotel dat voor ons geboekt is kunnen lopen. We hebben zelfs een kleine plattegrond gekregen met de route. Zodra we uit de trein stappen worden we bestormd door een enorme groep mannen: 'Taxi? Taxi? Taxi?' We bedanken vriendelijk en lopen richting het hotel.

Offline zetten
Ga je naar een gebied zonder wifi of bereik, maar wil je wel graag iets op Spotify of Netflix luisteren of kijken? Zorg dan dat je de content offline gedownload hebt, zodat je overal lekker muziek kunt luisteren of je serie af kunt kijken! Zorg dus ook voor genoeg ruimte op je telefoon. Er is niets zo frustrerend als een vol geheugen!

Tijdzones
Rusland heeft elf tijdzones. Het land met de meeste tijdzones is overigens Frankrijk, maar dat speelt wel een beetje vals: door de vele overzeese gebieden telt Frankrijk twaalf tijdzones.

'Yes, vannacht weer naast elkaar slapen en heerlijk uitgebreid douchen!' zegt Joost als we de deur van onze hotelkamer opendoen. Het is in principe een vrij standaard hotelkamer, maar bij binnenkomst voelt het voor ons meer als een luxe suite.

'Yes, een bad!' roep ik.

'Bizar hoe snel je dingen als douchen gaat waarderen, hè?' reageert Joost.

Het is pas halftien 's ochtends, dus we besluiten om nog even lekker in bed te gaan liggen, wat onderbroeken en shirts met de hand te wassen en een dutje te doen voordat we de stad gaan ontdekken. We hebben hier twee nachten voordat we naar het gerkamp (gertenkamp zoals Joost het blijft noemen) in de *middle of nowhere* gaan. We hebben de afgelopen dagen in de trein helemaal niets kunnen doen aan onze vlogs, dus Joost wil graag hier in Ulaanbaatar wat editen en vlogs online gooien. We leggen onze wereldreis namelijk vast, vooral omdat we dat zelf leuk vinden voor later, maar ook om onze volgers op Be More Unicorn op de hoogte te houden van onze avonturen.

Joost pakt de laptopoplader uit zijn tas en ziet meteen dat het uiteinde afgebroken is. 'Shit, hij doet het niet meer,' zegt hij als hij de oplader in het stopcontact heeft gestoken. Al dagen was het draadje bijna kapot, maar we hadden hem met wat tape aan elkaar geplakt en hoopten dat we hier nog even mee vooruit zouden kunnen. Niet dus. We moeten op zoek naar een nieuwe oplader. Zul je altijd zien... Zonder oplader kunnen we natuurlijk niets met onze laptop.

Als we opgefrist buiten staan en ik de camera aanzet, vraag ik aan Joost wat zijn eerste indruk van Ulaanbaatar is. Hij houdt het op 'bijzonder, en ook echt een stuk moderner dan ik had gedacht'. Die vraag over zijn eerste indruk ontstond in onze eerste video en we vinden het een leuk item om erin te houden. Ik snap wat hij bedoelt. Het doet ons denken aan Moskou, met de brede straten, in combinatie met het getoeter en gekrioel van mensen in een stad zoals Bangkok.

Ons hotel ligt in een buitenwijk op ongeveer tweeënhalve kilometer van het grote plein met het standbeeld van Dzjengis Khan. Het is een graad of dertien en zonnig, dus we besluiten lopend richting het plein te gaan; dat willen we sowieso zien. Op straat gaat alles door elkaar heen en iedereen beslist zelf of en wanneer ze voorrang nemen. Er staan lange files en iedereen loopt dwars door elkaar heen. Je merkt meteen dat deze stad te klein is geworden voor het aantal inwoners.

Feitjes over landen vind ik altijd interessant. Zo las ik in de trein dat Mongolië 45 keer zo groot is als Nederland. Er wonen echter 'maar' drie miljoen mensen. Bijna de helft daarvan woont in Ulaanbaatar en dat is te merken. De stad telde in 2000 nog 750.000 inwoners en dat aantal is in twintig jaar tijd verdubbeld. Deze explosieve groei komt vooral doordat het land pas sinds 1990 een democratie is. Daarbij is afgesproken dat iedere inwoner recht heeft op een stuk land dat ze kunnen aanvragen bij de overheid. Ondanks deze kans op eigen grond laten steeds meer families het nomadenbestaan in de woestijn van Mongolië achter zich en vestigen zich in de grote stad in de hoop op een nieuw en beter leven.

Op een aantal grote kruispunten in de stad staan stoplichten, maar omdat niemand zich daar iets van aantrekt zijn er ook verkeersregelaars aanwezig. In Mongolië rijden ze net zoals bij ons rechts, maar het valt ons op dat vrijwel iedereen in een Toyota Prius rijdt met het stuur aan de 'verkeerde' kant.

'Waren deze auto's in de aanbieding of zo?' grap ik tegen Joost. Al snel blijkt dat deze auto's allemaal tweedehands geïmporteerd worden uit Japan, en daar rijden ze wél links. Het lijkt mij heel lastig, maar blijkbaar vinden ze het hier geen probleem om met het stuur aan de andere kant te rijden.

Online hebben we gelezen dat we in deze stad extra alert moeten zijn op zakkenrollers. Tot op heden voelt deze stad niet onveilig, maar door deze verhalen proberen we, of eigenlijk vooral ik, toch maar op onze hoede te blijven. Ik word zelf altijd redelijk zenuwachtig van dit soort 'pas op'-verhalen en kijk daardoor continu goed om me heen. Loopt die meneer niet te dicht achter ons? Waarom kijkt die mevrouw zo naar me? Joost heeft hier minder last van en vertrouwt alles veel eerder; wel merkt hij het altijd aan mij als ik hiermee bezig ben. 'Kijk niet zo angstig om je heen, het komt wel goed!' Ik ben dan wel altijd nieuwsgierig: worden dit soort verhalen aangedikt en steeds doorverteld of worden mensen hier écht gerold?

Na een flinke wandeling door de stad hebben we honger. Ik begin iets meer te ontspannen en me meer op mijn gemak te voelen. We zijn ook nog niet helemaal gewend aan de tijdzone waarin we zitten en ons evenwichtsorgaan denkt dat we nog in de trein zitten. Het valt ons op dat er vooral veel hotpot-restaurants zijn: dat is fondue met groentebouillon waar je van alles bij kunt gooien: visballetjes, vlees, groente en instant noodles.

We hebben daar niet zo'n trek in, dus na wat rondlopen en steeds 'nee, dit is het net niet' tegen elkaar te zeggen, besluiten we bij een Chinees restaurant naar binnen te stappen waar ze géén hot pot hebben. We willen even snel wat te eten scoren en naar bed.

'Yes, ze hebben een plaatjesmenukaart!' zeg ik tegen Joost zodra we zitten. Voordat we op reis gingen, hadden we nooit bedacht hoe blij we konden zijn met een menukaart met foto's – eten bestellen in een taal waar je niets van begrijpt is toch een stuk lastiger dan we op voorhand dachten. We kiezen een aantal gerechten uit die er goed uitzien en waarvan we denken te weten wat erin zit. En het lukt: op tafel verschijnt rijst, twee groentegerechten, kip met een sausje en een eiergerecht. De smaak is gelukkig ook nog eens supergoed. En daarnaast kost het bijna niets. Dat komt goed uit, want onze dagelijkse kosten zijn heel hoog vanwege de Transmongolië Express. Gelukkig hebben we dit in Nederland allemaal al betaald, dus daar voelen we niets van, maar we nemen deze kosten wel mee in ons dagbudget.

De volgende dag staat in het teken van het vinden van een nieuwe oplader. Het is weer zonnig, dus we gaan vol goede moed op naar de eerste elektronicawinkel. Onze oplader blijkt niet veel meer verkocht te worden. Gelukkig vinden we na zes elektronicawinkels eindelijk de juiste. Wat een opluchting! Even dacht ik dat we een heel nieuwe laptop zouden moeten kopen. De oplader van € 95 is een grote hap uit ons dagbudget van € 100, maar we kunnen niet anders. We zijn dolblij dat we er überhaupt eentje hebben gevonden voor de inmiddels tien jaar oude Macbook die we bij ons hebben. Na acht kilometer wandelen zijn we kapot, maar we bekijken het positief: we hebben vrijwel de hele stad gezien!

Na een heerlijke nacht zijn we goed uitgerust en zitten we beneden in ons Mongoolse hotel te wachten. De lobby is gevuld met bijzondere meubels, gouden beelden en statige schilderijen aan de muur. We wachten op Bert, een Nederlander die getrouwd is met een Mongoolse vrouw met wie hij twee zoons heeft. Als je bij Treinreiswinkel deze reis boekt, is de kans groot dat je bij Bert en zijn vrouw komt te logeren. Wij wisten dit al van tevoren omdat we hem op tv hadden gezien bij het programma *Ragas reist rond*. Op dat moment waren we nog helemaal niet van plan om ooit naar Mongolië af te reizen, maar toen we ons eenmaal gingen verdiepen in deze reis moest ik terugdenken aan Bert. We keken de aflevering terug en zo hadden we een beetje een idee van wat ons te wachten stond in de uitgestrekte vlaktes van Terelj National Park.

'Hi, ik ben Bert! Sorry dat ik zo laat ben, dat verkeer hier in Ulaanbaatar staat altijd vast en ik moest nog iemand anders afzetten!' schreeuwt hij met een plat Amsterdams accent als hij ons na anderhalf uur wachten eindelijk oppikt met zijn grote Land Rover. Het voelt raar om ineens Nederlands te praten met iemand anders dan Joost, terwijl we zo ver van huis zijn.

Over dat verkeer heeft hij niet gelogen; om de stad uit te komen zijn we opnieuw zo'n anderhalf uur bezig. Bert blijft maar ratelen en wij luisteren heerlijk naar al zijn verhalen. 'We moeten zo even langs de supermarkt hoor, want ik moet natuurlijk wel wat te eten voor jullie meenemen en bij ons in Terelj zijn er geen supermarkten!'

We sjokken achter Bert aan door de supermarkt. Alsof het de normaalste zaak van de wereld is schakelt hij moeiteloos over op het Mongools als we met wat broden, beleg en een paar biefstukken bij de kassa aankomen.

'Nu gaan we dan echt richting huis!' zegt hij zodra we instappen. Weer begint hij honderduit te praten. Hij heeft onze namen gevraagd, maar verder niets. Best lekker om alleen even te hoeven luisteren.

'Ik ben dus ooit helemaal met de auto vanuit Amsterdam naar Mongolië gereden en toen ontmoette ik hier mijn vrouw. Ik ben hier nooit meer weggegaan!' vertelt hij trots. 'O, wacht even, ik ga toch nog even langs een andere supermarkt voor lekkerder brood!' zegt hij als er uit het niets een winkel opdoemt in het voor de rest lege landschap. Joost en ik moeten lachen; wat een heerlijk figuur is deze man.

'Wachten jullie maar even buiten, daarna gaan we echt naar mijn huis, hoor!'

We rijden zeker nog een uur over een hobbelige weg door verlaten vlaktes. Af en toe komen we langs een kudde schapen, paarden of yaks. Hoe verder we rijden, hoe minder verkeer we tegenkomen en hoe onduidelijker de weg ook wordt. In het hele land is er maar twaalfhonderd kilometer weg geasfalteerd. In Nederland is dat ruim 135.000 kilometer.

'Aan Google Maps heb je hier niks. Als je aan de andere kant van de berg moet zijn kun je er het beste gewoon overheen. Trouwens, als ik straks links afsla komen we langs het standbeeld van Dzjengis Khan. Zal ik daar even stoppen?'

Dzjengis Khan is de bekendste leider en de stichter van het

Mongoolse Rijk. Om hem te eren staat er middenin de woestijn een zilverkleurig standbeeld te schitteren dat je in de verre omtrek kunt zien. Het standbeeld is veertig meter hoog en je kunt met een lift naar boven om het uitzicht te bekijken. We zijn allebei onder de indruk van het lege land waar we in terecht zijn gekomen. Spanje, Frankrijk en Duitsland bij elkaar, alleen maar lege groene vlaktes met een enkele stad.

'Bijzonder, hè?!' zegt Joost terwijl we boven op het standbeeld staan. 'Mongolië is echt zo'n land dat ik alleen ken door het leren van topografie op school, maar waar ik verder geen enkel beeld bij heb, en nu staan we er gewoon middenin!'

Zodra we weer bij Bert instappen vraag ik: 'Bert, hoe was dat eigenlijk, die tv-opname bij jou?'

Bert begint te vertellen en geeft toe dat hij het eigenlijk helemaal niets vond, maar dat hij toch graag Mongolië meer op de kaart wilde zetten. Dat is in ieder geval gelukt.

'Jullie mogen nu bij mijn jongste zoon instappen!' roept Bert als we aangekomen zijn bij een rivier. 'Mijn auto kan hier niet doorheen en ik moet sowieso ook nog even terug naar Ulaanbaatar!' Ik kan me er niets bij voorstellen dat het hele stuk dat wij net gereden hebben voor hem als 'even' voelt – de hobbelweg nam zeker drie uur in beslag. Blijkbaar is dat hier normaal.

We stappen over in de auto van zijn net achttienjarige zoon. Hij verstaat wel Nederlands, maar geeft ons antwoord in het Engels. We rijden vol gas dwars door de rivier naar de overkant en het water komt net zo hoog als de banden van de auto, maar dit is volgens hem nog niks. 'Als het hoogwater is, komt er wel eens water door de bodem van de auto.'

Na twintig minuten komen we dan eindelijk aan bij hun gerkamp. 'Wat een reis hebben we afgelegd. Moet je voorstellen dat de wegen in Nederland zo zouden zijn en dat je op deze manier van Utrecht naar Amsterdam zou moeten komen!' zeg ik lachend tegen Joost.

Bert heeft geregeld dat we morgen gaan paardrijden, voor vandaag is er niets meer gepland, alleen onze maaltijden.

De oudste zoon neemt ons mee naar onze tent, een rond wit huisje met touwen eromheen gespannen. Dit is de traditionele manier van wonen van de Mongoolse bevolking. Op het terrein van Bert staan een stuk of acht van dit soort yurts. We hadden gehoopt dat er andere toeristen zouden zijn, maar we zijn de enige. Binnen in onze tent staan vier bedden in een rondje om de houtkachel heen, en er zit een gat in het dak zodat het houtkacheltje gestookt kan worden. Alles ruikt een beetje naar schapen, niet mijn meest favoriete geur.

We lopen door naar een gat in de grond met een houten hokje eromheen. 'Dit is de wc. Gooi maar wat zand erop als je gepoept hebt! En trouwens, hou de deur van je tent goed dicht, want al onze koeien, paarden en honden lopen los, dus die kunnen zo bij jullie naar binnen!'

We verwachten een heel traditionele maaltijd, maar zodra we de yurt van Bert en zijn familie binnenlopen, waar ons eten geserveerd wordt, staan de biefstuk met jus, bloemkool en gekookte aardappels op ons te wachten. Bert heeft zijn Nederlandse eetgewoonten duidelijk meegenomen naar Mongolië. Ergens vinden we dat ook wel een geruststelling, want groenten zijn hier vanwege het klimaat redelijk schaars. Het is moeilijk communiceren met Berts vrouw, Ganaa, want ze spreekt amper Engels en ook geen Nederlands. We vragen ons af hoe ze elkaar dan ooit ontmoet hebben en een gesprek zijn begonnen.

Na het diner wordt in onze tent het kacheltje aangestoken met wat hout. Desondanks hebben we het ijskoud en gaan we met alle truien die we bij ons hebben onder de naar schapen ruikende dekens in bed liggen. Al snel vallen we door het knisperende geluid van brandend hout in slaap.

’s Nachts schrik ik wakker en weet ik even niet waar ik ben. Ik focus me kort en weet het alweer. Om het warm te krijgen heb ik een paar koppen thee gedronken en die moeten er nu weer uit. Ik wil niet, want de wc is buiten en alle dieren zijn ook buiten. Toch klim ik uit bed en doe ik de zaklamp op mijn telefoon aan. Zodra ik het deurtje van onze tent opendoe en omhoogkijk, zie ik een ongelooflijke sterrenhemel. Er zijn duizenden sterren te zien in een verder donkere vallei. Ik weet heel goed dat ik wakker ben, maar deze sterrenhemel lijkt wel een droom. Dit moet Joost zien. Ik maak hem wakker en hij schrikt.

‘Wat is er, wat is er?’

‘Kom naar buiten, deze sterrenhemel is magisch!’

‘Ik mag hopen dat het de moeite waard is.’ Half slapend komt hij overeind, maar hij is net als ik al snel overweldigd door wat we zien. Samen kijken we een tijdje naar de sterren en dan zien we verderop in het licht van de sterren een aantal paarden staan.

‘Wauw, wat is dit bijzonder!’ zeg ik tegen Joost terwijl we samen naar de wc lopen.

Paarden hebben in Mongolië niet een eigen naam, ze worden bij hun kleur genoemd. Daarbij worden ze hier echt gezien als vervoersmiddel. We hebben na een redelijk koude nacht en een stevig ontbijt (brood uit de supermarkt en zelfgemaakte jong belegen kaas) enorm veel zin in de twee uur durende paardentocht door Terelj National Park. Nou ja, 'we' – Joost heeft nog zijn twijfels, want paardrijden heeft hij nog nooit echt gedaan. Hij is wel eens met mij mee geweest toen ik nog een paard had, en heeft er een keer op gezeten terwijl ik het paard aan een lange lijn had. Nu moet hij het zelf gaan doen!

De paarden hier zijn klein en in mijn ogen wat dun en onverzorgd. Dat is niet gek als je bedenkt dat deze dieren de koude Mongoolse winters moeten doorstaan, als het kwik daalt tot min dertig graden. In de zomer kan het weer oplopen tot veertig graden. Ze staan niet in een warme stal en krijgen geen biks: ze moeten het doen met het gras dat groeit op de vlaktes. Ik moet me even over hun staat heen zetten als ik op deze dieren wil gaan rijden.

'*Good morning, I am Ayra, follow me*!' zegt een vriendelijk ogende man, die uit het niets ineens voor ons staat. Hij heeft drie paarden (in Nederland zouden we dit pony's noemen) vastgebonden aan een hek. '*First time*?' vraagt hij.

Ik schud mijn hoofd en antwoord dat ik zelf heel lang een paard heb gehad. Joost geeft aan dat hij een tijd geleden wel eens op mijn paard heeft gezeten, maar verder niet goed kan rijden.

'Geen probleem, stap maar op en dan gaan we, na een uur kun jij paardrijden!'

Ik zie Joost verschrikt kijken. 'Stap jij maar eerst op, dan doe ik jou wel na,' zegt hij voorzichtig. Gelukkig krijgt Joost hulp van een van de zoons van Bert en soepeltjes stapt hij op zijn voskleurige pony. Ayra spreekt gebrekkig Engels, maar met korte woordjes complimenteert hij mij met mijn rijkunsten. Het paardrijden lijkt hier in niets op wat we in Nederland kennen, maar blijkbaar ziet hij toch dat ik dit al jaren doe. We zitten op een aantal doeken met een leren riem en stijgbeugels eraan. Dit moet het zadel voorstellen, ik zit als een soort jockey opgevouwen op deze stoere pony zonder naam. We draven en galopperen wat over de mooie en eindeloze vlaktes en steken een aantal riviertjes en beekjes over. Ik ben onder de indruk van Joost. Zijn rijstijl is een beetje als uit de maat dansen, maar hij doet het mooi wel, dat paardrijden in Mongolië!

'Hoe doe jij dat toch met dat staan en zitten? Dit doet echt pijn tussen m'n benen, ik ben er wel klaar mee, hoor!' zegt hij na een uur.

Ik moet lachen: 'Paardrijden leer je helaas niet in een uurtje. Voor mannen is het inderdaad altijd even wennen!'

Af en toe ligt er op de grond een hoef of een stuk bot van een dier dat gestorven is, maar dat lijkt hier de normaalste zaak van de wereld te zijn. Alsof we in een film spelen, stoppen we bij een beekje en stappen af zodat de paarden kunnen drinken. We knopen de paarden vast aan een boom en gaan op een steen zitten naast de waterkant. Ayra haalt een thermoskan thee tevoorschijn en we drinken in alle stilte. Het uitzicht is waanzinnig. Voor ons een stromend beekje, met daarachter immens hoge bergen met dennenbomen, en achter ons een uitgestrekt landschap waar je niets of niemand kunt zien. Geen huis, geen schoorsteen, geen yurt. Niks. Helemaal alleen op de wereld. Het voelt vrij en alsof we één met de natuur zijn, maar daardoor is het ook beangstigend. We zijn hier totaal onbereikbaar en ten dode opgeschreven als er iets misgaat.

'*How far to the camp*?' vraagt Joost ineens.

'*On Mongolian speed one hour, on your girlfriend speed 1,5 hour. But on your speed three hours*!' Hij giert het uit van het lachen, en Joost lacht mee, maar door de manier waarop hij op de harde steen zit weet ik dat hij nu al bijna niet meer kan zitten en opziet tegen de terugweg. Ondanks de pijn in zijn billen laat hij zich niet kennen en op een gegeven moment staat hij zelfs als een echte cowboy in de beugels, terwijl we over een steile helling naar beneden rijden. In de verte zien we het tentenkamp al opdoemen. Blijkbaar ruikt niet alleen Joost het kamp, want ook de paarden weten nog een extra versnelling te vinden, en in volle galop snellen we naar het kamp. Wat was dit gaaf!

Na nog een nacht in onze tent komt Bert ons weer ophalen. Tijdens ons verblijf hebben we hem niet gezien. We zijn blij dat hij ons terug gaat brengen naar de stad. Ondanks het feit dat we maar twee nachtjes in het kamp zijn blijven slapen, voelde het alsof we een week alleen op de wereld zijn geweest. Het was te gek, enorm indrukwekkend en een ervaring die we niet hadden willen missen, maar ergens voelden we ons wel een beetje eenzaam. Gelukkig spraken we dit naar elkaar uit en wisten we ook dat we snel weer in de bewoonde wereld zouden zijn. We zijn in ons leven zo gewend om altijd in contact te staan met de wereld, mensen om ons heen te zien, even naar een winkel te kunnen lopen of de luxe van stromend water te hebben. We kunnen ons met geen mogelijkheid voorstellen hoe het moet zijn om hier te leven en helemaal zelfvoorzienend te moeten zijn.

'Nou Bert, ik had dit voor geen goud willen missen, maar ik ga thuis niet meer klagen dat ik nog boodschappen moet doen, vijf hele minuten moet lopen naar de supermarkt of dat ik de was nog moet uithangen die mijn luxe wasmachine met één druk op de knop voor me heeft gewassen. Ik heb hier echt veel geleerd in de korte tijd dat we hier waren!'

Hij moet lachen en zegt: 'Ach weet je, dit leven went ook weer, hoor. Mijn zoons moeten allebei niks weten van het drukke leven dat we leiden in Nederland, met die huizen van steen. Ze zijn altijd weer blij als ze hier terug zijn.'

TIPS VOOR DE REIS VAN JE LEVEN

Laat het los

Wat moet je weten van een land?

Voordat we een land binnengingen, zochten we (voornamelijk Joost natuurlijk) per land even de 'basisdingen' uit, zoals de valuta, hoe zeg je 'dank je wel', kun je er makkelijk pinnen, wat is de beste/veiligste manier van vervoer, hoe komen we bij ons hostel? Zijn er dingen of gebruiken in dit land waar je extra op moet letten? Vooral Viora hield er erg van om gekke weetjes op te zoeken, die we dan weer in onze vlogs konden vertellen. Wist je bijvoorbeeld dat Ulaanbaatar de hoofdstad is die het verst van de zee ligt? En dat Nederland vierhonderd keer in Rusland past?

FOMO

Over iedere stad en ieder land heb je online binnen twee klikken een lijst gevonden met attracties en hotspots die je niet mag missen. Dat is handig, maar zorgde bij ons ook wel vaak voor een FOMO-effect (*fear of missing out*). Want als iedereen zegt dat een bepaald museum leuk is, moeten we er eigenlijk ook wel naartoe, ook al hebben we daar misschien niet eens de tijd voor. En daarbij, we houden niet eens van musea, dus hoezo moeten we daar nu ineens wél naartoe?

Je hoeft écht niet alles te zien

Nadat we een paar keer de fout in zijn gegaan door dingen te gaan bezoeken die we eigenlijk op voorhand al niet interessant vonden, hebben we besloten om dit soort lijstjes niet meer blindelings te volgen. Voor ons hielp het om tegen elkaar te zeggen: we hoeven niet álles te zien. Zeker op zo'n lange reis kun je heel erg overprikkeld raken. Dat is zonde. Een middagje mensen kijken op een zonnig terras in het midden van een bruisende stad gaf ons veel meer energie dan slenteren door een 'must see'-museum. Ieder z'n ding!

Lonely Planet is zonde van de kilo's

Dit boek koppelen mensen vaak aan reizen. Je verheugen op je toekomstige reis met op je schoot dat bekende blauwe, dikke boek vol kleine letters en met weinig plaatjes. Je merkt het al. Wij zijn er geen fan van. Althans: het is gewoon heel onpraktisch om mee te nemen. Ze zeggen dat het dé reisbijbel is voor iedere backpacker, en sommigen zweren erbij, maar wij zijn zelf heel weinig reizigers tegengekomen die er gebruik van maken. In ieder hostel ligt wel een *Lonely Planet* te verstoffen in een hoek, dus je kunt daar vaak wel terecht als je echt iets wilt opzoeken. Wij zouden de kilo's in de rugzak zelf toch echt ergens anders voor gebruiken!

CHINEES MIERENNEST

10 MEI 2019/WERELDREISDAG 20

JOOST

We zijn er. De Transmongolië Express heeft 7621 kilometer afgelegd, en heeft daar een kleine 150 uur over gedaan. Na zes nachten en zeven dagen staan we nu midden in Beijing, de hoofdstad van China. Al moeten we eerst maar eens de uitgang van het Beijing Railway Station zien te vinden.

Om ons heen krioelt het van de mensen. Het is niet moeilijk om elkaar in de gaten te houden, want zelfs Viora steekt hier met haar kleine 1.70 meter en haar blonde haren boven iedereen uit.

In Ulaanbaatar stapten we in de trein voor het laatste deel van de treinreis. Omdat het 'maar' dertig uur was, hadden we de coupé niet exclusief voor onszelf geboekt, zoals we voor het stuk van Moskou naar Irkoetsk gedaan hadden. Uit budgetoverwegingen namen we de gok om de coupé voor de twee trajecten daarna wellicht te moeten delen. Van Irkoetsk naar Ulaanbaatar pakte dat goed uit, maar voor het tweede stuk waren we toch weer gespannen. Wij, de toeristen, gebruiken deze trein als onderdeel van een lange reis. Maar de inwoners van Rusland, Mongolië en China gebruiken deze trein ook voor kortere trajecten. Vooral in Rusland is dit erg gebruikelijk. Het kan dus zo zijn dat je elke dag andere mensen in je coupé hebt.

In Ulaanbaatar stapten we als eersten in en hoopten we dat de coupé leeg zou blijven. Bij elke voorbijganger wensten we vurig dat diegene zou doorlopen, een beetje zoals in de bioscoop als de stoel naast je nog leeg is. Of in het vliegtuig, als het plekje naast je nog vrij is.

'Hier is 28, hier zitten we!' hoorden we een vrouw opgewekt naar haar vriend roepen. Ze stak haar hoofd naar binnen en zei: '*Hello, how are you*?'

'Ja goed, hoe gaat het met jou?' reageerde Viora lachend in het Nederlands. Het ijs was meteen gebroken. Emma en Matthijs hadden net een week door de woestijn getrokken en aan hun verhalen te horen hadden ze duidelijk géén bloemkool en biefstuk gegeten. De uren vlogen voorbij en we speelden een aantal spelletjes met zijn vieren, bekeken elkaars foto's en luisterden naar alle verhalen en ervaringen. Met z'n tweeën in een vierpersoonscoupé is fijn vanwege de ruimte, maar dit was ook wel heel gezellig!

Omdat het spoor in China een andere breedte heeft dan in Mongolië kreeg de trein op de grens met China een ander onderstel. We waren allebei reuzenieuwsgierig hoe dit zou gaan. Zouden de wagons getakeld worden? Werden er een paar sterke mannen opgetrommeld? Maar helaas, we werden allemaal de trein uit gestuurd en kregen er niets van mee. Het was ondertussen al donker, waardoor we helemaal niets zagen van het wisselen van de onderstellen. Dit keer zagen we geen douanebeambten die de trein in kwamen, maar stonden we in een hypermoderne vertrekhal met scanapparaten die automatisch onze paspoorten controleerden, een foto maakten, een vingerafdruk wilden hebben en lieten weten of ons visum geldig was.

Wat een contrast met de eerdere controles! Om de vertrekhal stond een metershoog hekwerk. Aan de andere kant van het hek stonden Chinese vrouwen die uit de kofferbak van hun auto bier, fris en wijn verkochten. Van onze laatste Mongoolse tugrik kochten we twee biertjes en een zak chips. We moesten omgerekend negen euro afrekenen – hier snappen ze wel hoe vraag en aanbod werkt. De taken waren goed verdeeld, want de vrouwen verkochten drank terwijl iets verderop een groepje mannen stond waar je je Mongoolse of Russische geld alvast kon wisselen voor Chinese yuan, met een valutakoers die behoorlijk gunstig in hun voordeel uitviel. Wij trapten niet in deze wisseltruc: zowel in Rusland als in Mongolië hadden we gelukkig bij iedere pinautomaat kunnen pinnen.

Na twee uur hangen en wachten kwam de trein eindelijk weer voorrijden. Er was niets te merken van het nieuwe onderstel. We hadden nog zo gehoopt dat het minder herrie zou maken, maar helaas. Tijdens de laatste nacht en de laatste ervaringen van deze unieke route lagen we schuddend in bed. Die herrie zouden we misschien nog wel gaan missen, dacht ik. Ik was wat huiverig om met deze treinreis onze wereldreis te starten, maar nu wist ik dat ik dit nooit aan me voorbij had willen laten gaan.

Only cash or via WeChat, staat er bij de vierde pinautomaat die we rondom het station proberen. Samen met Matthijs, onze coupégenoot, probeer ik geld te pinnen, maar tot onze schrik worden overal onze passen geweigerd. We hebben ondertussen

Koop een Chinese simkaart
Wij hebben het niet gedaan, maar als je een Chinese simkaart koopt kun je ook gebruikmaken van WeChat. Dat is de app die je in China voor alles kunt gebruiken en die onmisbaar is voor iedere inwoner. Je kunt ermee betalen, eten bestellen, chatten, video's bekijken, een taxi bestellen, QR-codes scannen en ga zo maar door. Het maakt het reizen door China er een stuk makkelijker op en bij ons volgende bezoek kopen wij dan ook zeker een simkaart.

Stadspleinen
Waar staat China níét om bekend, zou je kunnen zeggen? Toch is China ook populair om de grootste stadspleinen ter wereld. Vier van de tien grootste stadspleinen ter wereld zijn namelijk in China te vinden.

Ongeluksgetal
In China kom je het cijfer 4 niet vaak tegen. Dit is een ongeluksgetal, omdat het klinkt als het woord 'dood'. Hotels en gebouwen hebben daarom ook vaak geen vierde verdieping of een kamernummer met een 4 erin.

Beijing of Peking?
Beijing (of Peking, beide namen zijn correct) is de hoofdstad van China en de op een na grootste stad van het land. Shanghai is de grootste stad van het land met ruim 26 miljoen inwoners.

In China hebben meer dan honderdzestig steden meer dan een miljoen inwoners.

bijna elke bank gehad die ik heb gevonden op mijn offline kaart van Beijing. Viora en Emma staan midden op het stationsplein te wachten met alle backpacks en kijken steeds hoopvol op als ze ons weer zien verschijnen.

Na een uur geven we het op. Zonder geld komen we weer terug op het stationsplein. Het is zo'n dertig graden, we hebben allemaal dorst en honger en we zijn moe van de treinreis.

'En nu?' vraagt Viora als ze onze sippe gezichten ziet.

'Man man man, hadden we nou toch maar gisteren wat geld gewisseld bij die mannetjes achter de hekken!' verzucht ik. 'We gaan nog wel even kijken of we op straat geld kunnen wisselen!'

Iedereen die we aanspreken en vragen of ze ons kunnen helpen kijkt vriendelijk en luistert aandachtig, maar door de taalbarrière komen we niet echt verder. Na nog eens een halfuur mensen aanklampen lukt het eindelijk. We hebben de tien Amerikaanse dollar die Matthijs nog had kunnen wisselen en kunnen nu de metro nemen naar onze hostels! Yes! Vanaf daar zien we wel weer. We moeten een andere kant op dan Matthijs en Emma, dus we bedanken ze voor de gezellige treinreis, wensen ze nog een goede vakantie en sprinten dan onze metro in.

'Wanneer noem je het een vakantie en wanneer noem je het een reis?' vraagt Viora als we in de metro zitten.

'Wij zijn op wereldreis, het voelt tot nu toe nog niet als vakantie, maar veel avontuurlijker!' zeg ik.

'Maar dat vinden Emma en Matthijs natuurlijk ook van hun reis,' zegt Viora. 'Die is ook heel avontuurlijk, terwijl je ook kunt zeggen dat ze zes weken op vakantie zijn. Ik ga voor mijn gevoel niet een jaar op vakantie, maar een jaar op reis.' Ze denkt nog even na. 'Het voelt alsof we al twee maanden op pad zijn terwijl we pas twintig dagen geleden in Eindhoven op het vliegveld stapten. Hoe zou dat gevoel over een jaar zijn?'

We blijven drie dagen in Beijing voordat we doorreizen richting het zuiden van China. In totaal blijven we drie weken in China en omdat we voor ons visum alles al van tevoren moesten vastleggen, weten we precies wat onze route zal zijn door dit immense land met ruim 1,4 miljard inwoners. We hebben een binnenlandse vlucht geboekt en zullen stukken met de *bullet train* reizen om uiteindelijk in de metropool Hongkong te eindigen.

Op ons to-dolijstje voor Beijing staan eigenlijk maar drie dingen: een bezoek aan de Verboden Stad, de Chinese Muur beklimmen en pekingeend eten. Omdat we redelijk gammel zijn van de nacht in de trein, besluiten we eerst eens een douche te nemen in ons hostel, vervolgens op zoek te gaan naar een pinautomaat die wel werkt en dan ergens écht Chinees te gaan eten. De hostelmedewerker vertelt ons dat er maar een paar banken zijn waar Europeanen geld kunnen pinnen; het overgrote deel van alle banken in de stad zijn lokale banken die geen internationale betaalkaarten accepteren. Toevallig zit er eentje om de hoek en ik haal opgelucht adem als het geld uit de automaat tevoorschijn komt: eindelijk gelukt.

Het is negen uur 's ochtends en al goed warm buiten. Na een lange nacht in onze kleine maar fijne privékamer in het hostel, zijn we onderweg naar de Verboden Stad. Voordat we vertrokken heb ik de metrokaart uitgebreid bestudeerd. Beijing heeft het drukste metronetwerk ter wereld, met meer dan tien miljoen gebruikers per dag. Best handig om van tevoren te weten waar je precies moet zijn. Zeker voor mij, ik hou van planning en duidelijkheid. Viora is meer het 'Kom we gaan, we zien het wel'-type. Ik word daar heel zenuwachtig van. We zijn nog geen drie weken op pad, maar het is al duidelijk dat het uitzoeken van routes mijn taak is, want dat wil ik niet aan het toeval overlaten.

Volgens de kaart staan we midden in Beijing, maar omdat we hier alleen maar laagbouw zien voelt het alsof het een buitenwijk is. Ik had juist veel hoogbouw en enorme wolkenkrabbers verwacht. Maar hier spelen kinderen op straat, fietsen mensen massaal voorbij (want je weet: *Nine Million Bicycles in Beijing*) en op iedere hoek van de straat kun je wat te eten kopen. Dit soort wijken worden ook wel 'hutongs' genoemd, wijken die vol staan met kleine huisjes met maximaal twee kamers. De meeste huizen hebben geen douche of toilet, en daarom staan er in deze wijken openbare toiletgebouwen waar iedereen naar binnen mag. Alle huisjes worden gescheiden door smalle straatjes en steegjes van soms maar een halve meter breed. Hier heb je niet het gevoel dat er in deze stad 21 miljoen mensen wonen. Maar dan, wanneer we de roltrap naar de metro afdalen, is het alsof we een mierennest binnenstappen. Gisteren waren we zo gefocust op het vinden van de juiste metro, hadden we dorst, honger en waren we zo moe dat we ons nog even niet open konden stellen voor deze enorme chaos. Nu zijn we uitgeslapen en kijken we onze ogen uit.

Waar we ook kijken zien we mensen. Er hangen overal bordjes met Chinese tekens, schreeuwende reclameborden, televisieschermen met schetterende muziek en een omroeper die er bovenuit probeert te komen. We hebben moeite om even te acclimatiseren, terwijl de Chinezen onverstoorbaar om ons heen bewegen. Iedereen bevindt zich in zijn eigen bubbel die bestaat uit zijn of haar telefoon.

'Ik dacht dat jij veel op je telefoon zat, maar dat neem ik terug,' zeg ik plagerig tegen Viora. Mensen met mondkapjes op stappen in en uit, banen zich een weg naar een zitplek (die er vrijwel nooit is) of checken uit, terwijl hun blik het telefoonscherm geen seconde verlaat. In Nederland krijg je al geïrriteerde blikken als het geluid van je koptelefoon te hard staat, maar hier horen we een kakofonie aan geluiden die uit alle telefoons komen, de een nog harder dan de ander. Links naast mij staat iemand die een serie kijkt, achter mij speelt iemand een spelletje en rechts van mij is een videogesprek aan de gang. Ik kijk mijn ogen uit en besef nu pas echt dat ik in China ben. Ik heb de laatste maanden veel documentaires over China gekeken, waar dit soort beelden altijd voorbijkomen. Nu sta ik er gewoon zelf tussenin, als nuchtere Hollander.

Ondanks de enorme chaos is het wel een gecontroleerde chaos. Mensen geven elkaar de ruimte om in en uit te stappen. Iedereen wacht netjes op elkaar. De plekken voor mensen die slecht ter been zijn laten ze vrij, ook al zijn alle zitplekken bezet.

Weer boven de grond staan we opeens midden op het immense Tiananmenplein voor de Verboden Stad, ook wel het Plein van de Hemelse Vrede genoemd. Dit plein is tweeëntwintig keer zo groot als de Dam in Amsterdam. Even zakt ons de moed in de schoenen bij het zien van de rij: er staan massa's mensen te wachten om de Verboden Stad te bezoeken. Maar we willen echt graag naar binnen, dus we gaan netjes achter-

'Beijing Bikini'
In Beijing ontkom je niet aan de blote mannenbuiken. Vanwege de vaak benauwde en hoge temperaturen rollen veel mannen hun T-shirt omhoog als een bikinitopje om een beetje verkoeling langs hun lichaam te voelen. Het ziet er in eerste instantie wat apart uit, maar in Beijing is het helemaal geaccepteerd en kijkt niemand er vreemd van op als je op die manier boodschappen gaat doen.

Streamen in het buitenland?
Netflix, Videoland of Uitzending Gemist kijken in het buitenland? Zorg dat je een VPN-app hebt. Via de VPN-app kun je aangeven dat je vanuit Nederland verbinding maakt en beschik je over al het aanbod dat je thuis ook zou hebben. In China is een VPN-verbinding onmisbaar, want anders kom je niet op Facebook of Google, aangezien dit door de Chinese overheid geblokkeerd is.

Mondkapjes
Mondkapjes zijn sinds 2020 aan ons straatbeeld toegevoegd. In China dragen ze die al tientallen jaren als ze verkouden zijn of als ze bang zijn om in een drukke omgeving aangestoken te worden door een virus. Daarnaast heerst de gedachte dat als je slijm juist binnenhoudt, dit weer kan leiden tot infecties aan de luchtwegen. Ze willen het er dus zo snel mogelijk uit hebben. Voor een deel van de bevolking is het rochelen dus juist een teken van hygiëne. Voor ons een apart contrast om zo te ervaren.

aan staan. Net zoals de metro is ook de rij een grote chaos, en daarnaast blijken wij zelf ook een enorme bezienswaardigheid te zijn.

'*You look like a model*,' zegt een vrouw die haar arm om mij heen slaat en haar dochter een foto laat maken. Ik weet nog niet helemaal wat ik ervan vind om zo bekeken en gefotografeerd te worden. Maar in een opwelling zeg ik: '*Yes, I am a model!*' De vrouw glundert en ik moet ook nog een selfie maken met haar en haar dochter.

'Alsof we bekende filmsterren zijn, zo erg staren al deze mensen ons aan,' zegt Viora, die ondertussen een foto van mij en de Chinese dames maakt. Er komt een kindje naar Viora toe, aait over haar arm en wijst naar haar blonde haren. Zonder het te vragen wordt het kind door haar vader opgetild en in Viora's armen gedrukt voor een foto. Ik heb (nog steeds) spijt dat ik hier zelf geen foto van heb gemaakt. Viora is overdonderd door de situatie, en ik zie de verbazing en irritatie op haar gezicht terwijl ze probeert te glimlachen.

'Mijn dag kan nu al niet meer stuk, wat gebeurt hier allemaal, joh!' lach ik.

Gisteravond probeerde ik online kaartjes te kopen voor de Verboden Stad, maar na een uur scrollen op mijn telefoon moest ik stoppen van Viora.

'We gaan gewoon morgen naar dat plein en dan zien we het wel. Zo moeilijk zal het niet zijn, weet je hoeveel mensen daar iedere dag komen? Dit is echt zonde van je tijd.'

Nu staan we in de rij en ik heb geen idee of het de goede is, maar aangezien iedereen hier aansluit zal dat hopelijk wel. Na een uur zijn we eindelijk aan de beurt. Zonder paspoort kom je hier niet binnen, en gelukkig had ik dát wel online gevonden. Ze scannen je paspoort, en je documentnummer is dan direct je toegangsbewijs. Ze zijn bikkelhard: een paar plekken voor ons sturen ze een aantal toeristen zonder paspoort gewoon weg. We hoopten dat het eenmaal in de Verboden Stad iets rustiger zou zijn, maar niets is minder waar. Voetje voor voetje schuifelen we vooruit, zoveel mensen hebben we nog nooit bij elkaar gezien.

De Verboden Stad is in de vijftiende eeuw gebouwd. Het is een complex van paleizen, tempels en huizen omringd door een muur van tien meter hoog en een gracht van meer dan zes kilometer lang. De Verboden Stad was bijna vijfhonderd jaar lang de plek van waaruit de keizers van China regeerden. In 1911 werd China uitgeroepen tot republiek en ging ook de functie van de Verboden Stad verloren. Tot die tijd was het, zoals de naam al zegt, verboden voor de gewone burgers, die mochten pas in 1925 naar binnen. Het is het grootste paleizencomplex ter wereld en telt 999 gebouwen met in totaal 9999 kamers. Dit imponerende stukje historie trekt dagelijks gemiddeld 80.000 bezoekers en is volgens alle reisgidsen dé plek in Beijing die je moet bezoeken.

Na ruim een uur dwalen langs de grote pleinen en paleizen van deze stad in een stad zie ik dat Viora het even gehad heeft. Ze is onder de indruk, maar er zijn ook enorm veel prikkels: het is warm en druk en alle nieuwe invloeden zijn haar even te veel.

'Zullen we hier even gaan zitten voor wat water en een koekje?' vraag ik.

'Ja! Ik kán niet meer!' zegt ze. Het is drukkend warm en het chaotische gedrag van de schreeuwende mensen om ons heen maakt het nog intenser. De Chinezen kennen weinig gêne. Toen we net naar een portret van Mao Zedong stonden te kijken liep er een man voorbij die een heel harde scheet liet. Kan gebeuren natuurlijk. Maar nog geen drie seconden later haalde hij met veel kabaal zijn neus op, rochelde even en spuugde daarna op de grond. Niemand kijkt op of om. We zijn inmiddels ook nog zo'n vijftien keer op de foto geweest met hele families, en minstens zo vaak is er stiekem een foto van ons gemaakt. Het aantal buitenlandse toeristen hier is op één hand te tellen en bijna niemand heeft zulk blond haar als Viora.

'We krijgen wel de hele experience, hè?' zegt Viora, nadat ze in een paar grote teugen het flesje water leegdrinkt.

Volgens de reisgidsen kun je hier dagen vertoeven en je verwonderen over de schoonheid van de gebouwen en alle kunststukken die daar verborgen liggen. Wij vinden het mooi en we hadden dit zeker niet willen missen, maar houden het na vier uur schuifelen naar de uitgang voor gezien. Omdat je aan de ene kant van de stad naar binnen gaat en er aan de andere kant weer uitkomt is het even zoeken naar het metrostation. Met de offline kaarten komen we gelukkig een heel eind. Hoewel hier op iedere hoek van de straat een telefoon- of elektronicawinkel zit waar je een simkaart met internet kunt kopen, hebben wij ervoor gekozen dat niet te doen. We weten inmiddels dat je hier overal wifi hebt. In de mooiste restaurants hangen posters aan de muur met daarop de wifi-code, en zelfs in de metro kun je hier probleemloos verbinding maken.

Communiceren blijft wel een probleem. Er zijn maar weinig Chinezen die Engels spreken en verstaan. Ze lachen allemaal vriendelijk en luisteren vol aandacht als we wat vragen, maar als we zijn uitgepraat schudden ze hun hoofd en draaien ze zich met een glimlach om. Op mijn telefoon heb ik ook een vertaalapp staan, maar doordat ze in China meer dan tien verschillende dialecten hebben werkt dat niet optimaal. Het is vaak een gesprek met handen en voeten dat eindigt met een hoop gelach van beide kanten.

Zodra we weer in de metro zitten stapt er een vrouw met een kind van een jaar of twee in; hij heeft in zijn broek een grote opening bij zijn kleine billetjes. Het is ons al vaker opgevallen dat kinderen hier met een zogenoemde splitbroek lopen. Ze hebben daar meestal niets onder aan en kunnen hierdoor makkelijker hun behoefte doen. Dit jongetje gaat gehurkt zitten en plast zo in de metro. Zijn urine trekt een spoor door de optrekkende metro, wij houden onze voeten omhoog en kijken elkaar verbaasd aan. Weer een nieuwe ervaring op het lijstje.

12 MEI 2019

Na een eerste overweldigende dag zijn we lichtelijk gespannen voor vandaag. We gaan namelijk naar de Chinese Muur. Het is een van de zeven wereldwonderen en iets waar we al lang naar uitkijken. We kennen de foto's natuurlijk van de geschiedenislessen op de basisschool, maar nu gaan we het eindelijk met onze eigen ogen bekijken!

Jaarlijks bezoeken ruim tien miljoen mensen van over de hele wereld de muur, die zo'n zesduizend kilometer door China slingert en ooit is gebouwd om het noorden van China te beschermen tegen de vijand. Omdat de meeste toeristen hun reis door China beginnen of eindigen in Beijing is het stuk muur bij Badaling, 75 kilometer ten noordoosten van Beijing, het meest bezochte en bekendste deel van de Chinese Muur. Omdat het zo'n trekpleister is, was het kopen van kaartjes geen probleem. *Lucky me*, geen stress. Op straat, in alle hotels of hostels zijn arrangementen te boeken waarbij je met een gids de muur bezoekt. Je kunt het bezoek zo uitgebreid en luxe maken als je wilt: een privétour, een lunchpakket erbij, een museum bezoeken, of op de terugweg langs een dierentuin. Alles kan.

Uiteindelijk vinden we online (uiteraard) precies wat we willen: een halve dagtocht met een groep waarbij we zonder begeleiding over de muur mogen lopen. We moeten om halfacht 's ochtends verzamelen op een groot plein waar wel dertig touringcars staan te wachten. Tijdens de busrit naar de muur worden we door een gids in goed Engels bijgepraat over de historie van de muur en wat ons te wachten staat.

'*The best moment during your stay in China*,' zegt hij tot wel drie keer toe. Onze verwachtingen stijgen met de minuut.

De gids heeft niets te veel gezegd. Het miezert en het zicht is niet al te best, maar toch is het uitzicht vanaf de muur enorm indrukwekkend. Over de muur lopen we van wachttoren naar wachttoren en door het heuvelachtige landschap hebben we op elke plek een ander uitzicht. Het is adembenemend groen en de vergezichten zijn ondanks het slechte zicht van vandaag eindeloos.

'Dit soort uitzichten zie je eigenlijk alleen maar op schilderijen in Chinese restaurants,' grapt Viora.

'Of in films,' antwoord ik.

We hebben vier uur de tijd om over de muur te wandelen. Alhoewel, wandelen... Op sommige stukken is de muur zo steil dat het eerder klimmen op handen en voeten is. Dat maakt ons niets uit, we staan gewoon op de Chinese Muur! Bizar. We hebben geen bucketlist, maar als we er wel een hadden, kon deze er mooi vanaf.

Het idee dat er vroeger in al die torens mannen met kanonnen zaten om hun land te beschermen maakt het nog indrukwekkender. Maar een ander feitje van de gids blijft ook hangen en geeft ons een naar gevoel: de bouw van de Chinese Muur wordt ook wel het grootste kerkhof ter wereld genoemd. Geschat wordt dat er ruim een miljoen mensen zijn omgekomen bij de bouw. Een miljoen!

Het eerste deel van de muur werd gemaakt in 200 voor Christus; toen hadden ze nog niet eens stenen tot hun beschikking en bouwden ze met aarde en leem. De wereld verandert echter snel en daarmee ook de technologie en bouwtechnieken: bij de in- en uitgang van de muur is tegenwoordig een compleet dorp gebouwd, inclusief restaurant, hotels en winkels. Of beter gezegd: een pretpark, waar grote groepen Chinezen achter hun gids aanlopen en een bezoek brengen aan een bioscoop, museum, de markthal of zelfs een dierentuin.

'Wat een contrast,' zeg ik tegen Viora. 'Net stonden we nog op de muur en hadden we het gevoel dat de wereld nog ontdekt moest worden, en nu lijkt het wel alsof we in één keer naar de toekomst zijn gesprongen.'

Het laatste punt op ons Beijing-lijstje is het eten van de bekende pekingeend. Natuurlijk kun je dat in Nederland ook overal eten, maar hoe leuk is het om dat juist in de stad zelf te doen? Viora eet de laatste tijd niet meer zoveel vlees, maar voor pekingeend maakt ze deze keer een uitzondering. De afgelopen dagen zagen we pekingeend voorbijkomen in de meest bijzondere gerechten en vormen. Door de soep, in pannenkoeken, op wafels, als ijssmaak of in een wrap. Wij besluiten voor de laatste variant te gaan en willen die eten in Guijie Street, ook wel 'Ghost Street' genoemd. Dit is een van de bekendste food-straten van Beijing. De straat bevindt zich in een hutong en boven de straat hangen honderden rode lantaarns. In de smalle gezellige straatjes staan overal kraampjes, afgewisseld met moderne restaurants en winkels vol souvenirs. Vroeger werd in deze straat groente en fruit verkocht, van 's avonds laat tot in de vroege uurtjes. De petroleumlampen van de handelaars vormden een spookachtig beeld, vandaar 'Ghost Street'.

Het spookachtige en historische straatbeeld kun je nog steeds zien, maar wordt enigszins weggedrukt door de neonreclame en interactieve beeldschermen. Alsof je met één been in het verleden staat en met het andere been in de moderne tijd.

Door ons bezoek aan de Chinese Muur is er van ons dagbudget niet veel meer over. We hebben afgesproken niet al te gek te gaan eten, maar eenmaal in deze straat kunnen we het niet laten om na de superlekkere pekingeend ook nog bubble tea en een ijsje te proberen. Er is zoveel bijzonders te zien, te ruiken, te proeven. We kijken onze ogen uit en ontdekken ook dat we lang niet alles kunnen en misschien ook niet willen proberen. Eén ding is duidelijk: gerechten die wij kennen van Nederlandse Chinese restaurants zijn hier nergens te bekennen. Vooraf hebben we veel spookverhalen gehoord over het eten van honden en katten in dit land. Misschien zijn we blind, of houden ze dat ver weg van toeristen, maar we hebben het niet voorbij zien komen. Gelukkig.

Uitgaan in China
Je kunt voor veel geld een club met harde muziek bezoeken, maar je kunt ook iedere avond naar een park in de stad voor je portie entertainment. Dansen op een plein of park is een populaire hobby onder de voornamelijk wat oudere Chinese vrouwen. Dit doen ze onder begeleiding van opzwepende muziek en een instructeur: ze zwieren en draaien zonder schaamte door het park en de combinatie van dans en aerobics is heerlijk om van te genieten.

Hoe hou je je reis online bij?
Bedenk van tevoren of je je reis online wilt delen. Het hoeft natuurlijk niet, maar we kunnen wel adviseren om iets van een online dagboek bij te houden. Er gebeurt zoveel dat je ook weer dingen vergeet als je helemaal niets bijhoudt. Een online (foto)dagboek bijhouden kan heel makkelijk met Polarsteps. Je kunt je account openbaar maken, maar ook privé houden. Bloggen en vloggen is natuurlijk ook een mogelijkheid, maar neemt wel veel meer tijd in beslag. Wij kozen voor meerdere kanalen:

- Instagram
- YouTube
- Polarsteps
- Onze website

Dat nam veel tijd in beslag, maar er zijn ook genoeg momenten geweest waarop we ons anders zouden vervelen en we nu even onze video konden editten, onze stories konden uploaden of een blog konden typen. Probeer het eens uit!

Alles wat we tot nu toe geproefd hebben is juist veel lekkerder dan de babi pangang en de Chinese tomatensoep die wij uit Nederland kennen.

'Dit beeld lijkt wel versneld afgespeeld vergeleken met de Transmongolië Express!' zegt Viora. We zitten in een bullet train onderweg naar onze volgende stop, Pingyao. We zoeven door het groene Chinese landschap en soms popt er ineens een stad op. Niet zoals in Rusland, waar je soms ineens een dorpje met een paar huisjes en oude koeienstallen langs zag razen. Nee, we komen langs steden waar tientallen meters hoge torens staan, de meeste nog in aanbouw of helemaal leeg, ook al zijn ze klaar. Op het beeldscherm voor ons is te zien dat we bijna driehonderd kilometer per uur gaan. We hebben vaste plaatsen in de trein en alles is hypermodern. USB-aansluitingen, een scherm waarop je kunt meekijken door de voorruit van de trein en een coupé die is uitgerust als een complete supermarkt.

Er komt een klein jongetje naast ons staan die van alles in het Chinees tegen ons roept. We hebben geen idee wat hij zegt, maar filmen wel hoe hij tegen ons aan kletst. Bijna iedere dag plaatsen we een aantal foto's en video's op ons Instagramaccount. Vandaag zetten we die van het jongetje in de trein online. Via onze volgers ontdekken we dat hij 'Jullie zien er anders uit, jullie zijn buitenlanders!' tegen ons zegt.

We hebben dit Instagramaccount voor vertrek aangemaakt en het is ontzettend leuk om te merken dat inmiddels al meer dan tienduizend mensen onze reis volgen en ons dagelijks veel tips sturen.

Omdat we niet overal wifi hebben, kiezen we ervoor om alles

aan het eind van de dag te delen. Zo wordt het een leuk verhaal en krijgen onze volgers een compleet beeld van onze dag.

Ook in Pingyao verloopt de communicatie weer moeizaam. We hebben in Nederland al een hostel geboekt in het centrum van dit oude stadje. Op Booking wordt het omschreven als een levendig en leuk hostel met gasten van over de hele wereld. We zijn al ruim een halfuur onderweg door het donkere stadje met onze backpack op onze rug, als we eindelijk de plek vinden die aangegeven staat op Booking. Het gebouw is pikdonker en we zien een binnenplaatsje waar we zo op kunnen lopen, maar er is niemand. Na een paar minuten wachten en wat roepen komt er een stokoude man naar ons toe die tegen ons begint te praten. We verstaan hem natuurlijk niet en hij haalt ook zijn schouders op.

'Hostel?' proberen we. Er gaat duidelijk geen lichtje branden bij deze meneer.

'Volgens mij is het hier niet, hoor,' zeg ik tegen Viora. 'Kom, we gaan en we zoeken wel weer verder.'

'Maar volgens de kaart is het toch echt hier!' verzucht Viora.

We lopen weg, maar de oude man roept weer. We gaan toch maar achter hem aan en hij wijst ons een hokje met een bed zonder beddengoed en maar één kussen. Verder zijn alle kamers donker.

'Volgens mij heeft hier in geen jaren iemand geslapen,' zeg ik. Ook met onze vertaalapp komen we geen stap verder. Deze man kan duidelijk niet lezen. Dat is ook iets waar we achter zijn gekomen: China kent heel veel analfabeten. Maar liefst vijftig miljoen Chinezen kunnen niet goed lezen en schrijven.

'Ik wil hier weg!' zegt Viora resoluut. 'We boeken wel iets

anders!' Het voelt zo machteloos om iemand niet te kunnen begrijpen.

'Ik vind het heel zielig voor deze meneer, maar ik ben ook een beetje bang dat dit helemaal niet klopt.'

We pakken onze backpacks weer van het bed en zwaaien vriendelijk naar de meneer.

'Sorry, maar we gaan toch ergens anders heen!' zeggen we in het Engels, ook al weten we dat hij ons niet kan verstaan.

'Ik voel me wel een beetje schuldig, hoor, maar het voelde echt niet fijn daar. Zo zie je maar dat niet alles wat op Booking staat klopt!' zegt Viora als we bij een ander en eigenlijk veel te duur hotel op bed ploffen.

'Ach joh, hebben we dat ook maar meteen meegemaakt!' zeg ik. Dit hotel was een van de weinige nog beschikbare opties en het is inmiddels ook al halftien. Er is wel een mooie binnenplaats en onze kamer is voorzien van een gigantisch traditioneel Chinees stenen bed, met daarop een enorm matras. Vroeger werd het bed (de stenen) warm gestookt door een rookkanaal eronder. Tegenwoordig heeft het rookkanaal plaatsgemaakt voor een airco aan de muur.

Ons bezoek aan Pingyao is eigenlijk maar een korte tussenstop op onze route richting Xi'an. Het is vrij ver om vanuit Beijing in één keer naar de miljoenenstad Xi'an te reizen, vandaar dat het wordt aangeraden om de reis op te splitsen met een stop in het pittoreske Pingyao, dat op de werelderfgoedlijst van UNESCO staat. Het 'dorpje', met 40.000 inwoners, is met alle rode lampionnetjes, kleurrijke oude tempels en binnenplaatsen vol bloemen vooral een attractie waar Chinese toeristen graag komen. Ze komen hier kijken hoe China er vroeger uitzag, want

Pingyao was een van de eerste handelssteden van China. Hier zijn bijvoorbeeld ook de eerste banken van China opgericht. Alles proberen ze hier in de originele staat te behouden. In het centrum mogen geen auto's rijden en er zijn heel veel schattige straatjes vol met winkeltjes, met speakers aan de gevels waar Chinese muziek uitkomt. Je kunt bekijken hoe ze op traditionele wijze instant noodles maken, maar je kunt ook je naam in het Chinees op een bordje laten graveren, of een rondje rijden in een soort elektrische wagentjes die er allemaal uitzien als een ander dier.

Misschien zijn wij hier te nuchter voor. Na twee dagen rondstruinen door Pingyao voelt het dorp meer als een openluchtmuseum of een Chinese versie van Disneyland (zonder achtbanen) dan een stadje waar het oude China nog intact is gebleven. In een van de mooiste gebouwen in de hoofdstraat denken we een oud restaurant of tempel binnen te stappen, want op de gevel staan prachtige gouden Chinese tekens. Maar als we de grote houten deuren door zijn, staan we gewoon in de moderne Pizza Hut of de KFC met knipperende touchscreenschermen die verwachtingsvol om onze bestelling vragen.

Per trein komen we aan in Xi'an. Vanaf het station moeten we onze weg vinden naar een hostel dat midden in de islamitische en meest bruisende wijk van Xi'an ligt. We zijn inmiddels iets handiger geworden in het vinden van de juiste metro en het lukt ons om in één keer ernaartoe te lopen. Als we na een paar minuten weer uitstappen komen we in een totaal andere wereld dan we tot nu toe gezien hebben. Dit is het islamitische China. De vrouwen hier dragen hoofddoeken en de mannen lange gewaden. Ook hier is het chaos op straat: overal klinken schelle geluiden, er bidden mensen op kleedjes, er gaan bakfietsen met dozen vol etenswaar dwars door de straten. Er hangt een pittige en gekruide geur, en we zien overal knipperende neonborden en eetkraampjes met de meest exotische dingen, zoals gefrituurde geitenhoefjes of zeepaardjes. Xi'an staat bekend om het lekkere eten en dat snappen we wel: we zien al van alles wat we willen proeven. Allerlei soorten dumplings, instant noodles, zoetigheden en bijzondere ijsjes. Ondanks de chaos is de sfeer heel gezellig op straat.

'Wow, kijk dit dan!' roept Viora als ze stil blijft staan bij een kraampje. Als ik goed kijk, zie ik wat hier gebeurt. Hier is de plaatselijke tandarts. Er liggen naast wat tangetjes ook wat kunstgebitten uitgestald en er zit een man op een krukje met zijn mond open terwijl een ander, dat moet dan de tandarts zijn, in zijn mond bezig is. We blijven een paar seconden verstijfd staan kijken.

'Tja, zo kan het ook, maar ik sla even over!' zegt Viora lachend.

Op de volgende straathoek zit een dakloze man. Hij is duidelijk ingespeeld op de bevolking: in plaats van een petje of bakje heeft deze man een bordje met een QR-code. Bedelen 2.0.

VIORA

Als we aankomen bij het hostel moeten we even bijkomen. Aan de ene kant wil ik heel graag naar buiten, de stad ontdekken, dingen zien. Ik vind alles leuk en wil het liefst overal bij zijn. We hebben bovendien maar twee dagen in deze gigantische stad. Maar ik merk ook dat ik moe ben, overweldigd door alle indrukken van de afgelopen weken. Het afscheid nemen van ons huis, onze ouders, onze kat, onze vrienden. De spanning die we al weken voelden, alle nieuwe culturen, de uren onderweg zijn, onze draai vinden in het reizen. Alle indrukken zijn even te veel.

'Zullen we gewoon even op bed gaan liggen met een drankje en chips? Ik heb dat echt even heel erg nodig.'

Joost kijkt me aan en ik zie dat hij precies hetzelfde denkt. 'Kom, dan lopen we even naar beneden om wat drinken te halen. Dan kunnen we ook even vragen of ze hier onze kleding kunnen wassen!'

We zijn nu ruim drie weken onderweg en hebben op een handwasje na nog niets gewassen. We geven onze vuile was af bij de balie in het hostel en voor een paar euro mogen we het de volgende dag schoon en opgevouwen weer ophalen. Wat een luxe, als dit de rest van het jaar ook zo gaat, ideaal!

Een middag en avondje rust heeft ons goed gedaan. Terwijl ik me een beetje inlas in Xi'an, editte Joost de vlog die op ons YouTubekanaal komt. We zijn alleen even naar buiten geweest om wat te eten. Pas na een goede nacht slaap mogen we van onszelf op ontdekkingstocht. 'Dit moeten we vaker doen, hoor, even zo'n "break"!'

Xi'an is misschien wel het meest bekend van het wereldberoemde Terracottaleger. Levensgrote stenen soldaten die in eindeloze rijen staan opgesteld. Het moet er indrukwekkend uitzien, maar juist vanwege alle indrukken besluiten we om er niet heen te gaan. We horen van veel mensen dat het duur is en tegenvalt en we hebben eigenlijk geen zin om weer in een bus heen en weer te moeten reizen. We blijven liever in de stad om daar van alles te zien.

Xi'an heeft een heel mooie stadsmuur van ruim twaalf kilometer lang waarover je kunt fietsen. We kunnen kiezen: twee losse fietsen of een tandem. We hebben wel zin in een ultieme relatietest, en besluiten voor de tandem te gaan. Bijkomende uitdaging is dat er op de muur geen beschutting is, de zon volop schijnt en het zeker dertig graden is. We gieren het uit. Ik vind het in eerste instantie doodeng want ik kan achterop niet sturen, maar Joost heeft de tijd van z'n leven. Hij zit voorop en bepaalt dus welke kant we op gaan. Ik moet gewoon stilzitten en meetrappen, zegt hij. Het eerste lukt me prima, dat laatste vergeet ik soms heel per ongeluk een paar minuten. We crossen over de bijna twintig meter brede muur heen en genieten van het uitzicht over de stad en zwaaien naar wat locals die aan het wandelen zijn. Het is vooral fijn dat er niet zoveel toeristen op de muur zijn. Andere toeristen gaan liever met een busje van het ene museum naar het andere zonder te veel onnodige stappen te zetten. Wij houden wel van een beetje uitdaging af en toe en weer even flink zweten is ook fijn. Thuis sportten we allebei veel, maar dat is op reis toch niet zo makkelijk. We proberen oefeningen te doen met wat elastieken die we hebben meegenomen in de kamer van het hostel, als daar tenminste een beetje ruimte is. Joost heeft bovendien wat meer moeite met zichzelf motiveren voor een work-out, dus is dit rondje op de tandem de perfecte oplossing.

Vanuit Xi'an vliegen we naar het zuiden van China. In het vliegtuig zie ik een vrouw van onze leeftijd, en ze valt op omdat ze een van de weinige niet-Chinese mensen is in dit vliegtuig.

We zoeken onze plek en ik vraag of Joost haar ook zag.

'Ik heb haar eerder gezien, maar ik weet even niet waar.'

Joost denkt na. 'Zat zij niet bij ons in de trein onderweg naar Beijing?'

'Ja, dat was het!' Ik denk terug aan dat moment, toen een harde Nederlandse stem door onze wagon galmde. Er zat een groepje Nederlanders een paar coupés verderop en we konden letterlijk van hun verhalen meegenieten. Als we na een korte vlucht onze backpacks hebben gevonden zie ik dat ze ook op zoek is naar een bus.

'Gaan jullie ook naar Zhangjiajie?' vraagt ze. Ook zij ziet blijkbaar meteen dat we Nederlands zijn.

'Jazeker! Hebben wij niet samen in de trein gezeten?' vraag ik haar.

Ze begint te lachen en zegt: 'Ik dacht jullie al ergens van te herkennen! Ik vind het allemaal heel onduidelijk aangegeven hier, dus ik ben blij dat ik jullie zie!' Na de busrit zeggen we Ruth weer gedag. 'We zien je vast nog wel ergens onderweg!' roepen we naar haar.

Soms moet ik mezelf even knijpen om te beseffen dat we écht in China zijn, dat we samen in het diepe gesprongen zijn en dat de wereldreis waar we voor het eerst over spraken op het terras in Noordwijk nu echt gaande is. Dat we deze reis maken omdat ik weer helemaal beter ben. Bij die gedachte krijg ik helemaal de kriebels. Als ik terugdenk aan een tijdje geleden, toen ik niet op mijn benen kon staan omdat de chemo zo hard aan het werk was, voel ik me trots. De laatste drie jaar ging het vaak over mijn leukemie en alles wat daarbij kwam kijken. Logisch, want het was een groot onderdeel van ons leven en we deelden er online ook veel over. Toch voelt het voor nu heel fijn dat niemand hier mijn verhaal kent. Ik ben hier gewoon een gezonde toerist die komt genieten van al het moois.

We staan midden op een uitzichtplateau in Zhangjiajie National Forest Park. Een kabelbaan bracht ons door de mist naar dit uitzichtpunt. Alleen dat ritje van maar een paar minuten was al zo spectaculair. We werden omringd door sprookjesachtige natuur en hingen soms wel tweehonderd meter boven de grond. Voor Joost met zijn hoogtevrees was het iets minder, die was blij toen we weer vaste grond onder onze voeten hadden.

Dit park wordt gezien als een van de mooiste natuurparken van China. Toen we thuis bezig waren met onze planning voor China, was het dus niet zo'n moeilijke keuze het op onze route te zetten. Daar denken trouwens meer mensen zo over: Zhangjiajie trekt jaarlijks twintig miljoen bezoekers. We hebben natuurlijk nog maar een minuscuul deeltje van China gezien, maar we snappen wel waarom dit zo populair is. De Chinese Muur was echt een spektakelstuk, maar dit is op een andere manier adembenemend. Enorme rotspartijen worden omringd door groen, en vogels cirkelen rondom de pieken. Uit sommige rotswanden komen kleine watervallen en de natuur lijkt hier een stuk groener dan in Nederland. De film *Avatar* is gebaseerd op dit stukje natuur. Wij kijken niet zoveel films en hebben deze ook niet gezien, maar overal in het park pronken ze met *Avatar*-informatiebordjes.

We kijken allebei onze ogen uit. Vanuit sommige uitzichtpunten kijk je de diepte in, soms wel honderden meters.

'Ik ga niet te dicht bij dat hekje staan, hoor!' zegt Joost een paar keer.

Niet alleen de natuur van dit park is mooi, ook alle paden zijn netjes aangelegd en er staan overal bordjes met uitleg.

We hebben bij de ingang een plattegrond mee gekregen, maar de kaart is nogal onlogisch en de Chinese namen lijken zoveel op elkaar dat we meerdere keren verdwalen. Na een prachtig uitzichtpunt volgt opeens een McDonald's midden in het park. Zonde, zo in de mooie natuur.

Het aantal binnenlandse toeristen is echt enorm. Op wat andere niet-Chinese toeristen na zijn wij de enigen die hier niet in groepsverband zijn. We zien een eindeloze stroom groepjes, vaak allemaal met dezelfde pet of hoed op zodat de groepsleider weet wie bij wie hoort. Wat ons ook weer opvalt: de meeste mensen hier houden niet van ver lopen. Wij gaan een bospad op langs een rivier voor een stuk van ongeveer een kilometer naar weer een ander uitzichtpunt. De eerste driehonderd meter is het druk, maar daarna komen we vrijwel niemand meer tegen.

Alle groepen hebben een leider met een vlaggetje die keihard door een microfoontje met speaker schreeuwt. Ik probeer een klein stukje te vloggen om uit te leggen waar we zijn, maar ik kan mezelf bijna niet verstaan door alle schelle geluiden uit de speakertjes om me heen. Sinds de chemo kan ik prikkels iets minder goed verdragen, mijn hersenen hebben meer moeite om zoveel indrukken en geschreeuw te verwerken. Die speakertjes werken daarom nogal op mijn zenuwen en daarnaast is het echt belachelijk druk op sommige stukken. Ik ben nog nooit zo vaak onvriendelijk opzij geduwd door iemand die met zijn selfiestick vooraan wil staan. Ik heb al meerdere keren de neiging gehad om de stick uit iemands hand te grissen en van de rotsen af te gooien.

'Hoeveel uur aan beeldmateriaal zullen al deze mensen samen maken?' vraag ik aan Joost. 'Bizar hè, ze filmen echt alles en ze bekijken al die mooie natuur ook alleen maar door een schermpje!'

Rusland en Mongolië waren bijzonder, maar de cultuurshock die we hier ervaren is echt vele malen groter.

'Ik moet zo wel even plassen!' zeg ik tegen Joost nadat we al bijna twee uur door het park lopen en van uitzichtpunt naar uitzichtpunt rijden in kleine busjes. Het vervoer binnen het park zit inbegrepen bij de entreeprijs van omgerekend ongeveer 25 euro. Dat China ver vooruitloopt qua technologie bleek maar weer toen bij het betreden van het park onze vingerafdruk werd afgenomen. Zo is de entree voor het park strikt persoonlijk.

In de rij bij de wc voel ik de blikken van alle Chinese dames. Ik ben duidelijk een kop groter, en val nog eens extra op door mijn blonde haar en blauwe ogen.

Ik word weer aangestaard alsof ik een bekende actrice ben. Veel van de dames willen me zelfs even aanraken of aan mijn haar voelen. Ik vind het geen prettig gevoel dat mensen steeds aan mij willen zitten. Maar op een gekke manier begint het ook te wennen dat iedereen zo naar ons kijkt. Wat dan weer niet went is dat er vaak 'stiekem' een foto van ons gemaakt wordt, of dat mensen juist ongegeneerd voor ons gaan staan en een selfie maken.

We hebben gelezen dat wanneer Chinezen bevriend zijn met Europeanen ze meer aanzien hebben bij hun vrienden. We weten niet zo goed of dat waar is, maar voor ons is het sowieso iets onvoorstelbaars.

Als ik bijna aan de beurt ben, zie ik dat het hokje met de voor ons normale wc leeg blijft. Zou die er speciaal voor toeristen zijn, die toch liever niet gehurkt willen plassen, met het gevaar dat alles op je broek en schoenen belandt? De dames voor me gebaren allemaal dat ik voor mag. Inmiddels kan ik, na alle autovakanties met mijn ouders naar Frankrijk, prima op een hurk-wc plassen. Maar ik moet nu zo nodig, dat ik dankbaar gebruikmaak van de voorrang. Zouden ze dit doen als bedankje omdat ze even aan mijn blonde lokken mochten voelen, of zouden ze allemaal echt liever gehurkt gaan plassen? Maakt ook niet uit, ik hou het bijna niet meer. Eindelijk plassen.

Ineens snap ik de stickers die je vaak in zit-wc's ziet, waarbij er een kruis staat door het poppetje dat op de bril gehurkt gaat zitten plassen. Deze manier van naar de wc gaan is hier blijkbaar zo normaal dat ze dit zelfs op een zit-wc toepassen. Ik probeer me voor te stellen hoe ik dit zelf zou doen. Ik zie mezelf klungelend op de pot klimmen met mijn broek al op mijn knieën, zonder de wc aan te raken met mijn handen en zonder eraf te vallen. En dan ook nog in de pot mikken… Ik schiet in de lach bij de gedachte en snap nu goed dat het voor ieders veiligheid niet de bedoeling is om op deze manier een wc te gebruiken.

Na een paar uur dwalen in het park en meerdere stops vinden we het mooi geweest. Voor de terugweg kiezen we voor de hoogste lift ter wereld. De Bailonglift is 326 meter en enorm spectaculair omdat hij aan de buitenkant van een rots is gebouwd en helemaal van glas is. Deze lift brengt ons in een minuut naar beneden voor 72 yuan, omgerekend net geen tien euro per persoon. Eén minuut voor bijna twintig euro vinden we eigenlijk zonde van ons geld. Lopend naar beneden kan ook, maar duurt ongeveer twee uur. We kiezen toch maar voor het gemak van de lift. Onze benen zijn moe, en dan eten we vanavond maar iets goedkoper. Keuzes, keuzes. Zodra we instappen schrik ik van het aantal mensen dat ze in deze lift proppen; we worden nog net niet aangeduwd door degene die buiten de lift blijft staan. Joost houdt mijn hand stevig vast, ik zie dat hij cool probeert te blijven, maar dat hij dit ook heel spannend vindt. De lift gaat zo hard dat ik er een kriebel van in mijn buik krijg. Hoe mooi het uitzicht ook is, ik ben blij dat we een moment later weer veilig op de grond staan.

'Getsie, volgens mij zitten hier stukjes bot in!' Ik trek een vies gezicht en Joost moet lachen.

'Ja, denk je dat echt?' Hij neemt een hap van een van de gerechtjes die we op de gok besteld hebben van de kaart zonder plaatjes. We konden van geen enkel gerecht vinden wat het zou zijn, zelfs met de vertaalapp kwamen we niet veel verder. Omdat we in elke reisgids lezen dat ze hier allerlei dieren en delen van dieren eten die wij helemaal niet kennen, probeerden we op safe te spelen door iets te kiezen waarvan we dachten dat het kip was.

'Baaahhh, ja, ik weet bijna wel zeker dat dit bot is.'

Net voordat we op reis gingen besloot ik om te willen minderen met vlees, alleen nog heel af en toe kip of vis.

'Bij deze haal ik de kip ook maar van het menu.' Gelukkig hebben we op tafel ook nog wat gekookte broccoli en kool staan die wél naar onze smaak zijn. Als de serveerster onze tafel afruimt en alleen het volle bordje met kip nog ziet staan maakt ze een gebaar of we dit nog in een tasje mee willen.

'*Bù*!' roept Joost, Chinees voor 'nee'. De vrouw kijkt ons argwanend aan en schrikt duidelijk van de onbedoeld felle reactie van Joost.

We lopen nog een rondje door het spookachtige stadje aan de ingang van het nationale park. Het is uitgestorven en lijkt niet meer op het mierennest van vanmorgen. De groepen zijn allemaal met hun grote touringcars vertrokken en zijn met hun selfiesticks en iPads alweer onderweg naar hun volgende stop.

'Kijk wie daar loopt!' zeg ik tegen Joost.

Ruth komt met een grote glimlach naar ons toe lopen. 'Dit kan geen toeval meer zijn dat ik jullie nu voor de derde keer zie!' We kletsen wat op straat en als we gedag zeggen roep ik: 'Tot de volgende keer dan maar?!'

22 MEI 2019

We zijn sinds twee dagen in Yangshuo. Dit gebied wordt ook aangeduid als een van de mooiste regio's van China, maar is op een heel andere manier indrukwekkend dan Zhangjiajie. Hoge, ronde rotsen, helemaal bedekt met groen, vullen het landschap als een soort megapaddenstoelen. Overal waar je kijkt zijn deze heuvels te zien. We hebben al lekker rondgefietst en zijn op een scooter door de omgeving gecrost. De scooters die hier rijden zijn een bezienswaardigheid op zich: ze hebben parasols en dakjes om de chauffeur te beschermen tegen de zon. Met deze temperaturen snap ik dat wel. Ook weten we inmiddels dat Chinezen het liefst zo wit mogelijk blijven. In alle supermarkten en drogisterijen verkopen ze zonnebrandcrème waarmee je wit blijft, en over straat lopen met een paraplu tegen de zon is heel normaal.

Vandaag gaan we weer lekker rondfietsen en staat er een boottochtje gepland op de bekende Li-rivier. De verkopers noemen het een 'cruise', maar toen we gisteren langs deze rivier fietsten zagen we bamboevlotjes voorbijdrijven. Voorop staan twee witte plastic stoelen met een parasol, achterop een 'schipper' met een lange stok waarmee hij zich afzet tegen de bodem.

De route is alleen stroomafwaarts. We twijfelden nog even, want dit boottochtje gaat ons omgerekend 38 euro kosten. Een flinke hap uit ons dagbudget. Toch hebben we met elkaar afgesproken dat we dingen niet moeten laten omdat ze 'duur' zijn. We zijn nú op reis en willen daar zoveel mogelijk uit halen. We willen niet later tegen elkaar zeggen: 'Hadden we maar...'

Eén ding weten we namelijk zeker: we zijn hier nu!

Onze gehuurde fietsen moeten naar het eindpunt gebracht worden en mogen niet mee op het bootje. Na een korte onderhandeling worden onze fietsen voor 1,50 euro op een scooter gebonden en mogen we ze na de cruise bij het eindpunt weer ophalen. Joost houdt wel van een beetje afdingen, terwijl ik het al snel zielig vind. Deze vrouwen zijn er echter duidelijk erg goed in en houden vast aan hun prijs. Ik hou wel een klein beetje mijn hart vast of we onze fietsen nog terugzien, maar ik besluit uit te gaan van het goede in de mens.

De Li-rivier slingert door het met karstbergen bezaaide landschap en de schilderachtige omgeving is bij iedere bocht adembenemend mooi.

'Dit kun je aan niemand uitleggen, zo mooi,' zeg ik tegen Joost.

'Ik zie die mevrouw met onze fietsen al staan!' zeg ik opgelucht tegen Joost als we na ruim een uur varen aankomen bij het eindpunt. We hebben allebei een zwemvest aan, en ik ben blij dat dat hete ding zo meteen uit mag. De boottocht was, met alle kleine stroomversnellinkjes en alle menselijke inspanning achterop, zeker de 38 euro waard.

De volgende bezienswaardigheid is vlakbij: een rots die we kunnen beklimmen. Op hetzelfde moment als wij komt een jongen van ongeveer onze leeftijd aan. Hij loopt net achter ons de trap op en vraagt in het Engels of hij met ons mee naar boven mag lopen. Hij vertelt dat hij uit Noorwegen komt en al een tijdje alleen aan het reizen is. Als we na iets minder dan een uur de top van de rots bereiken en even moeten bijkomen van de heftige klim zegt hij hijgend: 'We hebben ons nog helemaal niet aan elkaar voorgesteld. Ik heet Joakim, en jullie?'

De terugtocht gaat een stuk sneller, binnen twintig minuten staan we beneden. 'Hebben jullie vanavond al plannen?' vraagt hij als we met z'n drieën weer op de fiets zitten.

'Nog niet, zullen we met elkaar eten? Het schijnt redelijk los te gaan hier 's avonds, dus het is wel leuk om daarna nog even uit te gaan,' zegt Joost.

Het weer slaat om en terwijl we zo snel fietsen als we kunnen komt de regen met bakken uit de hemel. Algauw staan de straten blank en regent het zo hard dat zelfs auto's stil gaan staan en mensen die fietsen of lopen een plek zoeken om te schuilen. Dat de riolering hier niet zo goed is aangelegd als in Nederland is zeker. Binnen een paar minuten staat het water tot ver boven onze enkels. We schieten snel onder een overkapping en kunnen alleen maar lachen.

'Ook dit is onderdeel van het avontuur, toch?' zeg ik tegen de jongens. Volledig verzopen komen we terug in Yangshuo.

Nadat we droge kleren hebben aangetrokken in ons hostel

hebben we alle drie zin in pizza. We belanden bij een fout toeristenrestaurantje in een van de drukste straten van Yangshuo.

'Nou, kom ik jullie gewoon weer tegen?' roept Ruth als ze ons even later met Joakim ziet lopen. 'Laten we dan nu eindelijk wat met elkaar gaan drinken en gezellig zo'n fout karaoketentje in gaan, daar zijn er hier genoeg van!' vervolgt ze enthousiast.

We kunnen kiezen uit verschillende karaoketentjes, of de nog véél foutere clubs. In deze clubs dansen vrouwen aan een paal en de prijzen om naar binnen te gaan zijn schrikbarend hoog. We zijn deze plekken al een paar dagen aan het bekijken als we er 's avonds na het eten langslopen. Ze zijn, in tegenstelling tot wat we in Europa kennen, helemaal van glas en al vroeg in de avond open. Aan de tafeltjes voor de ramen zitten mensen die bij de club horen maar zogenaamd te gast zijn, om andere mensen naar binnen te lokken, maar ze zitten allemaal extreem ongeïnteresseerd op hun telefoon te kijken.

We gaan toch maar voor een karaokecafeetje. Overal waar we kijken staan Chinezen mee te blèren met verschillende liedjes, de een nog valser dan de ander.

'Waar zullen we naar binnen gaan?'

'Ik weet nog niet zo goed of ik nou gillend weg moet rennen of hier even echt van moet genieten omdat het zo bizar is!' schreeuw ik tegen Joost zodra we allemaal met een biertje zitten. We hadden al wel gelezen dat Chinezen dol zijn op karaoke. Het geluid klinkt schel uit de krakende boxen. Hoe vals de mensen hier ook zingen, ze lijken er allemaal van te genieten en pakken hun moment. Wij kijken alle vier onze ogen uit, soms kruisen onze blikken, praten lukt niet, daarvoor staat het geluid veel te hard. Wat een wereld!

TIPS VOOR DE REIS VAN JE LEVEN

Vaccineren kun je leren

Afspraak GGD
Het is niet het leukste gedeelte om te moeten regelen, maar toch wel heel belangrijk: je vaccinaties! Maak op tijd een afspraak bij de GGD (dat kan heel makkelijk online bij de GGD in jouw gemeente). Tijdens zo'n afspraak vragen ze welke landen je gaat bezoeken. Omdat wij nog geen heel duidelijke planning hadden, konden wij niet specifiek een antwoord geven op de vraag waar we allemaal naartoe zouden gaan. Daarom hebben we zelf gekozen om ook vaccinaties te nemen voor onze 'misschien' landen. Uiteindelijk zijn we waarschijnlijk wel 'over-gevaccineerd', maar in dit geval geldt toch: ***better safe than sorry***. Meteen na dit eerste gesprek bij de GGD kregen we vier prikken; dit hadden wij toen even niet zien aankomen (we hadden verwacht dat we daar nog een keer voor terug moesten komen) en ondergingen dit toch wel een beetje met klamme handjes.

Wees op tijd

Bij ons waren er herhaalprikken nodig na een maand, reken dit dus even goed mee in je planning zodat je niet half gevaccineerd op pad gaat! Net als met de visumaanvraag geldt hierbij dus: wees niet te laat. Wij hadden onze eerste afspraak zeven weken voordat we op reis gingen.

Check je eerdere vaccinaties

Een aantal vaccinaties hadden wij al eens gehad; de meeste van die vaccinaties zijn 25 jaar of levenslang geldig. Dat scheelde weer! Belangrijkste vaccinaties: hepatitis A en B, DTP, rabiës, buiktyfus, gele koorts. Misschien is bij het lezen van dit boek een COVID-19-vaccinatie voor veel landen zelfs ook al een verplichting.

Malariapillen

Tegenwoordig is het gelukkig niet meer zo dat je vooraf malariapillen hoeft te slikken; van deze pillen kun je namelijk best wel ziek worden. Wij kregen met z'n tweeën één 'noodsetje' pillen mee. Als je de symptomen van malaria hebt, slik je deze pillen en maak je ter plekke een afspraak met een arts. Er is bij malaria vaak alsnog een behandeling nodig.

Kosten

We hebben van tevoren een overzicht gemaakt van de vaccinaties die we dachten nodig te hebben, zo hadden we alvast een beetje een idee wat we kwijt zouden zijn. Hou er in je planning dus rekening mee dat je hier weer een flinke bak geld aan kwijt bent. Voor ons was dit in totaal zevenhonderd euro. Sommige zorgverzekeraars vergoeden het als je aanvullend verzekerd bent. Het is dus handig om van tevoren even uit te zoeken of dit voor jou geldt. Het voelde voor ons ook als een stomme uitgave omdat je er niets van ziet, maar ja, je gezondheid is heel wat waard, toch?!

Vaccinatieboekje

Het is verstandig om je gele boekje mee te nemen of er in ieder geval een foto van te hebben. Voor veel landen is bijvoorbeeld een vaccinatie tegen gele koorts verplicht. Het boekje zat ergens ver onder in onze backpack, samen met de pasfoto's, maar het voelde wel fijn om deze bij ons te hebben zodat we altijd konden bewijzen dat we een bepaald vaccin hebben gehad. Je raadt het al, ook dit hebben we nooit ergens nodig gehad.

WEDDEN IN HONGKONG

29 MEI 2019/WERELDREISDAG 39

JOOST

'*We go for horse number 4 and number 7*!' zeg ik tegen Joakim terwijl we op de tribune van het Happy Valley Racecourse in Hongkong zitten en op hoop van zegen ons gokformulier invullen.

'Dan ga ik all-in op nummer 3,' zegt Ruth, die rechts van mij zit. Na onze gezellige karaokeavond in Yangshuo hebben we contact gehouden met Ruth en Joakim. Net als de meeste toeristen gaat onze reisroute vanaf Beijing naar Hongkong en hadden we al afgesproken om elkaar in Hongkong op te zoeken.

Het gigantische racestadion is omringd door wolkenkrabbers met flikkerende neonreclames, en achter sommige ramen zie je groepen mensen staan die de races vanaf daar volgen. Ik heb al snel door dat de meeste bezoekers niet echt voor de paarden komen, maar hier vooral zijn om te gokken en te drinken. Viora wil juist zo dicht mogelijk bij de paarden komen. We doen net of we gek zijn en lopen zonder aarzelen langs een aantal beveiligers richting het gedeelte waar de paarden worden klaargemaakt voor de races. Viora's ogen glinsteren, en dat het ondertussen is gaan regenen lijkt haar niets te kunnen schelen. Ze volgt ieder paard dat langsloopt en zwaait zelfs vol bewondering naar de jockeys. 'Daar gaat nummer 4!' zegt ze ineens.

'Hij gaat ervoor zorgen dat wij morgen luxe uit eten kunnen, want hij gaat winnen. Kijk zijn gespierde benen!' zeg ik tegen haar.

Het terrein staat propvol biertenten en hamburgerkramen, tussen de races door klinkt opzwepende dansmuziek uit de speakers en hotdogverkopers lopen schreeuwend rond. Het stadion heeft ruimte voor 40.000 mensen en het heeft meer weg van een gigantische bar dan van een professionele sportwedstrijd waar miljoenen in omgaan.

'Hoe laat komen de Toppers optreden?' vraag ik lachend aan Viora. Zelf ben ik geen paardenliefhebber, maar na mijn avontuur in Mongolië heb ik opeens enorm veel respect voor de jockeys. Zodra het starthek wegvalt stuiven de paarden met zeventig kilometer per uur weg. Dit lijkt in niets op het paardrijden dat ik in Mongolië deed. Wat een snelheid! Wat is dit gaaf. Ik kijk mijn ogen uit en de opwinding giert door mijn lijf. Dat gevoel begon al op weg hiernaartoe: het halve verkeer in de stad lag plat omdat er zoveel files waren richting het stadion. Overal liepen groepen mensen, veel toeristen, die naar het stadion gingen. Het voelde alsof iedereen klaar was voor een magische avond, een beetje alsof Nederland een wedstrijd tijdens het WK moet spelen. De hele stad bruist en beeft, terwijl het 'gewoon' woensdagavond is en dit evenement wekelijks plaatsvindt. En die sfeer en gezelligheid maken dan weer goed dat alle paarden waar we op hadden ingezet het laten afweten tijdens de race.

Hongkong heeft de meeste wolkenkrabbers ter wereld en bijna alle 7,5 miljoen inwoners wonen boven elkaar in de gigantische torens die verspreid staan door de stad. Iedere beschikbare vierkante meter van de stad wordt benut. Grote shoppingmalls bevinden zich onder de grond en er zijn kruispunten van wel vijf snelwegen, propvol met vaak stilstaand verkeer.

Ons hotel bevindt zich op de achttiende verdieping van een van de grote woontorens midden in de stad. We schrokken ons rot toen we de prijzen zagen: in China betaalden we niet meer dan twintig euro per nacht voor een kamer, maar in Hongkong is dat meer dan het dubbele. Voor deze kamer betalen we 48 euro per nacht, dat is al bijna de helft van ons dagbudget.

Om bij ons 'hotel' te komen moeten we eerst met de lift omhoog en daarna dwars door een donker gangenstelsel van branddeuren en smalle doorgangen. Er is geen receptie of lobby; wel staat er een deur van een kamer open, waar een vrouw ons welkom heet en op haar telefoon onze reservering tevoorschijn haalt. Het is dat we een sleutel hebben gekregen, anders zou je bijna denken dat het een gevangenis is. Het zijn lange gangen met alleen maar kamers naast elkaar. De kamer is bijna net zo groot (of klein) als onze coupe in de Transmongolië Express. Aan iedere kant van de kamer staat een bed, met daartussenin niet eens genoeg ruimte om er met z'n tweeën te kunnen staan. Aan het einde van een van de bedden is de 'badkamer': qua grootte vergelijkbaar met de wc in een vliegtuig. Na het douchen moeten we ons staand tussen de bedden aankleden, anders kan de ander niet in de badkamer. Tussen de bedden in is gelukkig wel een raam, dat maar op een klein kiertje kan vanwege het hekwerk dat ervoor zit. Dat is om ervoor te zorgen dat niemand uit het raam valt of springt; dat schijnt regelmatig te gebeuren vanwege de barre leefomstandigheden.

De stad lijkt modern, glamoureus en welvarend. Dat gaat echter wel ten koste van de leefomstandigheden van de inwoners. De huizen en kamers worden steeds kleiner, de huurprijzen steeds hoger. Ter voorbereiding op onze dagen hier las ik al dat inwoners van Hongkong zelfs bereid zijn om kamers van niet meer dan drie (!) vierkante meter te huren, omdat ze geen andere keus hebben. De toren waarin wij slapen is een redelijk modern verzamelgebouw met meerdere 'hotels', iets buiten het centrum. De verloedering neemt echter snel toe en ik durf me bijna niet voor te stellen wat voor ellende zich achter die torenhoge muren allemaal afspeelt.

Het is een beetje dubbel, maar toch voelen we ons enorm thuis in Hongkong. De stad bruist, er is een supersnel metronetwerk waardoor we zonder problemen overal naartoe kunnen, we vinden gezellige koffietentjes, lopen door de mooie shoppingmalls en wat ons vooral opvalt: de stad is superschoon, nergens ligt ook maar iets op straat. We zijn inmiddels al twee dagen in Hongkong en ondanks de drukte komen we ook tot rust. Misschien omdat we weten dat we het chaotische China over een paar dagen achter ons laten om naar de zonnige stranden van de Filipijnen te vliegen. Maar waarschijnlijk ook omdat deze stad zo westers aanvoelt.

'Het voelt een beetje zoals New York,' zegt Viora als we op weg zijn naar The Peak, het hoogste punt van Hongkong met een schitterend uitzicht over de stad.

'O, New York, kunnen we dat niet nog ergens in de reis inplannen?' reageer ik opgewekt. Een bezoek aan New York stond eigenlijk ooit al gepland in januari 2016, maar doordat

Stipt op tijd
Iedere bus, tram, metro of ferry in Hongkong gaat volgens schema. Geen minuut eerder en geen minuut later.

Betalen en wegwezen
Als je iets in een restaurant hebt besteld krijg je direct de rekening op tafel. Daarmee moet je na het eten afrekenen bij de kassa, die staat bij de in-/uitgang. Oftewel: betalen en naar buiten.

Hongkong telt vier keer zoveel wolkenkrabbers als New York.

Gokwalhalla
In China is gokken in casino's verboden, daarom hebben ze net buiten China het stadje Macau neergezet. Dit gokparadijs is inmiddels al zeven keer groter dan Las Vegas en ontvangt jaarlijks ruim dertig miljoen bezoekers, waarvan twee derde Chinezen zijn. De regering van Hongkong beperkt het gokken tot maar een paar casino's en enkele organisaties. Met de populaire paardrennen heeft Hongkong de grootste gokomzet voor paardenrennen ter wereld.

Viora drie dagen voor vertrek de diagnose acute leukemie kreeg moesten we die reis annuleren. New York blijft daardoor voor ons een speciale bestemming waar we ooit nog eens naartoe moeten. 'Ik mag van jou niet plannen, maar gezien de tijd en de reisroute die we in gedachten hebben is New York helaas niet echt logisch.'

Viora begint hard te lachen. 'Zeg je nou dat we te weinig tijd hebben? We gaan een jaar weg! We zijn pas 40 van de 365 dagen op reis.'

'Oké, je hebt gelijk, dan bedoel ik alleen de reisroute,' zeg ik met een knipoog.

We wilden eigenlijk gisteren al naar dit uitzichtpunt, maar het bleef maar regenen. Ook vandaag is de lucht grijs en miezert het continu. We gaan toch, want de weersvoorspellingen voor de komende dagen worden er niet beter op. Niet dat het koud is. Zeker niet. Het is 25 graden en in combinatie met de hoge luchtvochtigheid voelt dat vooral klam aan. De zon hebben we nog niet gezien.

Om The Peak te bezoeken kun je met een antieke tram omhoog, die met kabels de berg op wordt getrokken. Als het goed is zijn we binnen vijftien minuten bij de Peak Tower. Als het goed is, inderdaad, want precies vandaag is er onderhoud aan de tram en rijden er bussen omhoog. Gelukkig is die ervaring niet minder spectaculair. The Peak ligt boven op Mount Austin, de plek waar de allerrijksten van Hongkong wonen. We zien gigantische huizen met hoge hekken eromheen, dure auto's op de oprit en *infinity pools* in de tuin. Al een aantal jaren op rij is Hongkong de duurste stad ter wereld om te wonen en deze wijk is daar het bewijs van. Dit zijn de duurste straten ter wereld, met onder andere een huis van Alibaba-oprichter Jack Ma van maar liefst 191 miljoen dollar.

Op de top van de berg staat The Peak. Een groot glazen gebouw met, hoe kan het ook anders, tientallen winkels, een bioscoop, restaurants en attracties voor kinderen. Boven op het gebouw is een terras vanwaar we de adembenemende skyline van Hongkong kunnen bewonderen. We zien de wolken langs, op en over alle glinsterende glazen wolkenkrabbers van de stad trekken. Ik maak met mijn camera een paar mooie timelapsevideo's voor onze vlog.

'Heel eerlijk, hè,' zeg Viora met een grote glimlach. 'Dit is misschien nog wel mooier dan het uitzicht dat ik heb gezien in New York.'

Ik sla een arm om haar heen en we staren nog een tijdje naar het fenomenale uitzicht. Dat het inmiddels steeds harder is gaan regenen interesseert ons niet. We zijn samen, we zijn gelukkig en deze stad is fantastisch. Een bijzonder contrast met een paar weken geleden, bedenk ik, toen we ons nog eenzaam en verlaten voelden in Mongolië. Toen we zelfs twijfelden of een wereldreis eigenlijk wel wat voor ons was. En zie ons nu eens staan stralen, in de regen. We zijn een stuk rustiger sinds we in China met elkaar hebben afgesproken dat we ons niet gek laten maken door alle 'must see'-lijstjes en tips die in onze inbox binnenstromen, en soms best een middag op bed mogen liggen. Ik check die tips af en toe wel natuurlijk, want FOMO is lastig te onderdrukken, en we zullen maar net iets heel gaafs missen. Maar we zijn ons er al veel meer van bewust dat dit ónze reis is en dat we het doen op onze eigen manier. We kijken vooral uit naar de komende maanden in Zuidoost-Azië. Daar is geen overheid die iedere dag wil weten waar we zijn, zodat we echt kunnen leven met de dag. Bovendien ben ik toch meer het type voor zon, zee en strand. Dat is ook vooral het plaatje dat ik in mijn hoofd heb van een wereldreis. Toch had ik de afgelopen maand niet willen missen. Ik weet niet wat ons nog te wachten staat, maar de ervaringen in Mongolië, China en de Transmongolië Express pakken ze ons niet meer af. En dit ook niet. Ik sta gewoon in Hongkong!

Hongkong is een speciale bestuurlijke regio van China, met eigen regels. Het is lange tijd een Britse kolonie geweest en dat zie je nog overal terug. Straatnamen en metrostations worden in het Engels aangegeven. In China rijdt iedereen rechts, maar in Hongkong juist links. In China is spugen op straat normaal, in Hongkong staat daar een hoge boete op, net als op het achterlaten van afval. Daarbij is Engels lang de officiële taal van Hongkong geweest én hebben ze dus de traditie van het paardenracen in stand gehouden. Viora wilde graag naar zo'n race, ik had nog iets anders op mijn lijstje staan: uit eten bij Tim Ho Wan, het goedkoopste Michelinrestaurant ter wereld. Het restaurant staat bekend om de *bbq pork bun,* en daar heb je er al drie van voor slechts drie euro. Met deze prijzen was het geen vraag of dit wel zou passen in ons dagbudget.

Tim Ho Wan heeft meerdere vestigingen door de stad en heeft zijn succes ook te danken aan alle toeristen die van deze unieke kans gebruik willen maken. Gelukkig staat er een rij voor de deur, anders waren we er zo voorbij gelopen. Dit restaurant lijkt in niets op een luxe tent met een Michelinster. Het bevindt zich midden in een enorme shoppingmall, er staan lange, lage tafels met houten stoeltjes en serveersters lopen met grote plateaus schreeuwend door de zaak. De menukaart is een vel papier waarop je moet aankruisen wat je wilt bestellen. Viora laat het uitkiezen van de gerechten aan mij over. Ik heb online natuurlijk al gelezen wat de lekkerste gerechten zijn. We gaan voor de BBQ pork bun, *pan fried carrot cake, steamed egg cake* en noodles. De BBQ bun is echt geweldig: een knapperig zoet broodje met gebarbecued varkensvlees. Zo simpel eigenlijk, maar zo lekker. En misschien is het wel zo lekker omdat ik weet dat ze mede door deze 'bun' een Michelinster hebben gekregen. De overige gerechten vallen, misschien ook daardoor, een beetje in het niet. Veel vet, olie en saus. 'Zullen we nog een portie buns bestellen?' vraag ik terwijl ik de laatste hap van het broodje in mijn mond stop.

'Meen je dat? Je hebt al twee van die dingen op!' roept Viora.

'Maar dit is zo lekker en jij weet ook niet wanneer we weer zo'n unieke kans krijgen,' zeg ik terug terwijl ik het formulier weer invul om te bestellen.

Met een buik die op knappen staat lopen we even later weer door de gigantische shoppingmall. Wij vinden het hier gigantisch, maar dit schijnt met acht verdiepingen maar een kleintje te zijn. Er is er zelfs eentje van negentien verdiepingen hoog. Op de bovenste verdiepingen van deze torens zitten luxe restaurants met adembenemend uitzicht over de stad. Daar heb je vast geen gerechten van drie euro!

Op een van die rooftopbars sluiten we onze laatste avond in Hongkong af. Daar ging wel een kleine discussie aan vooraf. Ik had gelezen dat een wijntje en een biertje zomaar twintig euro zouden kunnen kosten en eerlijk gezegd vind ik dat best zonde. Ons dagbudget van honderd euro is hier de afgelopen dagen steevast uitgekomen tussen de tweehonderd en tweehonderdvijftig euro, en om dat uiteindelijk weer recht te trekken voelt nu al als een onmogelijke opgave.

'Maar hoe vaak kom je nog op deze plek?' vroeg Viora eerder die dag.

'Als we dat bij alles gaan zeggen, dan hoeven we ons budget helemaal niet bij te houden en zijn we over drie maanden thuis omdat ons geld op is, en dat is het laatste wat ik wil!' riep ik geïrriteerd terug vanonder de douche. Viora trok het douchegordijn opzij en keek me aan met een blik die me vertelde dat zij deze discussie zou winnen, hoelang het ook zou duren. 'We leven nu, en maak je om geld nu even geen zorgen, straks op de Filipijnen komt dat echt weer goed,' zei ze geruststellend.

We zitten op de dertigste verdieping en kijken naar de glimmende gebouwen die tegen de groene bergen van de stad gestapeld zijn. We zien ook The Peak, waar we eerder vandaag nog stonden. Gelukkig is het nu wel droog en met de invallende duisternis is de skyline van Hongkong nog imposanter, volgens alle reisgidsen de indrukwekkendste ter wereld. Nergens zijn er zoveel en zulke hoge skyscrapers op zo'n klein grondgebied als hier. Ik geniet ervan, maar mijn gedachten zijn ook nog bij de rekening die ik net gelijk moest betalen toen de serveerster naar ons tafeltje kwam. Een biertje en een gin-tonic: 32,50 euro.

'Let maar op, als straks de lichtshow begint was alles het helemaal waard,' zegt Viora terwijl we proosten op deze fantastische tijd in Hongkong.

'Ik mag het hopen, want anders krijg je geen tweede drankje meer,' zeg ik grappend.

Iedere avond om acht uur is er hier een licht- en geluidshow van tien minuten te zien, die het Guinness Book of World Records heeft gehaald als 's werelds 'grootste permanente lichten geluidshow'. We hebben de show al vanaf de grond gezien, maar hopen dat het vanaf deze hoogte nog indrukwekkender is. Alsof het nieuwe jaar gaat beginnen wordt er van 10 naar 0 afgeteld vanuit de muziekboxen die overal in de stad hangen. Tegelijk met opzwepende beats gaan er ontelbare lichten op 46 gebouwen aan. Felle lasers en LED-schermen op de gebouwen veranderen de stad in een gigantische discotheek. Ieder gebouw heeft weer zijn eigen kleuren en lichtstralen die ze over de stad schieten en in combinatie met de muziek is het een waar spektakel. Overal waar we kijken gebeurt iets en voordat we alles hebben gezien doven de lichten samen met de muziek weer uit.

'Oké, doe nog maar een rondje drank!' zeg ik terwijl ik mijn laatste slok bier achteroversla.

'Ja dààg, deze backpackers gaan mooi terug naar hun hotel!' zegt Viora terwijl ze opstaat.

TIPS VOOR DE REIS VAN JE LEVEN

Money, money, money

Bedenk hoeveel je nodig hebt
Zonder geld wordt een wereldreis een lastig verhaal. Op tijd beginnen met het maken van een goed spaarplan is daarom heel verstandig. We vonden het heel lastig om van tevoren te bedenken hoeveel geld we nodig zouden hebben. Voor een vakantie van twee weken is dat redelijk goed in te schatten, maar voor een jaar wordt het een heel ander verhaal.
Na een online zoektocht kwamen we erachter dat het vooral van belang is om het per werelddeel te bekijken. Wij hadden niet een volledig uitgestippelde planning, maar hadden globaal bedacht dat we naar Azië, Australië en Zuid-Amerika wilden. Het leven in Azië is een stuk goedkoper dan in Australië. Na een beetje puzzelen en informatie verzamelen kwamen wij op vijftienhonderd euro per persoon per maand uit. Dit zochten we twee jaar voordat we daadwerkelijk vertrokken uit. Dat gaf ons de ruimte om te gaan sparen.

Open een aparte rekening
Naast onze gezamenlijke rekening vroegen wij een spaarrekening aan die we ook echt de naam 'Wereldreis' gaven. We hadden allebei in de afgelopen jaren al redelijk wat gespaard en konden zo een mooi startbedrag storten. Elke maand stortten we hier allebei een vast bedrag op. Zo zagen we deze rekening elke maand groeien en kwam onze reis dichterbij.

Bekijk je uitgaven
Een Videoland-/Netflix-account, een telefoonabonnement, festivalkaartjes, een tijdschrift dat maandelijks op de mat ploft, drankjes op het terras, een flesje cola voor in de trein, stapavondjes, etentjes, kleding en een goed doel waarvoor elke maand automatisch iets wordt afgeschreven. Het klinkt heel simpel, maar kijk eens naar al deze (vaak onnodige) uitgaven en bepaal wat je zou kunnen schrappen. Wij zetten bijvoorbeeld allebei onze telefoonabonnementen over naar een sim-onlyabonnement en gingen zo van 65 naar 20 euro per maand. En toen we kritisch naar onze gas-/water-/licht-uitgaven keken, konden die zelfs met tien euro per maand naar beneden. Tel al deze uitgaven bij elkaar op en je spaart iedere maand al een behoorlijk bedrag. Zet dit 'gespaarde' geld ook daadwerkelijk op je wereldreis-spaarrekening.

Maak een lijst van je doorlopende kosten
Niet leuk, maar helaas lopen er in Nederland natuurlijk ook nog kosten door. Zo kozen wij ervoor om onze Nederlandse zorgverzekering aan te houden, moesten we

onze hypotheek betalen en hadden we allebei nog ons telefoonabonnement. Dat we overigens wel flink naar beneden hadden bijgesteld, want we maken hier toch geen gebruik van, maar we wilden wel ons nummer behouden.

Thuis extra verdienen

Naast besparen op heel veel zaken is het natuurlijk ook fijn om nog wat extra te verdienen. Wij hebben ons huis heel grondig opgeruimd en een deel van onze kleding en inboedel verkocht. Dat was veel meer dan we op voorhand dachten. Zo verkochten we via Instagram, Marktplaats en Vinted van alles. Win-win, want je hoeft dit voordat je daadwerkelijk vertrekt allemaal niet naar een opslag te brengen!

Onderweg extra verdienen

Onze grootste inkomstenbron was ons huis in Nederland dat we verhuurden. Maar ook door content te maken voor hotels of restaurants konden we gratis eten of overnachten, waardoor we niet per se iets verdienden, maar wel flink bespaarden. We benaderden deze hotels zelf via de mail of Instagram en lieten zien wat we voor andere hotels hadden gedaan. Vaak lukte het niet, maar soms wel, en op deze manier bespaarden we heel wat!

Revolut

Aan pinnen in het buitenland zijn vaak (hoge) standaard transactiekosten verbonden (1,5 tot 2,5 procent). Gelukkig bestaan er online banken zoals Revolut of N26,

waarbij je tot een bepaald bedrag geen transactiekosten betaalt en je dus flink bespaart.
Handig omgaan met geld is en blijft op reis altijd lastig, want je wilt wel contant geld hebben voor dat ene flesje water of het betalen van een taxichauffeur, maar je wilt ook niet te veel hebben zodat je uiteindelijk op het vliegveld weer voor vijftig euro chocoladerepen en koekjes moet kopen om je contante geld op te maken.

EXPEDITIE ROBINSON OP DE FILIPIJNEN

2 JUNI 2019/WERELDREISDAG 43

VIORA

Voor het eerst in zes weken zien we het strand. En wat voor strand: het water is hier azuurblauw, het zand is zo wit dat het bijna pijn doet aan je ogen, er zijn kleine cocktailbarretjes, restaurants met tafeltjes en stoeltjes in het zand en de metershoge palmbomen maken het plaatje compleet. Na zes heel bijzondere weken is dit alles waar we zin in hebben. We besluiten een massage te nemen op het strand en drinken een lekkere cocktail aan een van de barretjes. Het hostel waar we verblijven kost ons dertien euro per nacht. Het is een prima 'hutje', met als enige minpunt de zoutwaterdouche; dat hadden we vooraf toch even beter moeten checken. Na een hele dag strand helpt een zoutwaterdouche namelijk niet echt om onszelf schoon te spoelen. En hoewel zo'n houten hutje ontzettend charmant is, zitten er tussen de planken veel gaten en kieren. 's Nachts schijnen de straatlantaarns recht naar binnen. Joost hangt iedere avond alle handdoeken, T-shirts en broeken die we mee hebben voor de gaten om wel in het donker te kunnen slapen. Zelfs zijn onderbroeken propt hij in het sleutelgat. De slaapmaskers die we bij ons hebben zijn bloedheet, want het wordt 's nachts niet kouder dan 25 graden. De ventilator die in slaapkamer staat moet op de harde stand aan, anders is het niet vol te houden.

Ondanks de warmte en het geluid van de ventilator slapen we wel goed hier. We worden wakker van het licht dat door de (door Joost gemiste) gaten en kieren komt en hebben iedere dag zin in een nieuw avontuur en een nieuwe dag. Een dag zonder vaste planning.

Ik ga even onder de overkapping zitten, waar het wifi-signaal redelijk is. In ons hutje is geen wifi en dat vind ik eigenlijk wel prima. Niet continu die telefoon die je aandacht vraagt, daar kan ik wel aan wennen. Toch wil ik wel minimaal één of twee keer per week facetimen met mijn ouders. Joost voelt die behoefte minder, hij videobelt wel met zijn ouders maar houdt het op eens in de twee à drie weken. Ik wil mijn ouders het liefst de hele dag laten zien wat we doen en meemaken. Ze zijn de afgelopen jaren zo dichtbij geweest dat ik het moeilijk vind om ze lang niet te spreken. Gelukkig voelen ze door FaceTime en WhatsApp heel dichtbij. Ik mis ze een stuk minder dan ik had verwacht, dat geeft een rustig gevoel. Mijn moeder vertelde net voordat we weggingen dat mensen haar vaak vroegen hoe ze het vond dat we zo lang weggaan.

'Natuurlijk vind ik het lastig dat jullie weggaan, leg ik dan uit, maar ik gun jullie dit zo enorm na alles wat we hebben meegemaakt. Het zou toch zonde zijn als jullie dit nu niet gaan doen? Nu is het jullie tijd om te genieten!'

En het mag pas juni zijn, het idee dat we met elkaar kerst gaan vieren in Australië maakt me zo blij. Mijn vader roept het al jaren en nu gaat het dan echt gebeuren.

Top tien onmisbare accessoires in je backpack

- Packing cubes
- Bikini
- Slippers
- Hamamdoek
- Sneldrogende handdoek
- Wereldstekker
- Externe oplader
- Slaapmasker
- Filterfles
- Antimuggenmiddel

Hoe en waar bewaar je waardevolle spullen?

In veel hostels zijn er kluisjes die je kunt huren zodat je in ieder geval je paspoort en andere waardevolle spullen kunt opbergen. Waren die er niet, dan stopten wij alle waardevolle spullen in een van de backpacks, maakten de backpack dicht met de slotjes die we mee hadden en bonden we de backpacks ook weer zo onopvallend mogelijk vast met een trekslot aan bed of kast zodat de tas nergens naartoe kon.

Voor iets minder dan vier euro per dag huren we een scooter zodat we de komende dagen lekker kunnen rondtoeren over het kleine tropische eiland Bohol.

'Hebben ze hier geen lokale champagne?' vraagt Joost zodra onze vrienden Marc en Robin zijn gearriveerd.

'Inderdaad, we moeten écht even proosten op dit bijzondere moment!' zeg ik.

Marc is net als ik ziek geweest en we zijn in het ziekenhuis bevriend geraakt. Toen we er net voor vertrek achter kwamen dat hij samen met zijn vriendin Robin ook naar de Filipijnen ging deze zomer, besloten we dat we elkaar sowieso moesten ontmoeten. Het voelt alsof de cirkel rond is: we zagen elkaar op ons slechtst in het ziekenhuis terwijl we aan de chemo lagen, volgden daarna samen groepstherapie bij het Helen Dowling Instituut en nu staan we hier op een wit strand te proosten op het leven. We tillen met z'n vieren niet te zwaar aan dit alles, maar ik voel onze dankbaarheid diep vanbinnen. Wat kan het leven, nadat het zo zwaar is geweest, extreem mooi zijn.

We toeren over het eiland met onze scootertjes, belanden in de heftigste regenbuien, bezoeken de witste stranden vol palmbomen, gaan naar het uitkijkpunt over de Chocolate Hills, eten de lekkerste smoothiebowls en genieten van heel wat biertjes en cocktails op het strand. Na vier fijne dagen is het tijd om afscheid te nemen. De vakantie van Marc en Robin zit erop, ze gaan terug naar Nederland en wij reizen door naar onze volgende bestemming op de Filipijnen.

De afgelopen dagen is ons pijnlijk duidelijk geworden dat dit land ook veel donkere kanten kent: extreme armoede, enorm veel zwerfdieren en vooral veel sekstoerisme. Veel Europese mannen van ver boven de vijftig komen hier alleen naartoe voor de jonge meisjes. Ik had verwacht dat dit vooral achter gesloten deuren plaats zou vinden, maar niets is minder waar. Op straat zie je het meteen: oudere mannen hand in hand met een schaars gekleed meisje, of massagesalons waar je naar binnen wordt gewenkt door meisjes in kleding die je niet direct associeert met een beauty- en wellness-salon. En ook in een van de barretjes aan het strand zagen we het van dichtbij gebeuren. Om twee uur 's middags dronken wij een cocktail, terwijl om ons heen zeker tien meisjes in de 'bediening' werkten. Er zaten eigenlijk alleen maar mannen, alleen of in groepjes. We zagen meteen hoe handtastelijk de mannen waren. 's Avonds zijn we na het eten nog een drankje gaan doen in dit barretje, want het was, bizar genoeg, een van de leukste plekjes op het strand: zomerse muziek door de speakers, de barkrukken op het zand en een prachtig uitzicht over de zee en op de palmbomen. Hetzelfde tafereel herhaalde zich, maar was nu, nadat de mannen veel gedronken hadden (meestal aangespoord door de 'bediening'), vele malen heftiger. Soms was een van de meisjes ineens verdwenen en dan wist je genoeg.

Ik vind het pijnlijk om naar te kijken, en heb een paar keer tegen Joost gezegd dat ik het niet kan aanzien. Het liefst zou ik al deze meisjes meenemen naar een plek waar dit niet bestaat. Maar dit is een enorm probleem op de Filipijnen, en niet iets wat ik in mijn eentje kan oplossen. Ik heb er buikpijn van en het houdt me enorm bezig, maar ik moet het, hoe moeilijk ook, voor nu toch loslaten.

Vanuit Panglao reizen we naar Port Barton. Dit is een klein vissersdorpje met ongeveer zesduizend inwoners en staat vooral bekend om de vele palmbomen, witte stranden en relaxte sfeer. In Port Barton lijkt de tijd te hebben stilgestaan. Zo zijn er geen verharde wegen en valt de elektriciteit elke dag wel een keertje uit. Het boeken van een kamer met airco in een guesthouse (hotels of hostels zijn er bijna niet) is daardoor een gok, en je kunt niet het risico nemen om zonder contant geld aan te komen, want de enige pinautomaat die er is doet het vaker niet dan wel. Binnen het dorp kunnen we alles lopend af en het strand is het middelpunt van dit plaatsje. Alle restaurants bevinden zich daar en door het toenemende toerisme kun je nu een vissersbootje huren met schipper die je meeneemt op een privé-snorkeltour.

Het was wel een flinke reis om hier te komen: we gingen per taxi, boot, vliegtuig en het laatste stuk per minibusje en waren ruim twaalf uur onderweg. Aan de ene kant is alles hier goed geregeld, maar aan de andere kant hebben we nergens zoveel chaos meegemaakt als op de vliegvelden en busstations op de Filipijnen. Omdat de Filipijnen uit meer dan zevenduizend eilanden bestaan, is het niet het makkelijkste land om rond te reizen en moeten we rekening houden met lange reisdagen. Toen we een aantal dagen geleden aankwamen in de hoofdstad Manilla moesten we bijvoorbeeld daar overnachten, omdat we niet rechtstreeks konden doorvliegen naar onze bestemming Bohol. Online lazen we overal dat we Manilla het best konden overslaan: er is voor toeristen niet veel te zien en te doen en ook worden ze hier vaak slachtoffer van beroving. Alles bij elkaar opgeteld kozen wij daarom voor een hotel op een kilometer lopen van het vliegveld, zodat we de volgende ochtend snel weer door konden.

Meenemen van waardevolle spullen
Als je onze YouTubevideo's hebt gezien, dan is dit je waarschijnlijk wel opgevallen: onze portemonnee en passen hadden we altijd in een heuptasje dat we het Reeboktasje noemden. Je kunt vast wel raden waarom. We hadden dit heuptasje bijna altijd bij ons als we uit eten, naar het strand of op excursie gingen. Joost droeg dit tasje altijd op zijn lichaam over z'n schouder of op zijn buik. Dit is stukken veiliger dan een portemonnee in je kontzak. We gebruikten nooit van die onder-je-kleren-portemonneetjes, maar dat ligt natuurlijk aan wat je persoonlijk fijn vindt.

Splitsen van waardevolle spullen
Bewaar je waardevolle spullen nooit allemaal op één plek, zodat je altijd geld/een pas achter de hand hebt. Als we geld hadden gepind deden we altijd een deel daarvan in onze portemonnee, en een deel verstopten we ergens in onze backpacks. Mocht er iets gestolen worden, dan is niet alles weg. Hetzelfde deden we met onze creditcards.

Wat zijn we onderweg verloren?
- Ondergoed dat hing te drogen na een handwasje (check altijd de badkamer voor vertrek!)
- Telefoonladers (vergeet dus ook de stopcontacten niet te checken!)
- Slippers (kijk ook nog een keer onder het bed)
- Scooterhelm (ja echt, gejat in Thailand, maar bij inleveren bij de verhuur keken ze niet op of om)

Eigenlijk mag je alles vergeten/verliezen, zolang je maar op je paspoort let en zorgt dat je je foto's en video's (dierbare herinneringen) veilig hebt gesteld in de cloud!

14 JUNI 2019

'In El Nido is het nog belangrijker om alert te zijn aangezien veel toeristen hier ziek worden van het kraanwater. Dit komt waarschijnlijk doordat er té snel té veel resorts zijn gebouwd, waardoor de waterleidingen te dicht bij de riolering liggen,' leest Joost voor. We zijn al door meerdere mensen via Instagram gewaarschuwd om op te passen in El Nido. Ziek worden willen we nu zeker niet want over enkele dagen staat een driedaagse boottocht gepland. Dé boottocht waarvoor we naar de Filipijnen zijn gekomen.

'Oké, zelfs je mond spoelen na tanden poetsen doen we vanaf nu met een fles water, en we moeten bij alles wat we eten en drinken goed opletten dat het niet in aanraking is geweest met kraanwater!' zeg ik.

'*This is the Dutch Expedition Robinson Island*!' zegt een van de crewleden van onze boot. We zijn de afgelopen dagen gelukkig niet ziek geworden in El Nido. '*You can jump in the water and swim with the turtles!*'

Ik kijk Joost aan. 'Het voelt bijna nep hè, zo helder is het water!' We zitten eindelijk op de boot, de tocht waar we al weken, misschien wel maanden, naar uit hebben gekeken. De boot heeft iets weg van een catamaran zonder zeil. Het is zeker geen luxe boot, maar we hebben wel een overdekte plek om met z'n allen in de schaduw te zitten. Onze backpacks hebben we vanochtend onder in de boot gegooid, alleen een klein rugzakje met spullen voor de komende drie dagen mochten we op het dek houden. Onze telefoons hebben we uitgezet want er is toch geen bereik. We hebben alleen onze GoPro en vlogcamera bij de hand. Op de boot zitten nog zes andere Nederlanders, twee Spanjaarden, een meisje uit Zwitserland en een Engels meisje. Deze tour van Buhay Isla is erg populair en hebben we daarom halverwege China al vastgelegd. Joost had een mail gestuurd en uitgelegd dat we graag de boottocht zouden willen doen in ruil voor wat promotie.

'Ik probeer het gewoon en anders boeken we de tour alsnog zelf!' Hij had het vermoeden dat ze wel vaker samenwerkten met 'influencers'. En inderdaad: ze reageerden heel enthousiast op ons voorstel en we mochten, in ruil voor een vlog, foto's en een post op Instagram, mee met de driedaagse boottocht. We waren beiden verbaasd hoe makkelijk we dit konden regelen. Dit was de eerste keer in onze reis dat we zoiets probeerden en het lukte nog ook.

Omdat dit zo makkelijk ging wilde Joost meteen meer organisaties en hotels benaderen, maar ik heb 'Mister Planning' toen vriendelijk gevraagd om zijn planning weer los te laten en eerst eens te gaan genieten van vandaag. 'Oké, oké, je hebt helemaal gelijk!'

Het is regenseizoen en dat hebben we de afgelopen dagen gemerkt in El Nido. Vandaag is het gelukkig een stralende dag. We maken drie snorkelstops en de crew van de boot maakt de lekkerste maaltijden voor ons.

'We gaan hier vanavond slapen!' zegt een van de crewleden zodra de boot op ongeveer vijftig meter van de kust van een onbewoond eilandje voor anker wordt gelegd. 'De boot kan niet verder dan hier omdat het verderop erg ondiep is, dus jullie gaan zwemmend naar de kant en wij nemen jullie tassen mee in een kano!' We springen met onze snorkels het helderblauwe water in. Onder ons zien we prachtig koraal en om ons heen zwemmen felgekleurde vissen. We zijn nog geen twaalf uur onderweg maar ik weet nu al dat deze boottocht een van de bijzonderste momenten van onze reis is. We zijn zo in het moment, dat we alles buiten deze boot vergeten. Alles wat we onderweg zien is zo indrukwekkend mooi. Ik probeer alle indrukken in me op te zuigen, ik wil dat dit nooit meer voorbijgaat.

Op het eiland staan houten hutjes die uitkijken over zee, met binnen een dun matrasje en een klamboe. Ook de wc is in een hutje: de wc-pot staat boven een diep gat in de grond, ernaast staat een emmer met water om 'door te spoelen'. Helemaal prima, want een wc had ik op dit eilandje allerminst verwacht. Ik zag onszelf al met een schepje de bush in gaan, net als de *Expeditie Robinson*-deelnemers, dat leek me juist wel een bijzondere ervaring. Op zo'n soort eiland verblijven zij ook, maar dan zonder eten, zonder hutje en zonder klamboe.

Er is zelfs een heel klein keukentje aanwezig op het strand waar de crew van de boot weer een superlekkere maaltijd uit tevoorschijn tovert: verse groenten, kip, fruit, en verschillende soorten vis. Rum maken ze op de Filipijnen allemaal zelf en is spotgoedkoop, maar het heeft een alcoholpercentage waar je u tegen zegt. Na een paar gekke kaartspelletjes, een heel groot kampvuur en het bekijken van de enorme sterrenhemel is het tijd om te gaan slapen. Het is vroeg donker en iedereen is moe van de hele dag snorkelen, de warmte en de felle zon. We liggen de hele nacht te woelen en slapen hooguit een paar uurtjes, door de hitte, de muggen, de smerige rum-cola, kukelende hanen, het gekrijs van apen en vogels, maar het maakt ons niet uit. Wanneer maak je dit nu mee? Als we om halfzes badend in

Geldigheid paspoort
Check voor je reis of en tot wanneer je paspoort geldig is. Voor sommige landen moet je paspoort bijvoorbeeld nog een heel jaar geldig zijn bij aankomst.

Karaoke
Iedereen op de Filipijnen is een zanger of zangeres; waar je ook komt zie je een karaokeset aanstaan. Ze zijn er dol op en het zingen gaat tot diep in de nacht door. In Nederland kunnen we er vaak om lachen en is het vooral voor de gezelligheid. Hier nemen ze het bloedserieus en wordt het niet gewaardeerd als je ze uitlacht vanwege het missen van enkele noten. Ze beweren zelfs dat niet Japan, maar de Filipijnen de ontdekkers zijn van de karaoke.

Basketbal
De nummer 1 sport van de Filipijnen. Op ieder veldje, op ieder schoolplein en op ieder strand hangt wel een fietsband met een visnet aan een palmboom. Net als karaoke zijn ze ook hierin heel fanatiek en vragen ze overal of je mee wilt spelen. Ze laten zich niet tegenhouden door hun gemiddelde lengte van 1.55 meter.

'Kijk uit malloot, een kokosnoot!'
Jaarlijks sterven er wereldwijd ongeveer honderdvijftig mensen door vallende kokosnoten. De Filipijnen bestaan uit vrijwel alleen maar palmbomen, dus je moet dan ook niet gek opkijken als er verkopers van kokosnoten op het strand lopen met stevige bouwhelmen op.

het zweet wakker worden, gaan we eruit. We kijken vanaf het bountystrand naar de zonsopkomst en een klein katje komt bij ons zitten. Ik kijk Joost aan. 'Dit gevoel, dit is waarom ik op wereldreis wilde.'

'Hé, jullie zijn toch de unicorns?' roept een Nederlands stel van onze leeftijd. Zo zijn we nog niet eerder aangesproken, maar het klinkt wel heel gezellig. We staan met een zwemvest aan op een trap die leidt naar een van de mooiste meren van Coron, Kayangan Lake.

'Klopt!' roepen we lachend terug.

'Wat leuk, wij volgen jullie! Hebben jullie zin om straks in Coron wat met ons te drinken? Wij zijn ook op wereldreis!'

We zijn een dag eerder aangekomen in Coron, na de mooiste boottocht van ons leven. We slapen hier, voor het eerst sinds we op reis zijn, op een slaapzaal met zo'n twaalf andere mensen. We hebben wel een tweepersoonsbed, en alle bedden hebben een gordijntje eromheen zodat het toch een beetje voelt als een eigen kamertje. Na drie dagen was het heerlijk om weer onder een douche te staan (zoet water voelt zo schoon, na al dat zout!) en in een zacht bed te slapen terwijl het lekker koel is door de airco. Ik merk dat ik het fijn vind om soms zo *back to basic* te gaan, om op die manier te ervaren dat stromend water en een zacht bed dingen zijn om enorm van te kunnen genieten.

Na een drankje met Adwin en Elsa op de rooftopbar van ons hostel besluiten we om ook gezellig met z'n vieren te gaan eten. We hebben veel overeenkomsten en merken meteen dat we een klik hebben. Ook zij zijn van plan om ongeveer een jaar op wereldreis te gaan, ze zijn vrijwel tegelijk met ons vertrokken, hebben net als wij hun huis verhuurd en willen na Azië ook Australië ontdekken.

'Hoelang blijven jullie nog in Coron?' vraagt Joost aan Adwin als we even later in een gezellig druk restaurant zitten. Coron is niet heel groot maar kent wel wat leuke restaurantjes.

'Wij gaan hier duiken, dus zeker vier dagen. Daarna gaan we verder de Filipijnen ontdekken!'

We wisselen allerlei tips met elkaar uit. Adwin en Elsa moeten nog beginnen aan hun route door de Filipijnen, terwijl Coron voor ons de laatste stop is. Wij kunnen niet ophouden over de boottocht, terwijl Adwin juist maar blijft praten over een motortocht in Vietnam.

'Dat was een van de vetste dingen die we hebben gedaan tot nu toe, jullie moeten dat ook echt doen!'

Joost en ik voelen allebei nog niet echt iets voor Vietnam en het land stond niet op ons lijstje. Maar nu zijn we toch getriggerd.

'Als het echt zo vet is, moeten wij er misschien toch maar heen!' zeg ik tegen Joost. Het idee dat alles nog open ligt vind ik zo bijzonder. De ultieme vrijheid.

Dat het regenseizoen is, is ook in Coron goed te merken. Als het droog is proberen we met z'n vieren onze tijd zo goed mogelijk te besteden en bezoeken we de bekende hotsprings en kleine afgelegen strandjes. Maar het regent vaak zo hard dat de wegen in een mum van tijd helemaal blank staan en het voelt dan niet veilig om door te rijden op de scooter. We schuilen in restaurantjes of brengen de tijd door in ons hostel, dat een mooi dakterras heeft met uitzicht over de bergen, het strand en de blauwe zee. Met de zonsondergang is het dakterras van ons hostel de *place to be*. Drankjes vloeien rijkelijk, een dj staat te draaien en mensen dansen de zon onder.

'De tijd ging zo snel met jullie! Hopelijk zien we elkaar nog ergens tijdens onze reis!' zeg ik tegen Elsa.

'Dat moet echt goedkomen, hoor!' zegt ze terug terwijl we elkaar een dikke knuffel geven na onze laatste avond.

Als we even later in bed liggen, bespreken we hoe bizar het is dat je binnen vier dagen een vriendschap op kunt bouwen die voelt alsof hij al jaren zo hecht is.

'Ik vond het altijd zo suf als mensen zeiden dat je op reis snel vrienden maakt,' zegt Joost. 'Maar toch is het echt zo.'

'Hoe zou dat komen?' vraag ik.

'Ik denk toch omdat je allemaal in hetzelfde schuitje zit, je op zoek bent naar contact met andere backpackers en omdat je weet dat de tijd die je samen hebt kort is,' antwoordt Joost.

'Ik hoop wel echt dat we hen nog gaan zien, hoor, ik vond het zo leuk!' zeg ik.

'Daar heb ik alle vertrouwen in, hoor! Slaap lekker, lief...' Hij geeft me een kus op mijn voorhoofd en dan vallen we in een diepe slaap, terwijl de airco in de slaapzaal zacht blaast.

TIPS VOOR DE REIS VAN JE LEVEN

Wat neem je mee?

Daar sta je dan, voor je kledingkast. Wat neem je in hemelsnaam allemaal mee op een lange reis? Hoe groot moet je backpack zijn? En wat zijn spullen die je écht niet moet vergeten? Het duurde even voordat wij dat allemaal hadden uitgezocht, en onderweg kwamen we erachter dat we veel minder nodig hebben dan we dachten. Daarom de tip: pak het aantal kleren dat je denkt nodig te hebben, en stop een derde daarvan gewoon weer lekker terug in je kast!

Hoe groot moet je backpack zijn?

Wij hadden allebei een 65-liter-backpack. Dat vonden wij een perfect formaat, allebei hadden we rond de vijftien kilo bagage mee in onze backpack en dat is echt meer dan genoeg. Daarnaast hadden we allebei ook een kleine rugzak (daypack), die we in het vliegtuig gebruikten als handbagage en die we verder vaak meenamen op dagtochten of naar het strand.

Hoeveel kleding hadden we bij ons?
Ondanks het feit dat we bij het inpakken heel streng zijn geweest, vonden we achteraf dat we echt nog wel minder mee hadden kunnen nemen. Op reis merk je pas hoe weinig kleding je nodig hebt. We werden ook heel makkelijk in kledingstukken meerdere dagen dragen of alleen even uitspoelen met water en de volgende dag weer aan, hoppa! Als je er ongeveer van uitgaat dat je voor een hele week schone kleding bij je moet hebben, dan zit je goed. Om die kleding allemaal geordend op te bergen hebben wij packing cubes gebruikt, zakjes met een rits zodat je je kleding apart kunt inpakken. Zo voorkom je dat je backpack een grote grabbelton wordt. Dit is voor ons dé must voor in je backpack of koffer.

Wat zat er in Viora's backpack?

- ❍ Jurkje
- ❍ Korte broekjes. Ik had er vier mee, maar twee is echt genoeg!
- ❍ Lange broek
- ❍ Kort sportbroekje
- ❍ Sportlegging, zit lekkerder tijdens lange ritten dan je lange broek
- ❍ Een aantal (sport)topjes/T-shirts. Ik denk dat ik er een stuk of zes mee had.
- ❍ Bikini's, drie stuks
- ❍ Sokken. Vier paar korte sokjes, één lang paar en één paar compressie-vliegtuigkousen (is lekker maar geen must).

- Ondergoed voor een week
- Beha's, twee is voldoende. Het grootste gedeelte van de tijd droeg ik een bikinitopje.
- Vest en/of trui. Ook als je alleen naar warme landen gaat, moet je echt een trui meenemen. De airco is vaak koud in vliegtuigen, bussen en in hostels!
- Dun jasje/regenjasje, misschien wel het meest gebruikte kledingstuk!
- Zonnebril
- Pet
- Sneakers
- Hardloop-/wandelschoenen (als je echt niet gaat sporten/geen hikes gaat doen is een paar sneakers genoeg)
- Slippers
- Waterschoentjes. Ter plekke gekocht op de Filipijnen maar wel veel plezier van gehad in heel Azië. Deze schoentjes waren verplicht op de boot op de Filipijnen in verband met dodelijke steenvissen en scherp koraal.

Toilettas

Een reistoilettas is heel handig. Die rol je uit, en in de meeste zit een haakje zodat je 'm makkelijk overal kunt ophangen. Je ziet ook veel beter wat je bij je hebt. Wat hadden wij daarin zitten?

- Tandenborstel
- Tandpasta

- ❍ Labello
- ❍ Deo
- ❍ Mascara
- ❍ Zonnebrand/aftersun
- ❍ Muggenspray
- ❍ Desinfectiegel
- ❍ Nagelknippertje/schaartje/pincet
- ❍ Rolletje tape; je moet vaker iets tapen of vastplakken dan je denkt!
- ❍ Veiligheidsspelden; ook die komen heel vaak van pas voor bijvoorbeeld gordijnen die net niet dicht kunnen.
- ❍ Haarelastiekjes
- ❍ Medicijnen: diarreeremmers, malariapillen, paracetamol, slaappillen, vitaminepillen
- ❍ Pleisters; je hoeft echt geen hele EHBO-kit mee te nemen, een schaartje en wat pleisters is voldoende.
- ❍ Shampoobars, veel handiger en lichter dan flessen, wij stopten deze in kleine bakjes die vaak te koop zijn bij de shampoobars.
- ❍ Mininaaisetje

Andere spullen die je niet mag vergeten

De meest voor de hand liggende, maar hij mag toch niet ontbreken in dit lijstje: je paspoort!

- ❍ Portemonnee
- ❍ Passen: zorgpas, bankpas, creditcards, rijbewijs, internationaal rijbewijs

- ❍ Pasfoto's
- ❍ Vaccinatieboekje
- ❍ Een digitaal overzicht met telefoonnummers van alle instanties zoals je zorg- en reisverzekeraar. Noodnummers van onze banken, bankrekeningnummers en kopietjes van onze paspoorten. Dit hadden we op een Google Drive staan, en deze ook gedeeld met onze ouders.
- ❍ Flightbag, om je backpack te beschermen tijdens het vliegen.
- ❍ Filterfles, deze vul je met kraanwater zodat je overal ter wereld uit de kraan kunt drinken; hiermee hebben wij al zoveel plastic flessen bespaard.
- ❍ Een hamamdoek, zo'n doek die je overal in Azië kunt kopen. Superhandig als rok in tempels, als gordijn in hostels, als theedoek, als strandlaken, als schouderbedekking, als jurk en ga zo maar door. Wij hadden er twee mee en gebruikten ze dagelijks!
- ❍ Sneldrogende handdoeken; hier hadden we er twee van mee, in veel hostels krijg je geen handdoek. Dan is dit heel fijn om bij je te hebben!
- ❍ Klein badlaken, kochten wij toen we aankwamen op de Filipijnen, omdat het op het strand toch best fijn is om op een normaal badlaken te liggen.
- ❍ Kussensloop, voor in vieze bedden
- ❍ Lakenzak, zelfde verhaal als de kussensloop
- ❍ Opblaasbaar nekkussentje
- ❍ Opvouwbare bakjes, vonden wij in de

Transmongolië Express en in de camper heel handig. Vooral om chips in te doen ;)

- ❍ Reisbestek, ook heel handig in de trein of als je een broodje wilt smeren op het strand
- ❍ Slaapmasker
- ❍ Kleine doorzichtige zakjes, met zo'n zipsluiting, om bijvoorbeeld kabels in op te bergen
- ❍ Minizaklampje
- ❍ Stoffen tasje, voor bijvoorbeeld boodschappen, maar ook voor de was superhandig
- ❍ Slotjes, om je tas mee dicht te maken; vooral in hotelkamers waar geen kluisjes zijn is het fijn om wel je waardevolle spullen op te kunnen bergen en aan een bed of kast iets vast te kunnen leggen met een trekslotje
- ❍ Sportelastieken, voor een kleine work-out in je kamer
- ❍ Dry bag, overal in Azië te koop en heel handig tijdens alle snorkeltochten
- ❍ Zakmes
- ❍ Laptop + oplader
- ❍ Harde schijf
- ❍ Externe lader
- ❍ Telefoon + telefoonlader
- ❍ E-reader
- ❍ Oortjes
- ❍ Wereldstekker
- ❍ Geheugenkaartjes/USB-sticks
- ❍ Camera/videocamera + oplader

Als je alles zo onder elkaar ziet staan denk je misschien: mijn hemeltje, wat een lijst. (Of misschien denk je: help, is dit alles?) Bedenk dat wij een jaar weggingen en dat dit alles makkelijk in twee backpacks en twee daypacks paste. We hadden als regel: wil je iets nieuws kopen? Dan blijft er iets anders achter waar een andere reiziger of local vast heel blij mee is. En bedenk dat je vrijwel alles overal kunt kopen, dus geen paniek als je iets vergeten bent.

THAISE BOETE

29 JUNI 2019/WERELDREISDAG 70

JOOST

In 2014 ging ik voor het eerst in mijn leven backpacken. Viora en ik hadden bijna een jaar een relatie en vertrokken drie weken naar Thailand. Dat was toen al een van de meest toegankelijke landen om te backpacken en het leek ons een veilige keuze om voor het eerst samen zo lang en zo ver op reis te gaan. Die reis was fantastisch en gaf ons toen al het gevoel dat we samen de wereld aankonden. En na alle ellende van de afgelopen jaren hebben we dat wel bewezen.

Omdat we zulke fijne herinneringen hebben aan Thailand willen we er nu weer heen, want we zijn toch 'in de buurt'. Vanuit Manilla vliegen we voor maar veertig euro per persoon naar Bangkok. Het is bizar hoe goedkoop vliegen in Azië is. Een vlucht van drieënhalf uur in Azië kost minder dan een retourtje Utrecht – Groningen met de trein. AirAsia is koploper in het aanbieden van goedkope tickets. De prijzen die ze vragen voor tickets staan natuurlijk in schril contrast met alle schade die vliegen aan het milieu toebrengt. Het lastige is alleen dat veel landen niet op een andere manier te bereiken zijn; de optie om een trein te pakken is er niet.

Online hebben we niet gedeeld wat onze volgende bestemming gaat worden, we willen dat het een verrassing blijft. Onze volgers leven steeds meer met ons mee. Het delen van foto's, reageren op berichtjes en editten van video's neemt inmiddels minstens twee uur per dag in beslag, maar dat maakt ons niet uit. Ik ben niet zo'n lezer, dus in plaats van een boek open te slaan lig ik de laatste tijd regelmatig met mijn telefoon in mijn hand op het strand te reageren op berichtjes die binnenkomen. We willen het verhaal, het gevoel en de ervaring van een plek of land online goed overbrengen en daardoor zijn we veel bewuster bezig met waar we zijn. Ik merk dat ik meer feitjes en achtergrondinformatie opzoek van de plekken waar ik ben, zodat we dat ook kunnen vertellen. Het bevalt me zo best goed: de volgers houden me scherp en ik maak nóg meer van onze reis mee.

Ons plan is om naar de eilanden in het zuiden van Thailand te reizen, maar omdat alle vluchten via Bangkok gaan, hebben we besloten een paar dagen in Bangkok te blijven. Dat komt eigenlijk wel goed uit: voordat we op reis gingen ontdekten we online een aantal plekken of attracties die viral gingen omdat ze helemaal in eenhoornthema zijn. Eentje daarvan was bijvoorbeeld een waterpark op de Filipijnen, vol eenhoornglijbanen en opblaasbare gadgets. Die was helaas aan de andere kant van het land en we hebben die daarom overgeslagen. Een andere plek waar we tientallen keren op zijn gewezen is het Unicorn Café in Bangkok. Dáár moeten we natuurlijk heen. Onze voorpret is enorm en we kunnen niet wachten om te gaan. We besluiten na de nachtvlucht vanuit Manilla onze tassen te droppen in het hotel en gelijk door te gaan naar het Unicorn Café voor een lunch. Het café is niet te missen: er staan grote eenhoorns op de gevel en voor de deur staat een metershoog exemplaar in regenboogkleuren. De taxichauffeur kijkt enigszins verbaasd achterom en vraagt: '*Stop here*?'

'*Yes please*!' zegt Viora en ze zwaait haar deur open. 'Wow, dat we dit nog mogen meemaken, het lijkt wel heftiger dan op de foto's!'

Ze heeft gelijk. Alles in dit café is bedekt met glitters, eenhoorns en regenbogen. Er hangen knuffels aan de muur, het plafond is beschilderd met verschillende gekke soorten eenhoorns, de stoelen en banken zijn van roze fluweel. Het ruikt naar suiker en zoetigheden, en schelle, vrolijke muziek komt uit de speakers. Dit café is van top tot teen eenhoorn: als je het zelf zou moeten ontwerpen, zou je het nog niet zo extreem maken, maar toch hebben ze het gedaan. In de ene hoek zit een groepje kinderen van een jaar of acht een kinderfeestje te vieren, verderop zit een vader met zijn dochtertje cake te eten en vanachter de bar lacht een vrouw met een eenhoornhaarband ons vrolijk toe.

We gaan zitten en nadat we een keuze hebben gemaakt uit de hysterische menukaart mogen we aan de bar komen bestellen. We besluiten het bescheiden te houden en gaan voor twee smoothies, een felroze cupcake en een stuk regenboogtaart. We hadden het nog veel gekker kunnen maken: er is friet in alle kleuren, er zijn tosti's met regenboogkaas, gekleurde hamburgers en pizza met glitters.

'*You like unicorns*?' vraagt de medewerkster als ik mijn bestelling doorgeef. Ik gooi mijn been op de toonbank en laat vol trots de eenhoorntattoo zien die we allebei hebben laten zetten op 14 juli 2018, de dag dat Viora haar laatste chemopillen slikte.

Ongesteldheid/anticonceptie op reis: spullen mee of daar kopen?
Misschien niet voor alle mannen die dit boek lezen het meest nuttige stuk. Toch is dit onderwerp een veelgestelde vraag. Zijn tampons bijvoorbeeld overal te koop? Niet in alle landen zijn tampons zo gebruikelijk als bij ons. Op de plekken waar veel toeristen komen zijn ze wel te koop, maar als je tampons gebruikt zou ik wel adviseren om een (nood)doosje mee te nemen vanuit Nederland. Ikzelf had tijdens de reis een (hormoon)spiraaltje en dat kan ik iedereen aanraden, zo hoef je nergens aan te denken. Ben je aan de pil, dan is het aan te raden om het aantal strips voor je gehele reis mee te nemen.

Bonuspunten scoren?
Stuur je oma/opa/oudtante/suikeroom een kaart (bijvoorbeeld via Greetz/Hallmark) met op de voorkant een selfie vanaf je tropische bestemming! Binnen een paar minuten gemaakt, gegarandeerd dat hij binnen twee dagen aankomt en ze hebben gelijk een leuke foto om in huis neer te zetten! Wedden dat die foto nog bij ze in huis staat als je terugkomt?!

Zet je betaalpassen op 'wereldwijd'
Klinkt logisch toch? Check het voor de zekerheid even en ga er niet blindelings van uit dat dit nog staat ingesteld van je vorige vakantie. Juist als je dat denkt is het niet zo! Kleine moeite, het is vaak makkelijk in te stellen via de app van je bank.

'Really nice, do you want to try a unicorn onesie?'

Voor ik iets kan zeggen pakt ze twee onesies in de vorm van een eenhoorn uit de kast. Viora ligt helemaal dubbel van het lachen als ze me aan ziet komen lopen met de pakken. 'Dat is geniaal, doe aan, doe aan!' roept ze. We hijsen onszelf gierend van de lach in de pakken. Inmiddels zijn we ook het entertainment van het kinderfeestje geworden, die staan allemaal met open mond naar ons te kijken. Twee volwassen Europeanen die in eenhoornoutfit een uitgebreide fotoshoot houden tussen de eenhoornknuffels, languit op de roze banken. Het interesseert ons niets, we gaan helemaal op in de eenhoorngekte en het is de perfecte manier om de lange nachtvlucht te vergeten.

Voor het eten hoef je dit café trouwens niet te bezoeken. Het is (zoals verwacht) mierzoet en alles zit vol met kleurstoffen. Maar dit bezoek hadden we absoluut niet willen missen!

De online reacties op de foto's van ons 'verrassingsbezoek' zijn nog leuker dan verwacht. Het is zo bijzonder dat mensen ons deze reis zo gunnen. We horen steeds dat we deze reis en dit moment samen verdienen na alles wat we hebben meegemaakt. Dat vinden we zelf natuurlijk ook wel, maar toch is die bevestiging fijn. Ik heb daardoor ook een steeds beter gevoel over het opzeggen van mijn baan. Doodeng vond ik het, om die (financiële) zekerheid op te geven. Want wat moet ik doen als we weer thuis zijn? Maar thuis is momenteel heel ver weg en hoe langer we op reis zijn, hoe meer ik me kan overgeven. Viora heeft geen last van dat soort twijfels. Ik leer elke dag van haar. 'Morgen is je niet gegeven, dus leef vandaag,' zegt ze steeds tegen me. Als er iemand is die met de dag leeft, dan is zij het.

Voor ons is het Unicorn Café de nummer 1-attractie in Bangkok. Daar denken veel mensen anders over en we besluiten daarom in de overige dagen nog een aantal van de bekende hoogtepunten langs te gaan. Een van de leukste dingen is de fietstocht door Bangkok die we hebben geboekt bij Co van Kessel. We fietsen met een gids door de smalste straatjes van Bangkok, steken ingewikkelde kruispunten over en rijden door wijkjes waar de locals wonen in huizen op palen, waar kinderen in het water spelen en heel lief naar ons zwaaien.

Diezelfde avond bezoeken we ook de Ratchada Night Market, een gigantische avondmarkt waar echt alles te koop is. We houden ons in en kopen alleen een shirtje, eten heerlijke instant noodles en krijgen fantastische *pad thai* voorgeschoteld terwijl we op kleine krukjes in het kraampje van de eigenaar zitten. Viora laat voor iets meer dan vijf euro haar nagels in de gellak zetten terwijl ik op een terrasje geniet van mijn Bintangbier en alle mensen aan me voorbij laat trekken. Toevallig staat bij dit terras een groot scherm waarop een voetbalwedstrijd te zien is: het Nederlands dameselftal speelt de WK-kwartfinale tegen Italië. Dat was het allerlaatste wat ik verwachtte in Bangkok. De dames winnen glansrijk met 2-0. Op dit terrasje, op deze drukke markt, besef ik weer even: wat is het toch bijzonder om deze reis te mogen en kunnen maken.

Op onze laatste dag in Bangkok staan we vroeg op, om voor de drukte Wat Pho te kunnen bezoeken. Dat is de oudste, grootste en daardoor ook bekendste tempel van Bangkok. Er ligt een Boeddha van maar liefst 46 meter lang en 15 meter hoog.

In en rondom de tempel merk je niets van de drukte van de stad. Er zijn strak aangelegde tuinen, fonteinen en overal kleurrijke bloemen. Het is een flink contrast met de hectiek, de vieze straten en de chaos die zich buiten de muren van de tempel afspeelt. De regels voor een bezoekje zijn redelijk streng: geen blote schouders en geen diep decolleté, maar juist wel een lange broek of lange rok. Schoenen moeten in de tempel uit. Het allermoeilijkst is dat je niet met je voeten naar Boeddha mag wijzen. Voor onervaren toeristen knijpen de bewakers wel een oogje dicht, maar de Thaise bezoekers van de tempel wijzen ze zo nu en dan even terecht als ze 'verkeerd' staan. Tempels hebben niet per se onze interesse, maar ik vind dat ik het niet kan maken om in Bangkok geen enkele tempel te bezoeken. Nu ik er ben vind ik het toch best indrukwekkend.

Onze laatste middag en avond spenderen we in de buurt van ons hotel. Omdat we maar een paar dagen in de stad zijn wilden we lekker centraal en in de gezelligheid zitten, dus hebben we een hotel geboekt in de bekendste, meest toeristische en ook beruchtste straat van Bangkok: Khao San Road. Dit is dé plek waar backpackers zich verzamelen en als je wilt heb je hier een bed voor drie euro per nacht. Of je dat wilt is een tweede, want in deze straat nemen ze het niet zo nauw met de hygiëne en de buurt voelt soms wat onveilig aan door mannen die op iedere hoek van de straat vragen of je drugs wilt kopen. Wij hebben een fijn hotel, maar zoals we al van tevoren hadden gedacht: het hotel zit vol jongeren (veelal luidruchtige Australiërs vol testosteron) dus in het zwembad vindt eigenlijk een onophoudelijke poolparty plaats. Wij besluiten om die even over te slaan en een massage te nemen bij een salon in de straat. Het aanbod is enorm, de een nog goedkoper dan de ander. Om de paar meter worden we aangesproken of we een massage willen, soms is dat een oud vrouwtje, dan weer een schaars geklede dame en soms een ladyboy. Wij gaan uiteindelijk voor een salon die er redelijk netjes en schoon uitziet. De vrouw die ons aanspreekt zegt dat een Thaise duomassage van een uur negen euro per persoon kost. Ik doe net alsof ik schrik, loop door en roep lachend over mijn schouder dat ik maximaal 12,50 euro voor twee wil betalen. Ze rent me achterna, pakt mijn arm en zegt dat het akkoord is. Shit, als ze meteen toehappen heb ik toch nog te hoog ingezet, denk ik bij mezelf.

Afdingen is sowieso helemaal mijn ding, het is een spelletje dat je leuk vindt of niet. Viora haat het, zij vindt het zielig omdat het vaak al zo goedkoop is, en ze kan er niet tegen als de verkopers boos worden. Ik heb het geleerd van mijn vader, hij is hier ook een ster in. Als kleine jongen heb ik vaak genoeg zenuwachtig toegekeken hoe mijn vader in Turkije voetbalshirts voor mij probeerde te kopen bij een marktkraam. Ik was elke keer enorm teleurgesteld als mijn vader het shirt terug op tafel gooide en tegen mij zei: 'Kom Joost, we gaan!' Terwijl ik liep te balen dat ik geen shirt had, riep de marktkoopman ons alweer terug en werd de deal alsnog gesloten. Mijn vader blij, de marktkoopman blij, ik blij. En nu ben ik zelf net zo. Vaak is Viora degene die al wegloopt omdat ze de onderhandelingen over soms maar vijftig cent niet kan aanzien. En altijd als ze wegloopt, weet ik dat het goedkomt.

De massage stelt niet teleur. Bij sommige massages aaien ze een halfuur lang over je rug, maar dat is deze keer wel anders. We liggen in dezelfde ruimte en worden volledig dubbelgevouwen. De masseuses buigen onze armen en benen, drukken tegelijkertijd hun handen, ellebogen en knieën in onze nek en uiteindelijk gaan ze zelfs nog even boven op ons staan. Na afloop voel ik me als herboren. Tevreden komen we even bij met een kopje thee.

'Ik hoop niet dat we spierpijn krijgen, want dit was een hele work-out,' zegt Viora terwijl ze met een rood gezicht en vet haar van de massageolie naast me komt zitten in de ruimte naast de massagetafels.

'Zullen we zo maar even een dutje gaan doen?' vraag ik met een grote gaap.

'Graag, anders hou ik het niet vol om vanavond ook nog een drankje te drinken.'

Na een uurtje slaap, een verfrissende douche en een groot bord pad thai met loempia's lopen we verder Khao San Road in. De hele dag door staan er in deze straat kraampjes met streetfood en kleding en tonen kunstenaars hun werken. 's Avonds verandert de straat in een soort openluchtdiscotheek. Harde housemuziek schalt langs de gebouwen, de kraampjes hebben plaatsgemaakt voor kleine stoelen en tafeltjes. Overal dansen mensen en hoor je mannen fluisterend vragen of je drugs wilt kopen. Dronken backpackers bezatten zich door middel van buckets: emmers gevuld met frisdrank en een goedkope lokale variant van whisky of vodka. Oftewel: een garantie om snel dronken te worden. In een emmer hangen enkele rietjes zodat je met een aantal vrienden hieruit kunt drinken. Hier wordt dan ook gretig gebruik van gemaakt.

Pinkosten
Als je geld pint komen daar transactiekosten bij. In Thailand liggen die kosten redelijk hoog: gemiddeld kost het tussen de 4,50 en 7,50 euro per transactie. Probeer dus zeker niet te vaak te pinnen, want die transactiekosten voelen toch als weggegooid geld.

Afdingen is niet zielig
Afdingen, *you hate it or you love it*. Maar het is zeker niet zielig voor de lokale bevolking! Het hoort in veel landen bij de cultuur en je doet jezelf tekort als je er niet aan meedoet, ondanks het feit dat het soms raar aanvoelt omdat de prijzen al zo schrikbarend laag zijn en voor jouw gevoel de mensen al zo weinig hebben. Toch zetten de verkopers zelf ook hun eerste prijs veel hoger in. In veel landen is het gebruikelijk dat je op bijna alles afdingt: denk aan taxi's, hotels en massagesalons. Zorg dat je weet of je kunt afdingen, want er zijn ook landen, zoals Japan, waar afdingen wordt gezien als een belediging en het niet tonen van wederzijds respect.

VIORA, 3 JULI 2019

'*For you, for more beauty*!' zegt een verpleegkundige terwijl ze een map met informatie over allerlei cosmetische ingrepen, inclusief foto's, in mijn handen drukt. Joost ligt met een enorm gezwollen en knalrode elleboog op een behandeltafel. Ondanks de pijn kan hij zijn lachen niet inhouden. We zijn gisteren vanuit Bangkok doorgereisd naar Phuket en hebben een hotel geboekt in het meest toeristische plaatsje: Patong.

'Een borstvergroting kost hier maar vijfhonderd euro!' zeg ik grappend terwijl ik door de map blader.

'O, meteen doen!' zegt Joost.

We zitten al zeker een uur in deze kliniek. Joost kreeg gisteravond zoveel pijn in zijn elleboog dat we besloten om de volgende ochtend een dokter op te zoeken. Hij is absoluut niet kleinzerig, dus toen hij begon over een dokter wist ik dat het serieus was. We moesten online even uitzoeken hoe het werkte met de verzekering, en vonden daarna een kliniek schuin tegenover ons hotel. Bij de deur wisselen we onze eigen slippers voor die van de kliniek, dat zal met hygiëne te maken hebben. Sowieso valt het ons op dat we op veel plekken (restaurants, winkels) op blote voeten naar binnen moeten.

In landen als Thailand zijn er natuurlijk wel grote ziekenhuizen, maar wat je vooral ziet zijn kleine medische klinieken zoals deze, waarschijnlijk vooral gericht op toeristen. Het is er schoon en modern en ze nemen de pijn van Joost heel serieus.

Gisteravond zei ik tegen hem dat we even zijn temperatuur moesten meten. We hebben alleen een kleine reisthermometer bij ons, zo'n ouderwetse die je nog van achter moet inbrengen.

Joost is als de dood voor dit soort thermometers en zei dat hij zeker wist dat hij geen koorts had. Hij zei dat het hem doet denken aan vroeger, als zijn moeder het vermoeden had dat hij 'schoolziek' was en op die manier zijn temperatuur wilde meten. Vaak was zijn 'koorts' dan spontaan over. Net als nu.

Gelukkig hebben ze hier een oorthermometer.

'Ik zei toch dat ik geen koorts had,' zegt Joost plagerig. Hij wordt in gebrekkig Engels helemaal ondervraagd. De arts snapt niet dat de zwelling plotseling is ontstaan, zonder een val of botsing. De enige oorzaak zou dan toch de wilde massage in Bangkok kunnen zijn, waar we in allerlei bochten werden geduwd en er hard aan onze armen en benen is getrokken, maar de arts betwijfelt dat. Hij is heel zorgzaam en probeert ons zo goed mogelijk alles uit te leggen, zegt steeds iets over een 'bursa'. We weten beiden niet wat dat betekent, dus we pakken onze translate-app erbij en beginnen te googelen. Gelukkig hebben we bij aankomst in Bangkok allebei een Thaise simkaart gekocht. We wilden graag 'overal bereik, geen wifi-gezeik' en voor nog geen twee tientjes hebben we nu onbeperkt internet.

'O, ik denk dat het een slijmbeursontsteking is!' zeg ik tegen Joost. Terwijl ik verder googel zegt de arts dat hij antibiotica voor Joost heeft, en hij wijst naar de infuuspaal. Hij pakt eerst een spuit met een flinke pijnstiller die hij in Joosts bil zet en daarna wordt het infuus geprikt. We moeten wachten tot de antibiotica volledig zijn aderen in zijn gestroomd. Een uur later staan we weer buiten, 250 euro lichter maar een grote zak medicijnen rijker. 'Ik vind die prijs nog meevallen voor alles wat ze gedaan hebben,' zeg ik tegen Joost.

‘Voel je je al beter?’ vraag ik de volgende ochtend zodra Joost wakker wordt. Ik heb even een flashback naar onze vorige vakantie hier in Thailand. Joost had in 2014 een heel zware voedselvergiftiging, waardoor hij niets kon binnenhouden en zelfs begon te hallucineren. Ik maakte me destijds veel zorgen, maar werd een paar uur later zelf ook doodziek. Gelukkig waren we binnen 24 uur weer redelijk hersteld, maar ik had Joost nog nooit zo ziek gezien. Ik mag hopen dat het deze keer bij dit elleboogprobleempje blijft, al hebben we een dergelijke voedselvergiftiging min of meer ingecalculeerd nu we zo lang in Azië verblijven. Ik klop het af tegen het houten bed en hoewel ik niet gelovig ben, doe ik even een gebedje. We hebben de afgelopen jaren wel genoeg ellende meegemaakt met ziekenhuizen.

Het is vandaag onze laatste dag in Patong en we zijn van plan om morgen naar het eiland Koh Lanta door te reizen, maar dat kan alleen als Joost zich daar goed genoeg voor voelt.

‘Niet veel beter, maar ook niet slechter,’ antwoordt hij. ‘Maar ik wil wel graag door naar Koh Lanta, ik ben die drukte hier wel zat.’ Patong is inderdaad niet de meest idyllische plaats van Thailand. Het staat ook bijvoorbeeld bekend om de vele ‘pingpong-shows’. Waar die pingpongballetjes allemaal in verdwijnen mag je zelf invullen.

Zodra we aankomen op Koh Lanta laten we onze backpacks achter in het hostel en gaan meteen op zoek naar een scooter. Koh Lanta hebben we tijdens ons vorige bezoek aan Thailand ook aangedaan. We durfden toen nog niet te scooteren en vonden het eiland daarom wat saai. Toch hebben veel mensen gezegd dat we het een tweede kans moeten geven. Om er te komen moeten we een stuk met een minibusje en daarna nog een stuk per boot. Thailand is supermakkelijk te bereizen. Op iedere hoek van de straat kun je vervoer naar de volgende bestemming boeken. Binnen tien minuten hebben we voor een paar euro een ticket geregeld voor de volgende ochtend. Ik blijf het fascinerend vinden dat dit soort systemen werken. Niets gaat digitaal: je schrijft je naam en hotel op, dit wordt doorgebeld, je krijgt een briefje mee als bewijs en de volgende ochtend word je voor de deur van je hostel of hotel opgehaald met een minibusje.

Omdat we al lekker over de Filipijnen hebben gescooterd durven we het wel aan om een scooter te huren voor de komende dagen. De elleboog van Joost doet nog steeds veel pijn, maar we vertrouwen de arts die zei dat het vanzelf goedkomt en dat de antibioticakuur echt wel aanslaat. Meteen bij aankomst op Koh Lanta zijn we even gestopt bij een apotheek om een mitella te kopen, zodat zijn arm toch zoveel mogelijk kan rusten als we niet op de scooter zitten. Bij elke hobbel, en dat zijn er vrij veel, haalt hij zijn hand van het stuur om zo de ergste klappen te ontwijken. Dat is vast niet de beste manier om met zo'n ontsteking om te gaan, maar ach, de hele dag binnen op bed liggen is in onze ogen ook geen optie.

We hebben bij de verhuur van onze scooter een helm gekregen, die zoals altijd veel te groot is voor mij en meer voor de show dan voor de veiligheid om mijn hoofd hangt. Voor lange stukken zetten we hem wel op, maar voor stukjes van een paar honderd meter niet. Als we 's ochtends een ontbijtje hebben gehaald bij een kleine supermarkt rijden we terug naar ons hutje. Midden op de weg staan zeker tien agenten. Ze houden iedereen staande. Shit, precies nu wij geen helm op hebben.

'*Your name*!' schreeuwt een van de agenten, die aan een tafeltje langs de weg zit met een groot boek. Joost spelt zijn naam maar de agent komt er niet uit. Hij mag het zelf invullen. Ik kijk gespannen toe, dit wordt vast een duur geintje. Voortaan zet ik gewoon braaf mijn helm op. Zodra Joost terug komt lopen begint hij te lachen. 'Omgerekend moesten we contant 2,90 euro betalen en de boete geldt alleen voor mij, want achterop hoef je geen helm op!' zegt hij lachend. 'En trouwens, deze boete is drie dagen geldig dus ik mag nu drie dagen zonder helm rijden.'

Ik kijk hem met grote ogen aan. 'Dat meen je niet! Nou, ik hoop dat die agent er vanmiddag een lekker biertje van drinkt, en laten we voortaan toch maar onze helm opzetten!'

Na drie dagen en toch heel wat uren op bed heeft Joost nog steeds niet het gevoel dat zijn elleboog beter wordt. We bellen met onze verzekering om te vragen wat nu handig is en of zij een kliniek kunnen aanraden op Koh Lanta. Omdat we een vaag vermoeden hebben dat dit wel eens een tijdje kan duren, boeken we een hotel recht tegenover de kliniek. Ons nieuwe onderkomen is een fijn klein parkje met huisjes en een zwembad voor maar dertien euro per nacht. Zodra we met onze twee backpacks en twee kleine rugzakken op de scooter aankomen worden we vriendelijk begroet door de eigenaresse. Het past eigenlijk echt niet: Joost zit met een backpack tussen zijn benen en een rugzak op zijn buik en ik heb mijn backpack op mijn rug en mijn andere rugzak hangt half aan mijn arm. Maar in Thailand past alles op een scooter, dat hebben we wel gezien. Schapen, geiten, de complete oogst, vier kinderen en een volwassene, een heel kippenhok met inhoud... *You name it.*

'Laten we maar meteen naar de kliniek gaan,' zegt Joost zodra we onze spullen in de kamer hebben gelegd. Dat zegt voor mij genoeg, hij heeft echt pijn.

'*Looks not so good, mister,*' zegt de arts die Joost vanachter de balie beoordeelt. Gelukkig is het rustig en zijn we binnen een paar minuten aan de beurt. Ook deze kliniek is heel modern en schoon; ik had blijkbaar een totaal verkeerd beeld in mijn hoofd. Joost mag mee naar een behandelkamer en deze arts stelt voor om zijn elleboog open te maken zodat al het opgehoopte vocht eruit kan lopen. Joost stemt in, alles beter dan de pijn die hij nu voelt. Ik mag ook mee het kamertje in en zit op een kruk toe te kijken. Zodra de arts Joosts elleboog met een flinke naald verdoofd heeft en ze een sneetje maakt, stroomt en spuit er een enorme hoeveelheid witte vloeistof en bloed uit de wond. Ik voel een golf van misselijkheid opkomen en het zweet breekt me uit. Ik moet hier weg, anders val ik flauw. Snel loop ik de behandelkamer uit en ga in de wachtruimte op de bank zitten. Een van de verpleegkundigen ziet dat het even niet goed met me gaat, loopt achter me aan en pakt een glas water.

'Gaat het?' schreeuwt Joost door de kliniek.

'Ja hoor! Sorry, het was zo vies!' roep ik terug.

'Focus maar even op jezelf, ik red me wel!' zegt hij. Ik baal ervan, ik wil hem steunen. Toen ik in het ziekenhuis lag, was het altijd andersom: dan voelde Joost zich slecht en moest hij zichzelf soms op de been houden. Nu mag ik dit even ervaren. Na alles wat ik zelf in het ziekenhuis heb meegemaakt had ik niet verwacht dat mijn lichaam zo zou reageren. Het is blijkbaar toch heel anders als je zoiets bij iemand anders ziet gebeuren.

Afdingen met Joost:

1 Vraag je af hoe noodzakelijk de aankoop is en bepaal hoe graag je het wilt hebben. Is het een impulsaankoop, zoals een armbandje of een zonnebril, of loop je er al dagen mee in je hoofd, zoals een GoPro?

2 Wordt het artikel op iedere hoek van de straat verkocht of is het aanbod schaars?

3 Is het aanbod inderdaad schaars, vraag dan een keertje nonchalant bij het langslopen wat de prijs is. Zeg 'dank je wel' en loop door. Deze info kan later je openingsbod bepalen bij het afdingen en hierdoor kun je voor jezelf alvast vaststellen tot welk bedrag je wilt gaan.

4 Wat je aankoop ook is: doe net alsof je het product voor het eerst ziet. Wees enthousiast en vooral vriendelijk tegen de verkoper. Maak een grapje en zorg voor een goede sfeer. Vraag wat de prijs is, reageer verbaasd en lach het weg alsof de verkoper een grapje maakt.

5 De kans is 99 procent dat de rekenmachine nu op tafel komt en dat er wordt gevraagd naar de prijs die je dan wél wilt betalen.

6 Ga, voor jouw gevoel, schrikbarend laag zitten met je prijs (minimaal vijftig procent eronder) en zorg dat de prijs ook nog ruim onder de prijs is die je maximaal wilt betalen.

7 De verkoper zal het zich persoonlijk aantrekken en misschien wel boos worden omdat je de zaken niet serieus neemt. Er zal gepuft en gesteund worden en er zullen kreten in de eigen taal geuit worden. Blijf sterk!

8 Pak de rekenmachine en zeg dat je de verkoper tegemoet wilt komen. Laat de prijs zien die je maximaal bereid bent te betalen (en die je van tevoren al hebt bepaald) en zeg er gelijk bij dat dit je laatste prijs is.

9 Er komt nu nog een tegenbod. Typ daaroverheen nogmaals de prijs in die je maximaal wilt betalen. *Take it or leave it.*

10 Ook na de argumenten over de kwaliteit of de overtuigingen dat het handgemaakt is: blijf vasthouden aan je prijs.

11 Wil de verkoper echt niet met je prijs akkoord gaan? Zeg dan sorry, leg het product terug en loop weg.

12 Ook bij het naroepen van de verkoper blijf je vriendelijk, doch resoluut. Je noemt nogmaals je prijs en zegt de verkoper gedag. Blijf aardig, te allen tijde.

13 Tel de stappen die je zet als je wegloopt. Als de verkoper niet binnen tien stappen weer naast je staat, heb je toch verkeerd gegokt en te laag ingezet. Jammer, maar goed om te weten bij het volgende kraampje.

14 De kans is echter heel groot dat de verkoper binnen tien stappen alsnog naast je staat, met het product al in een tasje, en zegt dat het oké is voor jouw prijs. Bevestig nogmaals je prijs, reken af en voordat je het weet heb je het product gekocht voor de prijs die jij het ook waard vond! De eerder gefrustreerde verkoper is nu ineens je beste vriend en ook de komende dagen zul je gegroet worden als je langs de kraam loopt.

Na tien minuten ben ik weer de oude en ga ik terug het kamertje in. De arts is druk in de weer met een gaasje dat ze helemaal in de gemaakte wond stopt en er vervolgens weer uit trekt om op deze manier al het pus te verwijderen. Twee verpleegkundigen drukken ondertussen stevig op Joosts elleboog om er zeker van te zijn dat alles eruit komt. Ik snap wel dat Joost zoveel pijn had als ik zie wat er in zijn elleboog zat opgehoopt. Met een rekening van vierhonderdvijftig euro staan we even later weer buiten. Gelukkig zijn dit allemaal rekeningen voor de verzekering. Morgen moeten we terugkomen om de hele boel opnieuw schoon te laten maken. Nu eerst maar eens bijkomen met een koud drankje en een dutje onder het genot van de airco.

Ons huisje ligt op drie minuten lopen van het strand. Het is een enorm breed strand en ligt bezaaid met plastic. We hadden al meer plekken met veel troep gezien, maar dit strand spant tot nu toe de kroon. Gisteren heb ik geholpen om het hele strand plasticvrij te maken met een groepje andere toeristen, maar vandaag ligt het strand weer helemaal vol met slippers, tandenborstels, flesjes, visnetten, snoeppapiertjes en plastic zakjes. Alsof er gisteren helemaal niets is gebeurd. Het is pijnlijk om te zien dat dit tafereel zich blijft herhalen. Wat ik nog pijnlijker vind, is de lokale bevolking die tussen het plastic op zoek gaat naar krabbetjes. Oftewel: wij maken ons druk om een plasticprobleem, terwijl zij hier komen voor hun eerste levensbehoefte: eten. Ineens voelt het helemaal oké om als toerist hier het eiland een beetje op te ruimen. De locals hebben wel iets anders aan hun hoofd dan een 'paar' plastic flesjes. Wat is de wereld soms toch oneerlijk verdeeld. En ook hier weet ik: ik kan dit niet oplossen.

Wat ze hier op Koh Lanta gelukkig wel goed aan het oplossen zijn is het grote aantal zwerfdieren. Er is een enorme dierenopvang op dit eiland, helemaal gerund door vrijwilligers. Thailand kent net als veel andere Aziatische landen een groot aantal zwerfhonden en -katten. Het is niet te vergelijken met het aantal honden dat we gezien hebben op de Filipijnen, maar toch is het goed dat er wat gedaan wordt. De honden die hier op straat lopen zijn vaak erg mager, kijken verdrietig uit hun ogen en zitten onder de wonden.

Met een kleine bijdrage krijg je bij deze opvang een rondleiding en mag je mee om de hondjes uit te laten. Dat laat ik me geen twee keer vertellen. Wij hebben onze eigen kat Pip thuis achter moeten laten en hoewel ze supergoed verzorgd wordt door haar tijdelijke baasjes, vind ik het toch lastig om haar te moeten missen. Even in deze opvang knuffelen met alle kittens maakt dat weer een beetje goed. We leren dat als een poes die op straat leeft niet gesteriliseerd wordt, deze binnen een jaar kan zorgen voor negentig nakomelingen. Ik schrik van het aantal en begrijp goed dat deze dieren voor een enorme plaag kunnen zorgen als er niets aan gedaan wordt. Op Koh Lanta heeft het harde werk van de vrijwilligers effect: het eiland kent amper nog zwerfdieren. De dieren die er wel geboren worden proberen ze te vangen en een goed thuis te bieden, meestal ergens in Amerika of Europa.

Ons verblijf op Koh Lanta duurt uiteindelijk tien dagen. Gelukkig voelt Joost zich iedere dag een stukje beter en na vijf bezoeken aan de kliniek is hij eindelijk 'ontslagen'. Het voelt heel fijn om langer op een eiland te blijven en even niet bezig te zijn met de volgende bestemming. Gewoon omdat we echt niet wisten hoe het zou gaan lopen met Joosts elleboog. Ook al ben ik heel nuchter, ik geloof wel vaak dat dingen gebeuren met een reden. Dit was niet leuk, maar we hebben het juist als tien heel fijne, relaxte dagen ervaren. Het liet ons echt even vertragen, om opgeladen weer door te kunnen en te beseffen dat we soms iets meer de tijd moeten nemen.

'Proost, op deze dag!' roepen we allebei als we onze cocktailglazen tegen elkaar klinken. Het is vandaag precies een jaar geleden dat ik mijn laatste chemopillen slikte en we onze eenhoorntattoo lieten zetten. Een bijzondere dag, het voelt ergens heel normaal en aan de andere kant als een magische grens. We vonden in ieder geval dat we deze dag niet zomaar voorbij mochten laten gaan. Vorig jaar vierden we het met champagne en een eenhoorntaart, vandaag met een cocktail op een mooi dakterras in Chiang Mai in het noorden van Thailand. Toen ik een jaar geleden deze pillen slikte, had ik niet verwacht dat ik een jaar later al zoveel moois zou hebben meegemaakt. Dat we überhaupt al op reis zouden zijn. In eerste instantie hadden we bedacht om pas in september te vertrekken, maar begin januari besloten we: waar wachten we eigenlijk op? Ik voelde me toen fit genoeg om te gaan en zo besloten we om al een halfjaar eerder te vertrekken. Achteraf gezien de beste keuze.

TIPS VOOR DE REIS VAN JE LEVEN

Better safe than sorry

Zorgverzekering

Wij vonden het vooral saai uitzoekwerk, maar goed, het is wel heel belangrijk. En zoals je gelezen hebt was het voor ons ook meteen noodzakelijk door de ontstoken elleboog van Joost. Officieel moet je bij een reis die langer dan acht maanden duurt je uitschrijven uit Nederland. Toch gebeurt dit vaak niet. Wij hebben dit zelf ook niet gedaan. Op deze manier behoud je namelijk je Nederlandse zorgverzekering, die ook vrijwel alle ziektekosten op reis dekt.

Andere zaken

Maar andere zaken wil je natuurlijk ook verzekerd hebben. Denk bijvoorbeeld aan je spullen bij diefstal of brand, maar ook repatriëring. Wij kozen uiteindelijk voor een reisverzekering van FBTO omdat je met deze verzekering 365 dagen Nederland uit mocht zijn en ze je wereldwijde dekking boden. Bij de meeste doorlopende reisverzekeringen mag je niet langer dan negentig aaneengesloten dagen reizen. Zoek dus wel van tevoren uit hoelang een verzekering geldig is. Check of je wereld-dekking hebt en check meteen ook even de hoogte van je eigen risico en de bereikbaarheid van de verzekeraar!

Uitschrijven of niet?

Wij hebben gekeken naar de optie om ons helemaal uit te schrijven en ons dan te laten verzekeren via een verzekering die speciaal voor lange reizen is. Helaas was dat voor Viora niet mogelijk, omdat zij door haar leukemieverleden mogelijk het risico liep om sneller ziek te worden. Hierdoor zouden ze het dan niet aandurven om haar voor hetzelfde tarief als Joost te verzekeren. We konden ons alleen verzekeren tegen een enorm hoge premie en met uitsluiting van alles wat leukemie-gerelateerd was. Voor ons was dit geen optie. Als het op dit onderwerp aankomt kunnen we je helaas geen gouden tip geven. Het is vooral belangrijk dat je zelf even nagaat wat voor jou belangrijk is: wat is je situatie, hoelang ga je weg, wil je je uitschrijven, hoeveel eigen risico ben je bereid te betalen en wat kan en wil je maandelijks kwijt zijn aan premie?

VIETNAMESE MOTORMUIZEN

18 JULI 2019//WERELDREISDAG 89

JOOST

'"Het lijkt me een matig land" kan toch niet de reden zijn om er niet naartoe te gaan? Je hebt een paar dagen de tijd gehad om met betere argumenten te komen, maar je hebt mij nog steeds niet overtuigd. Dus ik zeg: we gaan!'

Viora heeft gelijk, ik weet ook niet waarom ik bij Vietnam geen enthousiast gevoel krijg. Zeker omdat bijna iedereen die we tegenkwamen zo positief was over Vietnam. De een begon over het fantastische eten, de ander over de bewogen geschiedenis van het land, de volgende over de mooie stranden in het zuiden. Misschien komt het juist door al die verhalen dat het voelt alsof ik het land al gezien heb. Wat de reden ook is: ik heb me eroverheen gezet en nu loop ik puffend door de smalle straatjes van Hanoi op zoek naar ons hostel. Het is 35 graden, mijn shirt is nat van het zweet en door de hoge luchtvochtigheid lijkt het nog twintig graden warmer. Dat klopt ook wel, in onze weerapp zien we dat de gevoelstemperatuur vijftig graden is!

Ik kijk mijn ogen uit. We lopen door het 'Old Quarter', een wirwar van straatjes en smalle gebouwen. Ze hebben hier ooit besloten om belasting te baseren op de breedte van een huis. Het gevolg is dat de hele stad vol staat met heel smalle, diepe en hoge gebouwen. Sommige zijn heel Aziatisch qua stijl en architectuur, andere ogen juist heel Frans; die zijn overgebleven uit de tijd dat Vietnam nog een Franse kolonie was. Alsof op een aantal gebouwen alleen het woord 'boulangerie' nog ontbreekt. Overal op straat staan rijen met scooters en oude fietsen geparkeerd, maar ook heel veel karretjes (Viora blijft het stalletjes noemen, maar in stalletjes staan dieren, vind ik persoonlijk) waar oude vrouwtjes broodjes verkopen, in plaats van de instant noodles en rijst die we inmiddels gewend zijn. Het zijn witte stokbroodjes waarop een mengelmoes van vlees, groenten, saus en kruiden gaat: *banh mi*.

'Dit wil ik zeker gaan proeven!' roep ik naar Viora over straat. Het feit dat niemand je (hopelijk) kan verstaan in het buitenland is trouwens echt fijn. Zo kun je over alles praten zonder je druk te maken over de mogelijkheid dat anderen begrijpen wat je zegt.

'Ik zou liever wat water willen, ik ga kapot van de hitte,' zegt Viora met een rood hoofd. Ik geef haar een flesje water uit mijn tas en ze drinkt het in één teug leeg.

'Je bent vast benieuwd naar mijn eerste indruk, hè?' vraag ik ondertussen, terwijl Viora met de vlogcamera in haar hand staat.

'Inderdaad, kom maar op!'

Het is inmiddels een standaardvraag geworden, die we in elke vlog weer laten terugkomen.

'Ik ben positief verrast,' zeg ik. Het voelt alsof we in een soort filmdecor rondlopen. 'Kijk dan, al die brommers, die kraampjes met streetfood, en de Vietnamezen met een traditionele strohoed op de fiets. Dit zie je toch echt alleen maar in films?'

'Zie je wel!' zegt Viora plagerig. 'Pas maar op, straks gaat Vietnam nog je lievelingsland worden!'

We zijn niet de enigen die moeite hebben met de hitte in deze levendige stad, ook de Vietnamezen zelf hebben er last van. We zien veel eigenaren van winkeltjes slapend bij hun spullen liggen. Er is een hittegolf gaande en alles gaat in een iets langzamer tempo. Dat vind ik helemaal niet erg: zo kunnen we even een paar dagen rustig de Vietnamese sfeer in Hanoi opsnuiven voordat we verder reizen. We struinen uren door het gezellige oude centrum van deze miljoenenstad. Overal hangen papieren lampionnen en de straten zijn duizend jaar geleden vernoemd naar de winkels die er destijds zaten – en die er vaak nog steeds zijn. Zo lopen we door een straat waar alleen maar brillen worden verkocht als ook door eentje met alleen maar rieten en houten materialen, en zo zijn er ook straten waarin alleen maar kleermakers zitten. Vaak bevindt de winkel zich aan de voorkant van het pand, en woont de familie erachter. De tv staat overal aan op een geluidsniveau dat je op straat kunt horen en kinderen rennen constant hun huizen in en uit. Het is een contrast met de hippe cafés, bars en bakkerijen die inmiddels ook een plekje hebben weten te bemachtigen in de straat.

Het verbaast ons hoe veilig het overal aanvoelt. De mensen zijn vriendelijk en willen allemaal een praatje maken. Vooral met Viora: haar blonde haren blijven een ongelooflijke aantrekkingskracht op de lokale bevolking hebben. '*Hello lady, where you from?*' of '*Are you famous*?' zijn dingen die zo nu en dan aan haar gevraagd worden.

Zes dingen die we van tevoren hadden willen weten:

- Je hoeft niet overal alles te zien en te doen (pak je rust, neem je tijd!).
- Onze GoPro, die we in Hongkong kochten, ging na twee maanden alweer kapot, en dat zonder garantie. Als we dat hadden geweten, hadden we die dure uitgave voor die paar onderwaterbeelden niet gedaan.
- Niet iedereen wil je oplichten. Vooral Viora had heel veel moeite met mensen meteen vertrouwen, maar eigenlijk zijn we helemaal nergens opgelicht. Wees waakzaam, maar niet achterdochtig!
- Je zult thuis helemaal niet missen. We hadden ons daar voor vertrek veel minder druk om kunnen maken.
- Veel landen zijn veel goedkoper dan we aanvankelijk dachten.
- En ten slotte: je hebt vrijwel niets nodig en gaat steeds minder geven om spullen. (We hadden echt veel minder kleding mee kunnen nemen!) Mocht je nou echt iets missen, dan is het altijd wel ergens te koop.

Kijktip

Zien hoe Joost van zijn motor viel? Bekijk de video van deze schitterende motortocht inclusief val op ons YouTubekanaal: Be More Unicorn!

De grootste uitdaging in deze stad is een weg oversteken. Zebrapaden of stoplichten zijn er vrijwel niet en de stoep is meestal ingepikt door een eetkarretje of een straatverkoper die met plastic stoeltjes zijn eigen restaurant heeft gecreëerd. We hebben inmiddels geleerd dat je niet moet blijven wachten op de stoep als je wilt oversteken. Dan sta je er de volgende dag nog. Het is een kwestie van de eerste stap op de weg zetten en vervolgens met veel overtuiging doorlopen naar de overkant terwijl je de brommers, auto's en fietsen ontwijkt, en zij jou. Iedereen toetert hier naar elkaar, als waarschuwing van hun aanwezigheid. En hoe zelfverzekerd we ook oversteken: we voelen ons aangeschoten wild. Viora klampt zich stevig aan mij vast, maar nog liever blijft ze wachten totdat ze ziet dat er meer mensen oversteken. Soms lopen we door totdat we zien dat er een groepje mensen oversteekt en dan sluiten we snel aan.

Ta Hien Street is de plek waar iedere backpacker 's avonds te vinden is en staat ook wel bekend als 'beer street'. Deze smalle straat van 250 meter lang barst van de kroegen, restaurants en kleine discotheken. Iedere avond zitten hier honderden mensen op straat bier te drinken op piepkleine plastic stoeltjes. Het is een mooi gezicht, al die blije mensen, muziek die uit de kroegen schalt, de dames die je met aanbiedingen bij hun kroeg naar binnen proberen te lokken en de rook en geur van barbecues. Toen we vanmiddag via Instagram een berichtje kregen van het stel Loes en Srdjan (die toevallig ook uit Utrecht komen, voor een halfjaar op wereldreis zijn en grappig genoeg ook net zijn aangekomen in Hanoi) waarin ze ons vroegen of we zin hadden om samen te eten, was de keuze voor 'beer street' snel gemaakt.

Hanoi ligt in het noordelijke deel van Vietnam en is voor veel reizigers het beginpunt van hun rondreis. Omdat ik in eerste instantie niet zo enthousiast was, hebben we nog weinig uitgezocht en weten we nog niet hoe we onze route door het land gaan bepalen. Eerlijk gezegd begin ik het zo langzamerhand wel een relaxed idee te vinden dat alles nog open ligt. Omdat Adwin tijdens onze dagen samen op de Filipijnen maar bleef praten over de motortocht in Vietnam staat dat in ieder geval op ons lijstje. Daarnaast hebben we fantastische foto's gezien van een meerdaagse wandeltocht door de rijstvelden. Dat gaat onze eerste stop worden.

Vietnam is een lang en smal land, dus de verbindingen zijn redelijk overzichtelijk en vrijwel alles gaat per bus. Vooral de nachtbussen zijn enorm populair en goedkoop: het scheelt je een nacht in een hostel en de volgende ochtend kom je op een nieuwe bestemming aan. Gelukkig duurt de busrit naar onze eerste stop maar vijf uurtjes. We konden bij het boeken van de tickets meteen een wandelarrangement boeken, maar we hebben ook gelezen dat bij aankomst in Sapa, het dorpje van waaruit alle wandeltochten beginnen, de bussen met toeristen worden opgevangen door locals die je gelijk kunnen meenemen op een tocht. Hoe graag ik het ook van tevoren wil boeken, ik besluit te vertrouwen op Viora's motto: 'Het komt wel goed.'

20 JULI 2019

'You want a tour?', *'Two-day trip!* en *'Follow me!'* hoor ik overal om me heen als we de bus uit stappen. Het was een korte maar heftige busrit en ik voel me misselijk. Het laatste uur reed de

bus in een vrij agressief tempo via de smalle, kronkelige bergweggetjes omhoog en de ene haarspeldbocht was nog scherper dan de andere. Viora ziet ook een beetje bleek, maar ik weet dat we nu ook alert moeten zijn. Het is een druk plein met overal Vietnamese vrouwen in traditionele kleding die alle toeristen aanklampen, terwijl de buschauffeur onverstoorbaar alle backpacks aan het uitladen is en zo op straat gooit. Het valt me op dat het kleine vrouwen zijn en hun leeftijd moeilijk in te schatten is. Ze dragen heel kleurige en vrolijke jurken met hoeden, die vol zitten met borduursels; de traditionele kleding hier in Noord-Vietnam.

We worden in goed verstaanbaar Engels aangesproken. De vrouw heet Lela en ze zegt dat ze met haar familie in de bergen woont. We kunnen met haar naar haar familie lopen, dan kunnen we vannacht slapen in hun homestay. Morgen gaan we dan via de rijstvelden weer terug naar het dorp.

'Zie je nou, het komt gewoon goed! We gaan dit doen!' zegt Viora tegen me. Ik onderhandel nog even over de prijs en merk al meteen dat haar openingsbod een stuk goedkoper is dan het arrangement dat we in Hanoi hadden kunnen boeken via de reisbureautjes daar. Goede keuze dus!

Lela neemt ons mee naar een restaurant waar we nog wat kunnen eten voordat we vertrekken. Blijkbaar heeft zij ook door dat we eerst even moeten bijkomen van de rit. We trekken onze sportschoenen aan, stoppen onze laptop, paspoorten en camera in de daypack en kopen er nog twee flessen water bij. We hebben alle twee geen idee hoelang we gaan lopen, maar het is pas halftwee, dus het zal vandaag hopelijk wel meevallen.

Na een halfuur komt er een motor voorgereden. Lela zit tussen twee mannen op de motor in en zwaait naar ons. Zoals ze ons bij de bus al had verteld worden onze backpacks met touwen op de motor gebonden, en scheurt een van de mannen dan weer weg. Ik vind het doodeng om onze spullen zo te zien verdwijnen. Ik ga uit van het goede van de mens, maar voel wel even de spanning door mijn lijf schieten.

Lela verzekert ons dat de tassen alvast naar haar huis gaan en dat ze vanavond op ons staan te wachten. Daarna vertelt ze dat ze nog een andere groep met toeristen heeft en dat ze daarom haar neef heeft gebeld. Hij zal de komende dagen met ons op pad gaan. Ik baal, het voelt alsof we worden opgelicht. We zouden toch met haar gaan wandelen? Ik doe m'n best rustig te blijven en laat het maar over me heen komen. Het wemelt hier van de toeristen, iedereen doet dit soort wandeltochten hier en ze was zo vriendelijk. Haar neef stelt zich voor als Pé en ziet er door zijn wandelschoenen, korte broek en neppe Nike-jas sportief uit. Nadat we het dorpje uit zijn gelopen stoppen we bij een bord en laat hij ons de route zien. Het is vandaag ongeveer vier uur lopen en volgens hem goed te doen, want hij is vanmorgen ook zo naar het dorp gelopen. Wij kennen de normale omstandigheden niet, maar de eerste twee uur lopen bestaan voornamelijk uit van de berg af glibberen en glijden. Alle paden zijn een soort modderstromen geworden doordat het hier de afgelopen week zoveel heeft geregend. We zijn hier nu midden in het regenseizoen en dat is overal om ons heen te zien: alles is knalgroen.

We lopen door een vallei met terrasvormige rijstvelden die tegen de bergen aan liggen en zien mannen en vrouwen met de bekende Vietnamese hoeden op de velden werken. Her en der lopen buffels van een gigantisch formaat los rond, die een stuk minder gevaarlijk zijn dan ze eruitzien, en onderweg zwaaien we naar kinderen en vrouwen in dezelfde soort kleding als Lela. Dit gebied wordt voornamelijk bewoond door Vietnamese minderheden, boeren en nomaden die zich hier hebben gevestigd en van wie sommigen nog steeds een eigen taal hebben.

De moderne tijd met alle technologische snufjes lijkt hier nog nauwelijks invloed te hebben gehad. Pé vertelt ons dat het wel steeds lastiger wordt om alle oude tradities te behouden, omdat de jeugd steeds meer naar de grote steden trekt. Voor veel inwoners van de bergdorpen is het verbouwen van rijst de drijvende kracht achter het behouden van tradities. Ze hebben het gevoel dat ze dankzij dit soort tradities nog bij elkaar blijven en ze zijn bang dat als de jeugd dit niet meer gaat doen, ook het voortbestaan van de familie in gevaar komt. Veel dorpjes hebben ook geen naam, maar bestaan vooral uit grote families die samenwonen in een aantal zelfgebouwde huisjes. Ze zijn vrijwel volledig zelfvoorzienend met een groentetuin, veeteelt en natuurlijk kilo's aan rijst. Vanwege het klimaat kan er maar één keer per jaar geoogst worden, dus wordt het grootste deel van de rijstproductie gebruikt voor eigen consumptie. Slechts twintig procent gaat naar de verkoop.

Naarmate de kilometers verstrijken begin ik steeds nieuwsgieriger te worden naar onze slaapplek van vannacht. Ik hoop op een beetje een normaal bed, want na drieënhalf uur wandelen en glijden begin ik vooral mijn kuiten en knieën, maar ook mijn rug wel te voelen. Viora geeft geen kik, die loopt al urenlang met een glimlach van oor tot oor om zich heen te kijken terwijl ze met Pé praat over het verschil tussen leven in Vietnam en in Nederland. Pé is 21 jaar, heeft geen idee waar Nederland ligt en is nog nooit buiten zijn provincie geweest, laat staan de landsgrenzen over. Hij vraagt zich vooral af hoe het is om in een vliegtuig te zitten. Het verschil tussen onze levens maakt het gesprek bij vlagen hilarisch, maar ergens ook heel triest. En het doet me beseffen dat je leven zo wordt bepaald door de plek waar je geboren wordt. Ineens vraagt hij: '*Do you also have chickens and buffalos at home*?'

We vertellen dat we een poes hebben die alleen maar binnen blijft, bij ons op schoot ligt en voer uit een fabriek eet. Hij snapt er niks van. Hoezo zou je een dier voor de gezelligheid hebben? Die moet je uiteindelijk toch wel opeten?

Hij vertelt daarna ook dat hij Engels geleerd heeft door alleen maar met toeristen te praten. Inmiddels geeft hij Engelse les aan de kinderen in zijn dorp. Opeens wijst Pé naar een huis boven op een berg met eromheen allemaal rijstterrassen. Ik zet meteen het bed uit mijn hoofd en ga uit van een matje op de grond.

'*That is our home*!' roept hij. We worden welkom geheten door vier spelende kinderen, een hoop kippen, een rondscharrelend varken en een oud vrouwtje dat groenten aan het snijden is voor het huis. Het uitzicht is schitterend: we kijken uit over het dal dat zich kilometers ver uitstrekt en achter de berg gaat de zon langzaam onder. Het huis van de familie is volledig van cement gemaakt, zonder ramen en met alleen een tafel en wat krukjes. In de ene hoek brandt een vuurtje en in de andere hoek liggen een aantal matrassen naast elkaar.

Tijdens een korte rondleiding vertelt Pé dat het huis expres zo gebouwd en geïsoleerd is, want het moet tegen alles bestand zijn. In de winter is het ijskoud, het sneeuwt zelfs in januari. Dat is niet voor te stellen met de drukkende hitte van nu. Wij mogen in de schuur slapen. Dat klinkt heftiger dan het is: ze hebben de donkere schuur waar vroeger nog meer dieren stonden omgebouwd tot een slaapzaal. Met een paar bamboewanden hebben ze de ruimte in aparte kamers verdeeld en in iedere kamer staat een tweepersoonsbed. Onze backpacks staan in de grootste kamer op ons te wachten. Gelukkig. Omdat er geen ramen zijn voelt het wel wat onguur en vies, maar als we het vergelijken met het gedeelte waar de familie zelf woont valt dit nog alles mee.

We delen met z'n allen één 'badkamer'. Het is een buitendouche, maar dan niet zo'n hippe zoals je altijd op Instagram ziet. Dit is een oude varkensstal waar ze een watertank in hebben opgehangen. Ernaast is een toilet dat boven op een gat in de grond is gezet. We zijn de enige toeristen die hier vandaag overnachten en we zitten met de hele familie aan tafel in het huis. Ondanks onze taalbarrière is meteen te merken hoe gastvrij de familie is. De tafel staat vol met schaaltjes en pannetjes met stomende gerechten. Ik weet niet precies wat het allemaal is, maar het is voor het eerst in Vietnam dat ik echt superlekker eet. We hebben na uren wandelen door de rijstvelden ook wel enorme trek, maar de smaak van deze rijst is misschien wel de lekkerste ooit. Tot op heden vond ik al het eten in Vietnam wat tegenvallen. Althans, ik was er niet zo weg van als ik had verwacht na alle verhalen. (Let trouwens maar eens op: als mensen over hun vakantie vertellen, volgt na een uitgebreid verslag van het weer altijd een samenvatting van het eten. 'Het Griekse eten was tijdens onze vakantie zó goed!' Of: 'En natuurlijk veel paella gegeten, echt megalekker!')

We slapen als een roos en de koude douche is verkwikkend, zodat we klaar zijn voor de wandeldag terug naar Sapa. Het miezert vandaag continu, waardoor de vergezichten minder indrukwekkend zijn dan gisteren, maar dat maakt het er niet minder leuk op. Ik blijf maar foto's maken en bij alle dorpjes en huizen worden we begroet door zwaaiende kinderen. Het voelt alsof we de avondvierdaagse lopen. Dat we uiteindelijk ruim zes uur hebben gewandeld merken we pas als we aan het einde van de middag bij terugkomst in Sapa op onze sporthorloges kijken. Met ruim 30.000 stappen en 3100 verbrande calorieën op de teller heb ik vooral behoefte aan een douche en een bed, voordat we doorreizen en morgen op de motor stappen voor een van de spannendste activiteiten van onze reis. Het is trouwens een raadsel waar Lela is gebleven. Zou ze ons dan toch voorgelogen hebben? We zullen het nooit weten, maar dankzij haar hebben we wel een onvergetelijke ervaring met Pé gehad.

Ik gooi mijn been over de motor en luister aandachtig naar de aanwijzingen van de verhuurmedewerker. Nog geen twee maanden geleden zat ik voor het eerst op een scooter, en nu zit ik op een motor met het plan om met Viora achterop vier dagen door de regio Ha Giang te rijden! Na de enthousiaste verhalen van Adwin ben ik natuurlijk meteen gaan googelen. Ik vond artikelen met koppen als 'Mooiste motorroute ter wereld!' en nadat ik nog een halve middag bezig was geweest met uitzoeken of het écht veilig zou zijn om zelf op de motor te stappen, ging ik toch overstag. Het noordelijkste deel van Vietnam, tegen de Chinese grens aan, is heel dunbevolkt. De mensen die er wonen zijn, net zoals in Sapa, etnische minderheden die volgens eigen tradities in kleine dorpjes leven en geheel zelfvoorzienend zijn in een gebied dat volledig bestaat uit berglandschappen.

Goedkoopste biertje
0,42 euro voor een halve liter op een terras in Hanoi in Vietnam.

Duurste biertje
17 euro voor een flesje Heineken op de dertigste verdieping van rooftopbar Eye in Hongkong.

Dank je wel!
Kleine moeite en je hebt er zoveel aan. Zorg dat je weet hoe je 'dank je wel', 'alsjeblieft' en 'hallo' zegt in de taal van het land waar je bent. Ze waarderen dit overal enorm en het tovert een glimlach op het gezicht bij de locals. Bonuspunten als je ook weet hoe je 'Hoe gaat het met je?' zegt.

Boek maar één nacht
Negen van de tien keer boekten wij maar één nacht bij een hostel. Dat kwam eigenlijk voort uit FOMO van Joost, omdat hij altijd dacht dat er wel een leuker hostel te vinden was waar we ons dan naartoe konden verplaatsen, of omdat we twijfelden of we wel twee nachten in dit stadje wilden blijven. Het verlengen van ons verblijf was meestal geen enkel probleem.

Lekkerste bed
Geen twijfel over mogelijk: het bed dat we hadden in Coron, na onze '*Expeditie Robinson*-boottocht' op de Filipijnen. Na twee nachten op de grond slapen in de hitte met alleen een klamboe was dit precies wat we nodig hadden. Zo zacht, zo groot, zo heerlijk wit, én in de airco! Mogen we weer terug?

De eerste meters zijn doodeng. Ik mag even testen en voelen hoe alles werkt. Het is namelijk ook nog een motor waarbij je handmatig moet schakelen tussen de vier versnellingen. Na een paar rondjes lukt het al aardig en voel ik mijn vertrouwen groeien. Ik probeer dit ook uit te stralen naar Viora, want zij zit vanaf morgen vier dagen achterop. Ik wil niet dat ze vier dagen bang is en mij vervolgens fijnknijpt. Ik heb waarschijnlijk al genoeg aan mezelf en de motor.

Naast een helm huren we ook knie- en elleboogbeschermers. Ik had al gelezen dat je die er maar beter bij kunt nemen, want de wegen zijn over het algemeen redelijk, maar er zitten ook heel slechte stukken bij. Vanwege de grote hoeveelheid regen van de afgelopen tijd zouden sommige wegen zomaar in een modderpad veranderd kunnen zijn. Dat laatste heb ik Viora nog maar niet verteld.

We krijgen een uitgebreide kaart mee, inclusief een route die we zouden kunnen rijden om zo in vier dagen alles te zien, en een aantal leuke slaapplekken. We zijn superenthousiast. Als de verhuurder vertelt dat de huur van de motor maar een tientje per dag is (verzekering en bescherming meegerekend!) ben ik al helemaal uitgelaten. We hebben voor vertrek een internationaal rijbewijs aangeschaft bij de ANWB, dat ik nu vol trots onder de neus van de man schuif. Hij kijkt ernaar en vertelt me vervolgens dat dit niet geldig is in Vietnam. Zonder Vietnamees rijbewijs ben je onverzekerd, dus mochten we een ongeluk krijgen, dan hebben we een probleem. In Europa zou ik überhaupt zonder motorrijbewijs niet mogen rijden op deze motor, maar in dit deel van Vietnam gaan ze iets soepeler met de regels om. Waarschijnlijk omdat hier jaarlijks veel toeristen naartoe komen die geen motorrijbewijs hebben, en ze hun geld natuurlijk niet willen mislopen. Ik ben me bewust van de risico's en het is misschien niet de beste reden, maar omdat zoveel toeristen deze route op deze manier rijden durf ik het ook aan.

Je kunt deze tocht, de Ha Giang Loop, op verschillende manieren rijden. Je kunt, zoals wij, helemaal alleen gaan en zelf rijden, of alsnog zelf rijden maar dan in een groep met een gids als begeleiding. Als je niet zelf durft te rijden kun je ook achterop bij een 'easy rider'. Dat is meestal een local die erg ervaren is op de motor. Deze easy riders vertrekken meestal met een groep, dus als je alleen aan het reizen bent, is dit een fijne manier om gelijk met anderen in contact te komen en deze ervaring met hen te kunnen delen. Ons eerste plan was om zelf te gaan rijden, maar dan wel in een groep met een gids. Het gebied is namelijk erg verlaten en het kan zomaar zo zijn dat je uren niemand tegenkomt. Het leek ons een fijn idee om met anderen mee te rijden. Tot we ineens een berichtje van Loes en Srdjan kregen: *Wanneer willen jullie ook alweer de Ha Giang Loop rijden? Zullen we anders met z'n vieren gaan?* Perfect plan: zo hoeven we ons niet te committeren aan een groep en kunnen we lekker in ons eigen tempo gaan.

Met een lichte kriebel in mijn buik start ik de volgende dag de motor en Viora klimt achterop. Hortend en stotend rijden we weg en zoals verwacht knijpt Viora mij helemaal fijn. Ik zie naast me dat Loes hetzelfde doet bij Srdjan. Ik hoop dat de meiden zo meteen wat kunnen ontspannen, want hierdoor maken ze mij nog zenuwachtiger.

'Rustig aan, rustig aan!' roept ze in mijn oor. De eerste kilometers rijden we nog door het dorp, maar binnen tien minuten zien we niks anders meer dan bergen, groene bossen, rijstvelden, kleine hutjes en kinderen die hier en daar in vieze kleding langs de weg zitten te spelen. De weg is goed en het schakelen gaat steeds soepeler, zonder al te grote schokken. Viora's armen ontspannen steeds meer en ik voel me steeds vertrouwder worden met de motor. Zonder dat we het doorhebben vliegen de uren voorbij. Het uitzicht is adembenemend. Eigenlijk willen we na iedere bocht stoppen voor een foto. De wegen gaan slingerend langs en over de bergen. Zo nu en dan komen we andere toeristen tegen op de motor en toeteren we naar elkaar. Iedereen drukt trouwens ook even op de toeter bij het ingaan van een bocht: zo nu en dan kun je niet door de bocht heen kijken, dus waarschuw je met je toeter dat je eraan komt. Soms scheuren er echter oude vrachtwagens met een zodanig luid brullende motor voorbij dat ik me afvraag of het toeteren wel zin heeft.

Het begint te regenen; in Vietnam betekent dit dat het echt met bakken uit de lucht komt. De regen doet gewoon pijn op onze handen en gezicht. We besluiten te stoppen bij een 'traditioneel restaurant'. Oftewel: een koelkast met flesjes frisdrank, een paar plastic stoelen en tafels en de eigenaar die in de hoek achter een bureau tv ligt te kijken. Terwijl we kijken naar de regen en nog enkele langskomende motoren, glijdt er recht voor onze neus een toerist onderuit met zijn motor. De weg loopt iets naar beneden en door de regen is het spekglad geworden: de man glijdt zo vijf meter door richting de bergwand. We schrikken ons kapot en rennen naar hem toe. De bestuurder staat gelukkig gelijk op, maar hij heeft geen beschermers om en zijn knie en elleboog blijken onder het bloed te zitten.

'Dat litteken gaat een mooi aandenken worden,' zegt Srdjan

als de gevallen bestuurder na een paar minuten toch weer zijn motor start en doorrijdt. Vanaf dat moment rijden we zodra we de eerste regendruppels voelen meteen veel voorzichtiger en nemen we de bochten heel behoedzaam. Hoe dieper we het noorden in rijden, hoe steiler en smaller de wegen worden en de afgrond steeds dieper. Ik moet er niet aan denken om hier nu hard onderuit te gaan. In 2017 is er nog een Spanjaard verongelukt die van een berg afgleed, en ook de afgelopen jaren zijn er meerdere toeristen door vrachtwagens geschept en overleden. Ook die informatie heb ik niet van tevoren met Viora gedeeld.

Na ruim honderd kilometer vinden we het mooi geweest voor vandaag. Onze lichamen zijn flink door elkaar geschud, en door het constante geluid van de motor en de spanning van het rijden ben ik doodmoe. En dan heb ik het nog niet eens over de pijn in mijn kont. Ik dacht dat ik dat achter me gelaten had, na het paardrijden in Mongolië, maar helaas.

We overnachten in een homestay, dus bij mensen thuis. Vaak hebben ze op de bovenverdieping van hun eigen woning een aantal rieten wanden geplaatst en zo kamertjes gemaakt, en wat matrassen op de grond gelegd met een klamboe eroverheen. Douchen doen we allemaal in dezelfde badkamer, net zoals naar de wc gaan. Voor een nacht in een homestay zoals deze betaal je maar drie euro per persoon en dat is inclusief een heel uitgebreid diner én ontbijt. Het is voor ons niet voor te stellen dat deze mensen hier ook nog wat aan verdienen. Toch is het zo, want ze leven ervan. Iedere avond is er een 'family dinner': alle gasten en de familie schuiven aan. Vandaag zitten we met achttien mensen op een aantal kleden op de cementen vloer in de woonkamer. Opgewekt vertelt de eigenaresse dat ze de kip vanmiddag zelf heeft geslacht en dat de groenten uit de eigen tuin komen.

'Ik ga voor de groente,' zegt Viora tegen Loes. Viora is gedurende de laatste weken namelijk steeds minder vlees gaan eten en Loes eet zelf volledig vegetarisch. De vloer staat vol met kleurrijke bakjes rijst, verschillende soorten vlees, loempiaatjes, groenten en sausjes.

Voordat we kunnen eten krijgt iedereen van de eigenaresse een shotglaasje met zelfgestookte rijstwijn. Als iedereen een glas heeft gekregen schreeuwt ze: '*Mot hai ba yo*!' en gooit ze het glaasje achterover. Wij doen maar gewoon mee en de alcohol brandt in onze keel en maag. 'Echt wat voor jou,' zeg ik terwijl ik Viora grappend aanstoot. Ze is na de chemotherapie niet meer zo'n alcoholdrinker en ze is zéker geen fan van sterke dranken.

'Is er ook nog een gewoon biertje, denk je? Ik ga niet de hele avond die gekke shotjes nemen, hoor,' zegt ze tegen Loes. De eigenaresse komt ondertussen bij iedereen langs en geeft ons een hand. Andere toeristen die hier ook verblijven vertellen dat dit traditie is. Als iemand je een glaasje rijstwijn aanbiedt mag je eigenlijk geen nee zeggen en geef je elkaar na het drinken ervan een hand. Niemand weet precies hoeveel procent alcohol erin zit, maar volgens het 'recept' is het rond de veertig procent.

Na het eerste glaasje doet ook de man des huizes een rondje. 'Mot hai ba yo!' Het klinkt heel spannend, als een soort mysterieuze traditie, maar betekent niets meer dan 'Eén, twee, drie, drink!'

Tijdens het eten zijn het voornamelijk de easy riders van de andere toeristen die zich lekker laten gaan met de shotjes drank. Ze blijven bij elkaar inschenken en maar handen schudden. Zo nu en dan gaan ze naast iemand zitten, gooien zonder dat je het doorhebt je glas vol en dwingen je op die manier te drinken. Wij verplaatsen ons steeds iets verder naar de achtergrond, terwijl de alcohol bij de Vietnamezen begint te werken. Ineens tillen ze een tv de woonkamer in, gevolgd door een grote geluidsbox met microfoon. De twee easy riders beginnen te schreeuwen door de microfoon. Het duurt even voordat ik het hoor, maar dan weet ik het: ze staan gewoon 'My Heart Will Go On' van Céline Dion als karaokevariant te zingen. Na dit nummer worden er nog een aantal onverstaanbare, maar enthousiaste nummers van Madonna en Beyoncé meegezongen. Als beloning trakteren ze zichzelf na ieder liedje op weer een glaasje rijstwijn.

De volgende ochtend staan we ietwat gebroken op. We voelen de effecten van de shotjes nog, maar we gaan er weer een mooie dag van maken.

'Ik hoef die shotjes niet elke avond, hoor!' verzucht Viora.

'Nee, ik ook niet,' zeg ik. 'Ik ben vooral benieuwd hoe het met die easy riders gaat. Ze zeggen wel dat het veiliger is om met een easy rider deze tour te maken, maar als ik zie hoe ze 's avonds tekeergaan heb ik zo mijn twijfels.'

De vloer staat weer vol met lekkere dingen: vers fruit, pannenkoeken, broodjes en gebakken eieren. 'Drie euro...' mompel ik ongelovig in mezelf.

Als we na een paar uur rijden aankomen bij een stuk weg dat grotendeels bedolven is onder een grote berg met modder, zegt Viora dat ze wel even afstapt zodat ik er rustig doorheen kan rijden. Ik geef flink gas om door de modder te ploeteren, maar zodra ik wil afremmen geef ik per ongeluk nog meer gas. 'Niet vallen, niet vallen,' zeg ik tegen mezelf, maar het is te laat: ik word met motor en al gelanceerd en val om. Viora staat toevallig met de vlogcamera in haar hand te filmen en ik hoor hoe ze verschrikt mijn naam roept. Het valt mee: ik heb alleen een kleine brandplek op mijn been van de uitlaat en de standaard van de motor hangt los. Gelukkig viel ik in de modder en ging de motor meteen uit. Locals die achter ons reden schieten te hulp: ze vragen in het Vietnamees of ik in orde ben, waarop ik mijn duim opsteek en ze een paar palmbladeren pakken om de standaard weer vast te binden.

'Pff, ik schrok me rot!' zegt Viora als ze weer achterop stapt. 'Ik ben blij dat ik afgestapt ben, want met z'n tweeën waren we waarschijnlijk veel harder gevallen!'

Een klein eindje verder maakt Srdjan een flinke schakelfout als we een steil stuk bergop moeten rijden, waardoor ook zij met de motor een soort wheelie maken en achterovervallen. Het is niet te geloven, maar ook dit heeft Viora precies weer gefilmd. Gelukkig zijn ook zij ongedeerd. 's Avonds kijken we met de slappe lach wel twintig keer onze knullige valpartijen terug en zijn we blij dat we alle vier bescherming en een helm op hadden.

VIORA, 4 AUGUSTUS 2019

'Zullen we gewoon lekker een week in Hoi An blijven?' stel ik aan Joost, Loes en Srdjan in onze groepsapp voor. We hebben net besloten om elkaar in Hoi An weer te treffen. De vier dagen samen tijdens de Ha Giang Loop zijn ons zo goed bevallen dat we na ruim een week onze eigen gang te zijn gegaan, toch weer zin hebben om tijd met z'n vieren door te brengen.

We zijn in sneltreinvaart door het noorden van Vietnam gecrost en hoewel dat geweldig was, merk ik dat ik nu moet opletten dat ik niet over mijn grenzen heen ga. Nachtbus in, nachtbus uit. Weinig slaap en veel indrukken zorgen ervoor dat mijn batterijtje leeg begint te raken. Voor mij is alles lichamelijk goed te doen, tot ik een nacht slecht of weinig slaap. Dan merk ik meteen dat ik geen reserves heb.

Iedereen stemt in met mijn idee; we zijn allemaal wel even toe aan rust, en zon, zee en strand. Vietnam is zo groot dat de afstanden die je moet afleggen niet mis zijn. Iedereen die we spreken heeft het over het 'Vietnam-tempo': overal ben je maar een paar dagen en dan ga je die nachtbus weer in. Ik vind het land tot nu toe echt geweldig, maar die bussen...

Het begint bij het instappen: iedereen dumpt zijn backpack in het ruim en moet daarna zijn slippers in een plastic zakje doen. Vervolgens loop je op blote voeten de bus in en kies je een plekje. De bus is ingedeeld in drie rijen met een soort stapelstoelen van twee boven elkaar. Als je lang bent kun je er niet languit in liggen. De airco staat altijd op standje Noordpool en als je pech hebt staat er een slechte Vietnamese film op. De buschauffeurs houden allemaal wel van gas geven, dus we doen bij het instappen standaard een schietgebedje. Bovendien is het altijd een verrassing of en zo ja, wanneer de bus zal stoppen voor een plaspauze, dus ik probeer niet te veel te drinken. Meestal nemen we voor elke nachtelijke rit een slaappil.

Voor Vietnamese begrippen hebben we een duur hotel geboekt in Hoi An. We betalen 35 euro per nacht, inclusief ontbijt, voor een ruime kamer met airco, die zich op twee minuten van het strand én een zwembad bevindt. Hoi An ligt halverwege Vietnam en is de eerste stop waar we echt aan het strand kunnen liggen. Het is er toeristisch, maar daardoor ook iets luxer. Er zijn leuke restaurants, een mooi breed strand en we hebben al snel een vast dagprogramma: opstaan, yoga, ontbijten, naar het strand om een bedje te scoren, daar weer slapen, lezen, lunchen, slapen, lezen, terug naar het hotel, douchen, uit eten, slapen. *Repeat*.

Het centrum van Hoi An is te omschrijven als een soort Disneyland-dorpje in Vietnam-thema. Overal zijn schattige straatjes met rode lampionnetjes. Het is er gezellig druk met allerlei winkeltjes, barretjes en restaurantjes. Waar we verder in Vietnam het woord 'gezellig' nog niet echt hebben kunnen gebruiken, is Hoi An dat zeker wel. Het staat op de werelderfgoedlijst van UNESCO en daardoor mag er in de binnenstad geen verkeer komen, wat de sfeer ook enorm ten goede komt. Deze stad is bovendien in de Vietnamoorlog overeind gebleven en heeft daardoor nog echt oude gebouwen. Het is qua stijlen een mix van Chinees, Japans, Europees en Vietnamees. Na zes dagen zijn we allemaal weer opgeladen om door te reizen: dit voelde als een vakantie tijdens onze reis.

Als we aankomen in Ho Chi Minhstad stappen we vanaf het vliegveld een stadsbus in richting het centrum. De bus is overvol en we staan naast de chauffeur. Zo hebben we goed zicht op het drukke verkeer. Hier in Ho Chi Minhstad rijdt iedereen op scooters. Ik dacht dat ik in Thailand en op de Filipijnen al veel scooters had gezien, maar dat is niets vergeleken met deze stad! Voor ieder stoplicht staan er soms letterlijk honderden, die allemaal tegelijk gaan rijden als het stoplicht op groen springt. De kruispunten hier zijn immens groot. We kijken onze ogen uit.

Ho Chi Minhstad is onze laatste stop in Vietnam, en helaas hebben we een kamer zonder raam. Te snel hadden we iets aangeklikt op Booking, zonder eerst te lezen of er een raam in de kamer zat. In principe is het geen ramp, het is alleen een gek idee dat we geen besef van licht en donker hebben en zodra we wakker worden dus nog steeds het gevoel hebben dat het pikdonker is buiten. Gelukkig blijven we hier maar twee nachtjes en vliegen we daarna door naar Maleisië. Ho Chi Minhstad is eigenlijk een soort verplichte stop, omdat we niet rechtstreeks vanaf Hoi An naar Maleisië konden vliegen, dus zien we wat flarden van deze miljoenenstad.

Ooit was dit de hoofdstad, maar sinds 1976 is die eer voor Hanoi weggelegd. Dit soort feitjes zoekt Joost soms op en hij vertelt ze dan plotseling aan mij, of andersom. Een ander mooi feitje is bijvoorbeeld dat de Vietnamese taal verschillende tonen kent: als je een woord op een andere toon uitspreekt, heeft het ineens een heel andere betekenis. Ik probeer het even uit in het Nederlands, maar schiet in de lach als ik mezelf op verschillende toonhoogtes het woord 'boom' hoor zeggen.

Ik had verwacht dat we in kamers waar we met meerdere mensen slapen wel eens wakker zouden worden gehouden door mensen die iets te luidruchtig seks hebben, maar het is tot nu toe alleen in hotels flink raak. Deze keer worden we er allebei wakker van. Ik pak mijn telefoon. Drie uur 's nachts, wat een tijd. En wat een geluid komt er uit deze vrouw. Joost en ik moeten lachen. 'We zijn voor de zoveelste keer letterlijk wakker gesekst door onze hotelburen. Laten we hopen dat ze snel klaar zijn!'

TIPS VOOR DE REIS VAN JE LEVEN

Het (juist niet te veel) plannen van je reis

Een planning maken

Het liefst had ik de hele wereldreis van voor tot achter al gepland. Maar achteraf ben ik blij dat Viora zo op de rem trapte en alles het liefst op z'n beloop wilde laten. Dat gaf namelijk zoveel vrijheid. Al is het voor heel veel zaken natuurlijk wel van belang dat je een béétje weet waar je heen wilt. Denk bijvoorbeeld aan je vaccinaties, maar ook aan de (warme) kleding die je meeneemt.

Globale planning

Een globale planning van landen en werelddelen die we wilden bezoeken hebben we voor vertrek al wel gemaakt. In eerste instantie omdat dit nodig was voor de vaccinaties, maar ook omdat we zelf een wensenlijstje hadden en dit wel moest passen in de route. Zo wisten we al zeker dat we de Transmongolië Express wilden doen en kwamen we erachter dat een visum voor China per persoon 130 euro kostte. Aan de hand daarvan besloten we dat het zonde was om alleen in Beijing uit te stappen en weer door te reizen. Zo ontstond eigenlijk het idee om door China te reizen. Anders hadden we dit land waarschijnlijk niet bezocht en dat was heel zonde geweest!

Reviews
In Nederland gebruiken we het zelden, op reis iedere dag: reviews op Google. Als je bijvoorbeeld op Google Maps zoekt op een strand of een toeristische attractie en er vervolgens op klikt, zie je eronder de reviews staan. Meestal vind je daar dan ook de entreeprijzen en vertelt men of het het geld waard was, en er staan vaak ook nog foto's bij. Superhandig! Wij vinden het een stuk praktischer dan TripAdvisor!

Reisroutes
Als je op de kaart kijkt, lijkt het supermakkelijk om van A naar B te reizen. Maar wat nou als de vliegtuigen alleen van A naar C en dan pas naar B vliegen? Of wat als er helemaal geen bus van A naar B gaat? Maak gebruik van de reizigers die er voor aanvang van jouw bezoek zijn geweest. Voor ieder land zijn er online blogs te vinden over afgelegde reisroutes; vaak zelfs inclusief vervoersmogelijkheden. Je bent ongetwijfeld een eigenwijze Hollander die het zelf wil bepalen, maar maak het jezelf niet al te moeilijk! Soms is de kudde volgen echt niet erg.

Nieuw land
Voordat we naar een nieuw land gingen, zochten we altijd even op wat de gemiddelde tijd was om door het

land te reizen. De meeste landen in Azië zijn in drie tot vier weken goed te bereizen. Ook keken we even naar de routes en de hoogtepunten, om aan de hand daarvan te bepalen hoelang we nodig zouden hebben. Hostels en hotels boekten we in principe maximaal drie dagen van tevoren. Zo hielden we voor onszelf de vrijheid om langer te blijven als we het een fijne plek vonden.

Boeken van ho(s)tel

Als Nederlanders grijpen we vaak als eerste naar Booking.com als we een accommodatie zoeken. We kennen de site, het heeft vaak een goed annuleringsbeleid en we vertrouwen hierop, maar in Azië is bijvoorbeeld de site Agoda net zo populair en vaak nog goedkoper. Hetzelfde geldt voor het boeken van hostels. Er zijn sites speciaal voor hostels en gericht op de backpacker, zoals bijvoorbeeld Hostelworld. Dit soort sites bieden daardoor vaak nog scherpere tarieven aan dan Booking.com.
Heb je jouw accommodatie gevonden? Check dan ook altijd de site van de accommodatie zelf nog eventjes. Die heeft vanwege de commissie liever niet dat je via een site zoals Booking boekt en biedt je op de eigen site dan een gratis ontbijt of een luxere kamer voor hetzelfde tarief aan.

Bonnefooi

Het op goed geluk ergens naar binnen lopen en vragen wat de prijs van een kamer is hebben we een paar keer gedaan, maar daardoor waren de prijzen echt niet veel goedkoper dan online. Als je het niet vertrouwt, kun je altijd eerst even vragen om de kamer te zien. Dit is vaak geen probleem; en als ze dat wel een probleem vinden, zou ik toch maar even verder kijken voor iets anders.

BIJZONDER MALEISIË

13 AUGUSTUS 2019/WERELDREISDAG 115

VIORA

Acht jaar oud was ik, toen ik samen met mijn ouders en broertje op vakantie ging naar het eiland Penang in Maleisië. Het is de vakantie die mij het allermeest is bijgebleven. Ik weet nog goed dat ik de naam van het land niet kon onthouden. 'Mam, waar gaan we ook alweer naartoe?' vroeg ik haar steeds.

Penang is met een brug verbonden aan het vasteland van Maleisië. Ik wil er nu graag naar terug om te zien of alles nog zo is als ik het me herinner. De enorme varanen op het strand, die verdwenen in de zee. 'Stoomboot eten,' zoals wij dat toen noemden; fonduen in pittige fondue. De kittens bij het restaurant waar we meerdere keren aten. De brandende zon, waardoor mijn broertje en ik altijd een T-shirt aan moesten en iedere avond door mijn moeder werden ingesmeerd met yoghurt om onze verbrande huidjes een beetje af te koelen. Bovendien was Pokémon toen een grote hype, dus stond die vakantie ook in het teken van het vinden van het leukste Pokémon-shirt, waar mijn lievelings-Pokémon Pikachu op stond.

Als Joost en ik 's ochtends vroeg door de schelle geluiden van de moskee in Georgetown worden gewekt, besluiten we om eruit te gaan. We hebben wederom geen ramen in onze kamer, dus we kunnen niet goed zien of het buiten al licht is. We besluiten voortaan online écht beter te bekijken of er een raam is voordat we iets boeken. Blijkbaar is het heel normaal dat er in goedkope hotels en hostels kamers zijn zonder ramen, omdat iedere vierkante meter moet worden benut. Weer wat geleerd.

Georgetown heeft een bijzondere bouwstijl en is sinds een aantal jaren vooral bekend om de streetart, die je kunt bekijken door middel van speciale wandelroutes. Als we heel eerlijk zijn vinden we het mooi, maar ook weer niet zó bijzonder. De oude gebouwen hier hebben veel Chinese invloeden, maar verder zien we vooral een mengelmoes aan culturen. Omdat Maleisië lang een Engelse kolonie is geweest, spreken de meeste mensen hier goed Engels. Heel fijn, nadat we ons in Vietnam veelal met handen en voeten verstaanbaar moesten maken.

Georgetown herinner ik me niet meer, maar de kabelbaan van Penang Hill die ons naar een uitzichtpunt brengt komt me wel bekend voor. Ik weet nog heel goed dat mijn broertje en ik, allebei hoogblond, in de rij stonden te wachten en dat andere kinderen aan onze haren wilden voelen.

'Mam, waarom vinden al die mensen ons haar zo mooi?' vroeg ik dan.

'Omdat er hier bijna geen kindjes zijn met zulke blonde haren!' antwoordde mijn moeder destijds. Daarin is in al die jaren niets veranderd; al meerdere keren kreeg ik de afgelopen 24 uur te horen 'beautiful hair!'

Goedkoopste koffie
Dat moet ergens in Vietnam geweest zijn, daar kreeg je nog nét geen geld toe ;)

Duurste koffie
Met afstand het duurste kopje koffie dat we tijdens onze reis hebben gedronken was twaalf euro. Aan de andere kant was dit wel met uitzicht op Marina Bay Sands: dé eyecatcher van Singapore.

Kolonie
Maleisië is een Engelse kolonie geweest. Mede door die invloed spreekt bijna iedereen vloeiend Engels, ondanks het feit dat het niet de officiële taal is. Ook het links rijden is overgebleven uit die periode.

Wie zoet is
Hoe zoeter, hoe beter. Maleisiërs zijn namelijk gek op zoet. Koffie krijg je standaard met je suiker er al in en smoothies en sapjes worden voorzien van een extra klontje. Wil je dus iets zonder suiker, zeg dat er dan vooral bij wanneer je bestelt!

Bij deze kabelbaan heb je de keuze uit een *fastlane* waarbij je binnen tien minuten aan de beurt bent, of de normale rij waarbij je ruim twee uur moet wachten. Vandaag kiezen we voor die paar euro extra de fastlane, zodat we die twee uur kunnen gebruiken om meer van Penang te zien. Het uitzicht vanaf Penang Hill is heel gaaf, maar het attractiepark dat boven op de berg gebouwd is, had van mij niet gehoeven. Het voelt weer even alsof we terug zijn in China. Treintjes die een rondje rijden op de berg, papegaaien waarmee je op de foto kunt, drones die foto's maken van jou boven op de berg. Je kunt het zo gek niet verzinnen of ze hebben het. Wij vinden het vooral een grote toeristenshow en besluiten na tien minuten ademloos naar het uitzicht te hebben gestaard weer naar beneden te gaan.

Na drie nachten in Georgetown reizen we via de binnenlanden per bus door naar de Perhentians. Het openbaar vervoer in Maleisië is goed en overzichtelijk geregeld. Een van de stops onderweg is een tweedaags bezoek aan Taman Negara National Park, het oudste regenwoud ter wereld. Er zijn gigantische bomen, donkere grotten en we horen er een koor van vogels en gebrul van dieren waarvan we hopen dat die 's nachts niet in de buurt van de accommodatie komen. De rivieren in en rondom het park zijn bruin en donker van kleur en nodigen zeker niet uit om te zwemmen. Terwijl dat juist wel lekker geweest zou zijn, want het is erg warm en klam in de jungle. Ik kijk echter wel uit: ik ben ervan overtuigd dat er ieder moment een krokodil uit de rivier tevoorschijn kan komen.

Het hoogtepunt van het park is een loopbrug van een halve kilometer lang, die 45 meter hoog boven de jungle hangt. Joost kan, met zijn hoogtevrees, zijn geluk niet op als hij leest dat de brug om veiligheidsredenen in onderhoud is.

Via een lange en vooral hobbelige busrit worden we met zes andere toeristen bij een speedboot op het strand afgezet. In de verte zien we een aantal eilanden, de Perhentians. Daar moet het zijn. Rondom Penang zijn de stranden niet zo indrukwekkend als die van Thailand en de Filipijnen, maar op de Perhentians schijnt het water helderblauw te zijn.

'Hou je goed vast, we gaan nu met een flinke vaart de zee oversteken! De golven kunnen wild zijn, dus geef het aan als je je ziek voelt!' zegt de jongen die deze snelle speedboot bestuurt.

De Perhentians bestaan uit een aantal kleine eilanden, waarvan er maar twee bewoond zijn. Op Google lazen we dat het kleinste eiland het leukst moet zijn. Die internetspeurtocht was sowieso handig, want zo ontdekten we ook dat pinnen op de eilanden niet mogelijk is, er geen wegen zijn en dus alles per boot gaat, elektriciteit niet gegarandeerd is en dat Perhentian 'stop' betekent. Vroeger kwamen de vissers die op zee waren namelijk op dit eiland uitrusten en namen ze een 'stop' van het vissen.

De oversteek was inderdaad behoorlijk ruig, maar ook enorm verkoelend. Helemaal verwaaid stappen we aan land op Kecil, wat 'klein' betekent in het Maleisisch. We hebben nog geen hostel geboekt. Inmiddels weten we dat vrijwel geen enkel hotel hier van tevoren te reserveren is via een boekingswebsite, behalve enkele heel luxe resorts. Terwijl we op het strand staan, zoeken we even op Google Maps naar hostels en hotels.

Hoe boek je 'goedkope' vliegtickets?

- Vergelijk de prijzen via meerdere websites, zoals CheapTickets of Skyscanner. Per site kan er soms veel verschil in de prijzen zitten. Mocht je dan een vlucht hebben gevonden die past bij je planning en budget, check dan altijd nog deze vlucht op de site van de vliegtuigmaatschappij zelf. Meestal is de prijs daar hetzelfde, maar heb je nog wel wat voordelen, zoals bagage die inclusief is, of een upgrade naar een stoel met meer beenruimte.

- Staar je niet alleen blind op de prijzen, maar kijk ook naar de totale reisduur. Voor 25 euro meer vliegen wij liever rechtstreeks dan dat we een overstap hebben van vier uur. Door soms juist wél net iets meer uit te geven koop je kostbare tijd; tijd die je veel beter kunt besteden dan door rond te hangen in een vertrekhal op een vliegveld. Want wat ga je dan tijdens die overstap doen? Precies, uit verveling alsnog geld uitgeven bij een fastfoodketen.

- Wees flexibel! Joost is eigenlijk niet zo flexibel, maar als we goedkoper konden vliegen door een dag eerder of later te vertrekken was hij dat ineens wel. Check dus niet alleen de prijzen van de tickets op de dag waarop je graag zou willen vliegen, maar ook de dagen ervoor of erna. Dat kan soms tientallen euro's schelen.

- Nachtvluchten zijn vaak goedkoper. Daardoor heb je voor die nacht geen kosten meer voor een overnachting in een ho(s)tel. Win-winsituatie dus.

- We hebben de mythe dat je op een bepaalde dag of op een bepaald tijdstip een goedkoper ticket kunt boeken niet getest, maar mocht jij er wel in geloven, *give it a try*!

'De prijzen zijn hier een stuk hoger dan op het vaste land!' zeg ik tegen Joost. 'Laten we naar deze gaan!' Ik laat hem op mijn telefoon een hostel zien dat er aardig uitziet. Binnen vijf minuten staan we bij de receptie.

'Ik heb nog een kamer voor 233 ringgit, zonder airco,' zegt de receptioniste.

'Kun jij even opzoeken hoeveel euro dat ook alweer is?' zeg ik snel tegen Joost. Ik ben sowieso geen kei in hoofdrekenen, en aangezien we iedere drie weken in een ander land zijn hou ik de wisselkoers ook niet meer echt bij.

'Wow, dat is 46 euro per nacht!' zegt Joost.

'Pfff, dat is voor Maleisië wel echt heel duur. Op alle andere plekken in Maleisië betaalden we maximaal vijftien euro per nacht!' Ik kijk naar Joost. Hij is net als ik moe van de reis van bijna twaalf uur en het laatste waar we zin in hebben is zoeken naar iets anders, terwijl we met die zware backpacks moeten slepen. 'Laten we het voor vannacht maar gewoon doen, en dan zien we morgen wel verder.'

Gelukkig is hij het met me eens.

De kamer is prima, maar zeker geen 46 euro waard. We hebben een grote ventilator aan het plafond en er is een raam, maar dat kijkt uit op een witte muur. Er is in dit hotel continu stroom, maar op dat moment vinden we dat nog normaal. Dat het niet overal vanzelfsprekend is, merken we pas als we twee dagen later in een iets goedkoper hostel zitten. Wel twintig keer per dag vergissen we ons.

'Even de ventilator aan, o nee!'

'Even de camera aan de lader leggen, o nee!'

'Even het licht aan... Laat maar.'

‘Even iets opzoeken via de wifi op de telefo–’

De elektriciteit is beperkt van zonsondergang tot zonsopgang, maar valt ook ’s avonds soms nog meerdere keren uit. We kunnen er maar niet aan wennen. Dat is natuurlijk niet zo erg, maar na de zoveelste keer voelen we ons wel een beetje sukkels.

Ondanks de elektriciteitsproblemen kunnen we met zekerheid zeggen dat dit het mooiste stukje Maleisië is dat wij hebben mogen zien. De zee is felblauw, het zand spierwit. Er dobberen gekleurde vissersbootjes in het water en overal staan wuivende palmen. Ook de sfeer op dit eiland bevalt ons wel. Juist omdat het zo klein is, er geen wegen zijn en er dus geen auto’s rijden voelt alles heel ontspannen aan. Het eiland bestaat voornamelijk uit jungle, met aan weerszijden van het eiland een groot stuk strand. Op die twee stranden gebeurt alles, daar moet je zijn. Er zijn veel knusse beachbarretjes, restaurants die verse vis bereiden op de bbq, en verschillende duikscholen. In het midden van het eiland is een looppad. Zo liggen we overdag aan de ene kant op het strand en zwemmen we in het heldere water, en aan het einde van de middag gaan we over het junglepad naar de andere kant om vanaf daar met een cocktail de zonsondergang te bekijken.

De Perhentians staan ook bekend om de mooie duiken die je er kunt maken. Wij hebben daar allebei niets mee en houden het bij snorkeltochtjes, waar we ook al prachtige dingen zien. Veel mensen raadden ons aan om te gaan duiken tijdens onze reis. Ik was zelfs even bang dat Joost het ineens zou willen uitproberen. Dan had ik hem natuurlijk alle vrijheid gegeven om dat te gaan doen, maar ik was absoluut niet meegegaan. Wat Joost heeft met hoogtes, heb ik met de zee. Die vind ik fantastisch, maar ik ben er ook als de dood voor. Ik ga er alleen in als ik de bodem kan zien of als ik zeker weet dat ik binnen twee seconden weer een boot in kan klimmen. Duiken wordt 'm dus niet hier op de Perhentians, en ook Joost blijft gelukkig bij zijn standpunt. Het voelt ergens alsof we iets moois missen, maar mijn angst is in dit geval sterker dan dat gevoel.

Het is iedere dag bloedheet, en ik vind het heerlijk. Ik denk dat ik in mijn vorige leven misschien al in de tropen heb geleefd. 'Hoe heter, hoe beter!' zeggen Joost en ik vaak tegen elkaar.

De varanen die ik me nog herinnerde lopen ook hier over het strand, maar inmiddels vind ik ze een stuk minder eng. Het zijn een soort reusachtige hagedissen en zijn dus joekels van beesten: sommige zijn wel vier meter lang. Ze zijn gelukkig enorm bang voor mensen en doen als het goed is niemand kwaad. Toch schrikken we iedere keer even als er zo'n beest langs een van de paden ligt of voorbij loopt. Door de kleur zien we ze altijd nét te laat en word ik toch bang dat ze ineens aanvallen.

We doen iedere dag niet veel meer dan van het ene strand naar het andere strand lopen, eten, een beetje snorkelen (minihaaitjes zijn hier heel makkelijk te zien vanaf het strand), lezen, eten, naar de zonsondergang kijken en de vuurshow bekijken. Daarna drinken we cocktails terwijl de vuurshow langzaam overgaat in een strandfeestje. Tien dagen lang is dit het ultieme vakantiegevoel. Dat we vanwege het hoogseizoen tot drie keer toe moeten verplaatsen naar een ander hostel, dat de keiharde muziek op het strand tot vier uur 's nachts doorgaat en de moskee daarna oproept tot het ochtendgebed nemen we voor lief. Elke dag wakker worden in een paradijs als dit lijkt wel een droom. We voelen ons allebei zo relaxed dat ik soms zou willen dat het leven voor altijd zo blijft. Samen met Joost, elke dag een helderblauwe zee zien, niets moeten. Maar ach, ook dat zal ooit gaan vervelen, denk ik.

'Ah, mama appt dat ze ons mist, maar dat ze dat eigenlijk niet had willen zeggen,' zeg ik tegen Joost. Ik heb mijn moeder net een foto van ons samen gestuurd. Soms vind ik het heel even lastig dat we zijn vertrokken en zo lang weg blijven. Maar dan bedenk ik hoe graag mijn ouders wilden dat we dit gingen doen, en dan is het algauw weer goed.

'Is er iets wat jij mist?' vraagt Joost terwijl we op het strand met een blikje bier en een zak chips naar de zonsondergang kijken. We hebben het hier vaker over. Met elkaar hebben we afgesproken dat we een oplossing verzinnen als we iets echt heel erg gaan missen.

'Echt missen niet, het is meer dat ik na al die maanden wel weer eens zin zou hebben in een avondje op de bank, Nederlandse tv kijken, het hebben van een vrijdagavond – en weekendgevoel. Of, hoe suf dat ook klinkt, even niet uit eten gaan maar zelf koken,' antwoord ik. 'En waar ik ook echt zin in heb, is zelf boodschappen doen!'

Joost begint te lachen. 'O ja, daar heb ik ook zin in! Een grote supermarkt waar je alles kunt kiezen, in plaats van al die minisupermarktjes met een paar zakken chips en wat flesjes drinken!'

'Maar waar ik nóg meer zin in heb, is zelf een simpel havermoutje maken,' zegt hij, alsof hij praat over de lekkerste taart die hij ooit gegeten heeft. Joost eet het liefst iedere ochtend warme havermout, maar dat heeft hij nu al in geen maanden gegeten. Ik weet dus dat we dat moeten gaan regelen.

'Wat nou als we in Kuala Lumpur niet in een hostel of hotel gaan slapen, maar kijken of we een appartement kunnen huren met keuken en bank?'

Na een week op de Perhentians vonden we het eigenlijk wel eens tijd om door te reizen, maar we hadden even niet bedacht dat de speedboten niet elke dag teruggaan naar het vaste land. Gelukkig zijn er ergere dingen dan vastzitten op een tropisch eiland. Dan blijven we toch nog twee dagen extra? Het is een luxeprobleem, en het levende bewijs dat we steeds minder vooruitplannen.

27 AUGUSTUS 2019

'Wow, dit is echt nog veel fijner dan ik dacht!' zeg ik zodra we het appartement in Kuala Lumpur binnenstappen. Vanochtend om halfzes kwamen we na een lange busrit aan in de stad, maar we mochten pas om halftwee dit appartement in. Gelukkig waren er op het busstation grote kluisjes waar we onze backpacks in konden stoppen, en konden we de enorme shoppingmall die vastzat aan het station een beetje verkennen.

'En dat uitzicht!' Ik loop naar het raam, open de gordijnen en zie de skyline van Kuala Lumpur met de bekende Twin Towers vanuit ons raam. Het appartement bevindt zich in een verzamelgebouw met appartementen, hotels en kantoren. Op de bovenste verdieping is een dakterras met zwembad. Het klinkt onbetaalbaar voor ons als backpackers, maar niets is minder waar. Een appartement met airco, keuken, twee slaapkamers, supermooi uitzicht, altijd elektriciteit, een dakterras met bar en zwembad én een gym in het pand is zelfs stukken goedkoper dan het eerste hotel waar we sliepen op de Perhentians. Het is het eerste appartement dat we hebben geboekt via Airbnb, dus het was wel een gok, zeker in zo'n metropool als Kuala Lumpur, maar we hebben geluk.

'Wat gaan we eerst doen? Boodschappen? Zwemmen? Sporten?' Joost ziet het al aan mijn gezicht.

'Kom, we gaan online even op zoek naar een grote supermarkt! Die moet hier in Kuala Lumpur toch wel te vinden zijn!' zeg ik. Binnen twee minuten heeft Joost een supermarkt gevonden in een ondergrondse shoppingmall, op nog geen vijf minuten lopen van het appartement.

Het is een enorme supermarkt, zoals we in geen tijden meer hebben gezien. 'Ik wil het liefst alles meenemen!' zeg ik.

'Blijf even zo staan bij al die groentes, dan maak ik een foto van hoe blij je bent!'

Ik moet lachen om mezelf. Blij zijn omdat ik in een supermarkt ben, het moet niet gekker worden. Met drie volle tassen komen we terug. Vanavond staan er gebakken aardappeltjes met tofu, aubergine, champignons en tomaat op het menu. En we gaan eten op, je raadt het al, de bank. Beentjes omhoog, Nederlandse tv-kanalen vanaf onze laptop naar de televisie gestreamd... Mijn avond is compleet.

Kuala Lumpur voelt veilig en modern, maar heeft anders dan andere Aziatische steden geen groot tram- of metronetwerk. We doen alles per taxi via de app Grab (de Aziatische Uber).

Voor een paar euro verplaats je je op deze manier met de taxi door de stad.

Kuala Lumpur heeft, zoals we al online lazen, vooral veel indrukwekkende shoppingmalls, de een nog luxer dan de ander. We kregen via onze volgers de tip om in Kuala Lumpur naar de bioscoop te gaan: een bioscoopkaartje is er relatief goedkoop en er draaien veel films in het Engels met Engelse ondertiteling. Zelf kiezen we voor de Lion King. Verder zijn er niet enorm veel bezienswaardigheden. Toch vinden we de stad heel fijn, het is een goede plek om even een week een 'thuis' te hebben. Na een week zelf ontbijtjes maken, sporten, boodschappen doen en de stad ontdekken zijn we opgeladen en klaar voor ons volgende land: Sri Lanka.

Vrij last minute besloten we om er toch naartoe te gaan. Doordat er een paar maanden geleden met Pasen bomaanslagen zijn geweest in hotels en kerken, waarbij er 253 doden zijn gevallen en vele honderden gewonden, hebben we lang getwijfeld. We willen ons niet laten leiden door angst, maar we willen wel een verstandige keuze maken. We hebben via Instagram veel mensen gesproken die er zijn geweest en daarna zijn we op ons gevoel afgegaan. We gaan ervoor! Dit land is (voor zover we online kunnen zien) te mooi om over te slaan.

De laatste ochtend voor vertrek uit Kuala Lumpur worden we wakker met een berichtje van Adwin en Elsa. *Hey! Zijn jullie in Kuala Lumpur? Wij komen daar vanmiddag aan, er komt familie op bezoek!* We sturen terug waar we precies zitten en vragen of we elkaar gaan zien vanavond. Blijkbaar zitten we in een van de bekendste torens voor toeristen want, toeval of niet, ze blijken in hetzelfde gebouw te verblijven. Een paar biertjes op het dakterras kunnen niet uitblijven. Wat is nou de kans dat je, nadat je elkaar hebt ontmoet op de Filipijnen, tegelijk in Maleisië bent en ook nog in hetzelfde gebouw slaapt zonder dit af te spreken? Zij beginnen net aan hun reis door Maleisië, dus we voorzien ze van alle tips en onze hoogtepunten. Terwijl we dit vertellen merken we dat we eigenlijk steeds weer terugkomen op de Perhentians. Hoe fijn het daar was.

Maleisië is heel veelzijdig, maar heeft geen enorme indruk op ons achtergelaten.

TIPS VOOR DE REIS VAN JE LEVEN

Meten is weten

Bijhouden per dag

Het laatste wat je wilt tijdens een reis is geld dat je zakken uitvliegt, waardoor je misschien wel eerder naar huis moet dan je zou willen. Daarom hebben wij al vóór vertrek samen besloten om goed zicht op ons uitgavenpatroon te houden, zodat we geen geldstress onderweg hoefden te hebben. Wat ons enorm heeft geholpen was het bijhouden van ons dagbudget, zodat we in de buurt bleven van de honderd euro per dag. Het bijhouden van je uitgaven klinkt supersuf, ik weet het. Maar het helpt echt! Het gaf ons enorm veel rust om te weten waar ons geld naartoe ging. Zelfs zodanig veel dat Joost vaak genoeg heeft gezegd: 'Als we thuis zijn moeten we dit ook doen!' (Maar nee, dat vonden we bij thuiskomst toch geen goed plan, dus dat doen we niet.)
Ook konden we op deze manier betere keuzes maken waar we ons geld aan gingen uitgeven. Natuurlijk wil je het liefst alles doen, maar soms is het verstandiger om een keuze te maken. Als je je uitgaven gaat bijhouden

moet je ook echt álles bijhouden, dus iedere cent die je uitgeeft moet je invoeren. Anders hou je uiteindelijk jezelf voor de gek. Dus ieder ijsje, elk flesje water, ieder vliegticket of hostelbed moet je noteren. Het voelt de eerste dagen even onwennig om het direct op te schrijven als je iets hebt afgerekend, maar het went.
Wat we vaak deden als we vliegtickets hadden geboekt, was om deze kosten over een aantal dagen uit te spreiden. Dus als we voor driehonderd euro aan tickets hadden uitgegeven, noteerden we voor de zes dagen vijftig euro per dag aan tickets. Hierdoor waren we die zes dagen nog kritischer op de uitgaven, omdat de honderd euro dan wel heel snel dichtbij kwam. Hierdoor bespaarden we dus ook, aangezien we niet één dag driehonderd euro ticketkosten plus honderd euro dagelijkse kosten hadden. Nu hadden we dan vaak alleen maar zes dagen van honderd euro. Daardoor voelden we de tickets niet meer in onze portemonnee en gingen ze makkelijker mee in onze uitgaven.
In landen zoals Vietnam, waar het allemaal niet zo duur is, wordt het vanzelf ook een sport om dan juist zo min mogelijk uit te geven. Als we 75 euro hadden uitgegeven konden we ons na het eten nog even lekker laten gaan in de kroeg, of als we terug naar ons hostel gingen, haalden we een biertje onderweg en 'bespaarden' die dag zo twintig euro. Geld dat we in de 'duurdere' landen dan weer goed konden gebruiken!

App

Voor het bijhouden van onze uitgaven gebruikten we de app 'DailyCost'. Elke dag zetten we al onze uitgaven hierin. Het is de eerste week even wennen, maar daarna werd het een gewoonte om dit 's avonds even bij te werken. Dit gaf een heel duidelijk inzicht in onze uitgaven per dag. Gingen we daaroverheen? Dan probeerden we dat te compenseren in de dagen daarna. Zeker weten dat we door het bijhouden van deze uitgaven veel bewuster met ons geld omgingen, en hierdoor dus ook langer weg konden blijven. Echt doen dus!

SURFEN IN SRI LANKA

5 SEPTEMBER 2019/WERELDREISDAG 138

VIORA

Enigszins gespannen stappen we het vliegtuig uit. In Thailand en Maleisië wist ik redelijk wat ik kon verwachten, maar hier in Sri Lanka heb ik geen idee. Eerst maar eens zorgen dat we vanaf het vliegveld heelhuids ons hotel weten te bereiken; het is immers al laat en donker.

Op het vliegveld gaan we, zoals op elke nieuwe bestemming sinds China, eerst op zoek naar een simkaart en een pinautomaat. Meestal staan er in de aankomsthal meerdere kraampjes en medewerkers van telefoonaanbieders die je een toeristensimkaart willen verkopen. De eerste keer was dat wel even spannend: ze doen de simkaart in je telefoon en sms'en (of bellen) vervolgens een aantal berichten door. Dan geven ze je de telefoon terug en heb je ineens een 4G-verbinding. Meestal neemt alleen Joost een simkaart en maken we van zijn telefoon een hotspot als ik internet nodig heb. We hebben gemerkt dat zeker in hostels en restaurants de wifiverbinding meer dan goed is en dat het wifi-wachtwoord vaak boven aan de menukaart staat.

Terwijl we in de rij staan te wachten worden we door tientallen mannen in gebrekkig Engels aangesproken of ze ons een tourtje van enkele dagen over het eiland mogen aanbieden. Ze duwen daarbij meteen alle hoogtepunten van Sri Lanka op een blaadje onder onze neus. Ik heb een hekel aan die opdringerigheid en het werkt meestal averechts: ik wil dan juist helemaal niets. We zijn moe en willen alleen maar een simkaart en een taxi die ons naar het hotel brengt. We hoeven nu geen tourtjes.

'*No thank you, we only need a taxi*,' probeer ik met mijn vriendelijkste glimlach te zeggen. Dat laat de man zich geen twee keer zeggen. Voordat we het weten heeft hij de taxi voor ons geregeld. Nog vijf keer vraagt hij of we écht geen tour willen met een privéchauffeur voor een week. Ik vind het moeilijk om onaardig te doen, want deze meneer doet ook maar gewoon zijn werk, dus blijf ik met een vriendelijke glimlach nee zeggen. Ondertussen denk ik echter alleen maar: schiet op, schiet op, schiet op!

Gelukkig draait Joost zich op dat moment om en is alles geregeld. Hij is zelfs op dit soort momenten scherp op de prijs, dus voor omgerekend een paar euro zitten we even later in de taxi richting ons hotel, dat op een halfuurtje van het vliegveld ligt.

We komen net uit Maleisië en gaan nu tweeënhalf uur terug in de tijd. Het tijdsverschil met thuis is hier nog maar drieënhalf uur. Tot ik een aantal jaren geleden in Nepal was, wist ik niet dat er ook halve of zelfs kwart tijdzones bestaan. Nepal scheelt met Nederland bijvoorbeeld drie uur en drie kwartier.

Na een nacht slapen worden we om halfzes wakker. We hebben besloten om eerst een dagje bij te komen voordat we aan onze rondreis gaan beginnen. We weten inmiddels dat een reisdag veel energie kost en we rustig de tijd moeten nemen om weer op te laden. We hebben een hotel uitgekozen met zwembad en ontbijt, en betalen maar 22,50 euro per nacht. Ik voelde me bijna schuldig toen ik in de grote lobby vol gouden details de factuur voor twee nachten onder mijn neus kreeg, terwijl ze ons ondertussen een vochtig handdoekje en een welkomstdrankje aanreikten.

'We moeten straks echt even bij de lokale vismarkt gaan kijken!' zegt Joost vanaf zijn ligbedje, terwijl ik aan de rand van het zwembad hang. Hij is blijkbaar toch even online op zoek gegaan naar de highlights van Negombo. Deze plaats ligt naast de hoofdstad Colombo, het is er iets rustiger en de perfecte plek om je rondreis door Sri Lanka te beginnen. Als we langs de hoofdweg van Negombo lopen is het, op wat voorbij scheurende tuktuks na, uitgestorven. Veel restaurants, hotels en winkels zijn dicht, alsof het laagseizoen is. De bomaanslagen van een aantal maanden geleden hebben hun weerslag op het aantal toeristen hier. Het is zwaarbewolkt, maar wel drukkend warm en af en toe komen er wat druppels uit de lucht vallen. Als we het strand op lopen is daar ook niemand te vinden, alleen wat vissers en verkopers van armbandjes en hamamdoeken. Het voelt bijna zielig om de verkopers af te wijzen.

Eenmaal weer op de grote weg worden we iedere tien seconden aangesproken door een tuktuk-chauffeur. Tegen de vijfde roept Joost ineens: '*How much*?'

Voordat ik het weet zitten we voor vijftig cent in de tuktuk. De chauffeur blijft maar met zijn breedste glimlach zeggen dat hij ons zo mooi vindt en vraagt waar we vandaan komen. Als ik antwoord dat we Nederlands zijn heeft hij geen idee. '*You know Amsterdam*?' vraag ik ten slotte.

Hosteletiquette:

- Wees stil als je de slaapzaal op komt. Ook al is het nog vroeg in de avond, er kunnen altijd mensen wél liggen te slapen omdat ze een vlucht moeten halen of een jetlag hebben.

- Laat het licht uit. Niets is zo irritant als een fel tl-licht dat ineens aangaat terwijl je net in slaap gevallen was.

- Leuk dat je op een excursie gaat en dat je je daarvoor niet wilt verslapen... maar het volume van je wekker hoeft écht niet op standje 'iedereen wakker'.

- Snurken, smakken of netflixen? Doe wat je niet laten kunt, maar val je kamergenoten er niet mee lastig.

- Ruim je rommel op! De inhoud van je backpack hoeft echt niet uitgehangen te worden over je bed en al je (zweet)schoenen hoeven ook niet in het gangpad te liggen dampen.

- Mocht je toch ineens besluiten om te gaan opruimen en inpakken, doe dat dan al de avond voordat je vertrekt. Het inpakken van je backpack gaat altijd gepaard met veel herrie van ritsen die open- en dichtgaan of het dichtklikken van vakjes, en dan heb ik het nog niet eens over het gekraak van plastic tassen. Helaas krijg je in het buitenland nog te vaak plastic tassen mee in de supermarkt. Vervolgens worden die gebruikt als zak voor vuile was in de backpack. Op zich handig, maar die tasjes maken zoveel herrie... Dat is wat ons betreft de op een na grootste ergernis in hostels. Hou dus rekening met je hostelgenoten en pak niet pas 's ochtends in!

- De allergrootste ergernis is natuurlijk seksende kamergenoten. Hartstikke prima dat je een leuke avond of nacht hebt, maar hou andere mensen daar niet mee wakker. Boek in dat geval gewoon een privékamer!

'*Ahhh, Amsterdam, yes*!' Het blijft iets bijzonders dat iedereen op de wereld Amsterdam lijkt te kennen.

Ik vind de mensen hier tot nu toe allemaal heel vriendelijk, maar ik ben toch blij dat ik samen met Joost ben. Als vrouw alleen had ik alle starende blikken en glimlachjes van de mannen minder fijn gevonden. In het uur dat we buiten zijn, hebben we al meerdere keren te horen gekregen hoe '*beautiful*!' ik ben.

Op de vismarkt, die direct aan het strand ligt, ervaren we even een kleine cultuurshock. Ik vind het fascinerend en vies tegelijk en ik weet niet waar ik moet kijken. Omdat de markt direct aan de zee ligt krijgen we het hele proces vanaf de vangst, drogen, schoonmaken tot aan de verkoop mee. Vissers, verkopers, een handjevol toeristen, locals: het krioelt hier van de mensen. Iedereen schreeuwt door elkaar heen, overal ligt vis. Op de grond, op kramen, in emmers, óveral. Dode vissen, nog half levende vissen, gedroogde vissen, gebakken vissen. De geur is bijna niet te omschrijven, maar die allesoverheersende vislucht beneemt ons bijna de adem. We lopen een stukje door en komen bij een gedeelte waar vis wordt gedroogd. Op een soort netten op het zand liggen er duizenden.

'Waar zouden ze gedroogde vis voor gebruiken?' vraag ik aan Joost. Voordat hij kan antwoorden komt er een man op ons afgelopen. Hij is duidelijk trots op zijn werk en vertelt ons met handen en voeten wat ze hier allemaal doen. Gedroogde vis is een smaakmaker in de Sri Lankaanse keuken, begrijpen we uit zijn gebaren en gebrekkige Engels. Vogels zijn er blijkbaar ook dol op, want die vliegen er in grote zwermen omheen. Mijn maag draait bijna om van de sterke geur. Joost is helemaal geen viseter en heeft na het zien van deze markt net als ik geen honger meer.

'Wow, ik vond dit echt heel heftig, maar ook heel bijzonder om te zien. Alleen kan het toch niet goed zijn om verse vis te eten die hier al uren in de volle zon ligt?'

Naast de tuktuks is het openbaar vervoer ook een ervaring die je niet mag missen. We nemen de bus naar onze volgende bestemming. Alle ramen staan open, de bekleding is kleurrijk met gouden borduursels, en op de tv schetteren non-stop videoclips met vrolijke muziek. We hebben geluk dat we een zitplekje hebben. Binnen twintig minuten is de bus zo vol dat mensen strak tegen elkaar aan moeten staan. Ik voel me schuldig dat onze backpacks zoveel ruimte innemen, maar deze bus kent geen bagageruim onderin. Ook lijkt het de locals weinig uit te maken: ze denken meteen in oplossingen en gaan gewoon op onze backpacks zitten. Een hele ervaring is het zeker, vooral door de snelheid waarmee de chauffeur door het landschap crost, onverschrokken andere auto's inhaalt en dan weer vol in de ankers gaat als iemand langs de weg zijn arm opsteekt om in te stappen.

De juiste bus vinden voor onze overstap is nog even lastig. Nergens staan bordjes op het enorme station, dat krioelt van de mensen, en we weten alleen het busnummer. Gelukkig is iedereen enorm behulpzaam en worden we naar de bus die we moeten hebben gewezen.

Het voelt dubbel: mannen blijven continu naar mij kijken en dat maakt me nogal achterdochtig. Maar als ik ze wat vraag zijn ze enorm attent, terwijl ik dan half verwacht dat ze me erin willen luizen. Blijkbaar trekt mijn blonde haar gewoon veel bekijks, en zitten achter die starende blikken geen kwade bedoelingen.

Wat ons het meest verbaast is de prijs van de vier uur durende rit: drie euro. En dan te bedenken dat je daarvoor in Nederland meestal maar een kleine twintig minuten met de bus kunt. Het is natuurlijk niet te vergelijken, maar toch.

De busrit was geweldig, maar ik ben blij dat we veilig zijn aangekomen in Dambulla. We hebben een homestay geboekt op enkele minuten lopen van de bushalte. De vriendelijke eigenaar, Manu, wil ons meteen meenemen in zijn tuktuk voor een rondje door Dambulla. Weer ben ik bang om opgelicht te worden, maar ik negeer dat gevoel en ga uit van de goedheid van deze man.

Manu laat ons de hele omgeving zien en stuurt ons af en toe een berg op of een tempel in, terwijl hij voor de ingang blijft wachten en de donkerrode tuktuk met gele strepen oppoetst met een doekje. Hij heeft niets te veel gezegd: het is hier zo mooi. Groen, weids, overal apen, mooie tempels en gave uitzichten. '*Be aware of the monkeys*!' had Manu ons al gewaarschuwd. De apen zijn, zoals we al veel vaker hebben gezien, hondsbrutaal en trekken het eten zo uit je hand. Het blijkt goed te zijn dat ik soms over mijn 'oplichtingsangst' heen stap, want deze man heeft ons een geweldige middag bezorgd! Hij wordt helemaal verlegen als we hem een fooi geven om hem te bedanken.

Op de terugweg naar zijn homestay stelt hij voor om ons af te zetten bij een restaurant. 'Het is vlakbij, maar ik breng jullie wel even. En bestel dan *kottu*, dat is een traditioneel gerecht uit Sri Lanka, en het is echt mijn favoriet!'

Het restaurant ziet er van buiten uit als een bakkerij, met

enorme vitrines met taartjes, koekjes en broden. Daarnaast is een groot gedeelte ingericht met plastic witte stoeltjes en tl-verlichting. Niet iets waar we zelf naar binnen zouden stappen om te eten. We zijn de enige toeristen en ik voel me een beetje opgelaten, alsof iedereen zich afvraagt wat we komen doen. De menukaart, een plakkerig gelamineerd velletje papier, kunnen we toch niet lezen, dus we besluiten te bestellen wat Manu voorstelde: twee enorme borden kottu. Het blijken rotireepjes te zijn met allerlei groentes, vaak ook met vlees. *'No meat, please,'* zeggen we op goed geluk erbij. We hebben afgesproken om deze maand in Sri Lanka helemaal geen vlees te eten en ook geen alcohol te drinken. Het leek ons een goede challenge en ik ben door alles wat we onderweg gezien hebben eigenlijk ook wel echt klaar met vlees eten. Wat drank betreft: iedere dag sluipt een biertje of cocktail er toch snel in. We willen ons allebei weer iets fitter voelen. Dankzij de gym die we hadden in het appartementencomplex in Kuala Lumpur merkten we hoezeer we dat hadden gemist, en dat we ons door wat krachttraining meteen beter voelden.

'Dit was niet normaal lekker!' zegt Joost als hij de laatste hap neemt van zijn kottu, die inderdaad netjes zonder vlees werd geserveerd. Ik geef hem gelijk. In tijden hebben we niet zo lekker gegeten als hier.

'Ik weet wat we de komende tijd vaak gaan eten!' antwoord ik enthousiast. Als Joost gaat afrekenen vraagt hij wel drie keer of het klopt. We moeten in totaal omgerekend 1,95 euro afrekenen. We vonden Sri Lanka al goedkoop, maar dit slaat alles. 'Jullie krijgen het dubbele, ik vond het zo lekker!' zegt Joost tegen het meisje achter de kassa.

Wat gaat er sowieso mis op reis?

- Er zal een hotel of hostel op je pad komen dat bij aankomst totaal niet goed voelt. Luister in dat geval naar jezelf en ga dan ook gewoon lekker op zoek naar iets anders.

- Je gaat minstens één keer ziek worden... Ongetwijfeld op een heel onhandig moment.

- Ook al plan je je route nog zo goed, er gaat een moment komen dat je geboekte boot of bus toch niet op die dag blijkt te vertrekken. Accepteer dit, pas je planning aan en weet dat er ergere dingen zijn in het leven.

- Hoe fantastisch je reis ook is, er komt een dag dat je enorm verlangt naar je eigen bed, je eigen huis en je eigen omgeving. Wij hadden zo'n moment soms ook als we even op een plek waren waar we ons niet thuis voelden. Gelukkig verdween het ook altijd weer snel als we bijvoorbeeld even belden met het thuisfront!

- Je zult wat spullen kwijtraken of verliezen. Neem dus niet je duurste kleding en sieraden mee, let extra goed op je camera/laptop/SD-kaarten en stel je foto's veilig in een cloud.

We hebben nog nooit in ons leven wilde olifanten gezien, maar Sri Lanka schijnt daarvoor dé plek te zijn. Via Manu hebben we een tour geregeld. We worden al vroeg opgepikt door een vriendelijke gids in een jeep die ons naar het dichtstbijzijnde national park (dat Kaudulla heet) brengt.

De jeep heeft een open dak. Zodra we op de open vlakte van het national park rijden, speuren we samen met de gids om ons heen. Na een halfuurtje zien we een enorme kudde olifanten. De chauffeur van de jeep is misschien nog wel enthousiaster dan wij. 'Jullie moeten gaan staan, dan kun je ze nog veel beter zien. Het mag eigenlijk officieel niet, maar doe het alsjeblieft, het is zo bijzonder!' roept hij terwijl de jeep op ongeveer vijftig meter van de olifanten stopt. Ik ben er stil van. Wat een beesten, wat een natuur. Ik krijg er een brok van in mijn keel. Vooral als ik twee babyolifantjes ontdek. Dit is weer even zo'n besefmoment. Ik leef nog. We zijn op wereldreis. We zien hier olifanten in het wild. Wat kan de wereld toch mooi zijn.

'De mooiste treinrit van je leven maak je in Sri Lanka', lazen we overal. Dat willen we natuurlijk niet aan ons voorbij laten gaan, dus boeken we de trein van Kandy naar Ella. Dit land blijft me verbazen; ik ben zo blij dat we besloten hebben om toch hiernaartoe te gaan. We merken overal dat ze strenger controleren bij bussen en treinen, en dat er meer politie op straat is na de bomaanslagen van een paar maanden geleden. Juist daardoor voelen we ons redelijk veilig.

Het is een treinrit van zes uur, die dwars door de binnenlanden van Sri Lanka gaat. We rijden door theeplantages, langs watervallen, zien prachtige vergezichten en gaan soms zelfs dwars door de wolken. Zes uur klinkt misschien lang, maar elke seconde is er iets bijzonders te zien. We zitten in een eersteklastrein, want op zondag is dat de enige mogelijkheid, speciaal voor toeristen. We hebben met geluk gisteren nog kaartjes weten te bemachtigen. Dat kan alleen op het treinstation zelf, maar doordat dit zo'n gewilde treinrit is zijn de kaartjes snel uitverkocht. Iedereen zit tegen de ramen geplakt om alles te bewonderen en tussen de coupés staat de deur naar buiten gewoon open. Hoewel dit eerst een beetje eng lijkt, ontdekken we al snel dat we hierdoor alles nog beter kunnen zien en ervaren. Het is bijna vechten om een plekje bij de deur te bemachtigen en de zes uur vliegen voorbij.

13 SEPTEMBER 2019

'We gaan eerst even op het zand oefenen! Ik doe het voor en daarna mogen jullie!'

We hebben allebei een surfplank in onze handen en zijn klaar voor onze eerste surfles. We zijn inmiddels van het binnenland afgereisd naar de kust. De zenuwen gieren door mijn lichaam als ik de golven zie waar we zo op moeten gaan oefenen. Het is halfzeven 's ochtends en volgens onze leraar Podi hebben we nu nog te maken met 'baby waves'. Dat belooft wat.

Na een paar keer oefenen met peddelen en staan op het droge mogen we met plank en al het water in. Het is na zo'n drie meter al te diep om nog te kunnen staan, dus we zwemmen tegen de golven in met onze plank de zee in. Ik ben niet zo'n held in de zee en het is met de surfplank een heel gevecht om bij Podi te komen, die een aantal meters verder kalm in het water dobbert.

Lange reistijden
Auto's mogen in Sri Lanka niet harder dan zeventig kilometer per uur en snelwegen kennen ze hier vrijwel niet. Bereid je daarom voor op lange reistijden. Die snelheidsbeperking geldt overigens niet voor bussen, want die mogen zonder problemen met tweehonderd kilometer per uur voorbijscheuren. De bussen hebben ook altijd voorrang. Het recht van de grootste telt: op je scooter of tuktuk moet je dus plaatsmaken voor ieder voertuig dat groter is dan het jouwe!

Eten
Naast kottu zijn ook *hoppers* een populaire delicatesse. Deze dun gebakken, komvormige pannenkoek met een tropische smaak kun je de hele dag door op iedere hoek van de straat kopen. Het allerlekkerst is de variant die op de bodem een gebakken eitje heeft.

Tuktuk huren
Je kunt zonder problemen een eigen tuktuk huren en daar voor meerdere dagen mee op roadtrip. Achter het stuur van je eigen 'driewieler' voel je je in een mum van tijd een Sri Lankaan. Doordat het zoveel en zo vaak regende hebben wij dit zelf niet gedaan. Mochten we de kans echter nog een keer aangeboden krijgen, dan willen we dit avontuur absoluut aangaan!

Lekkerste maaltijd van de hele wereldreis
De kottu voor 0,50 euro in Dambulla.

'Je gaat op je buik op de plank liggen, ik geef een duwtje en zodra ik "ja" roep ga je staan, oké?' Podi is een echte surfboy: lang haar, klein van stuk, maar wel enorm gespierd. Hij wil alles weten over Nederland, wat voor weer het daar is, wat voor dieren we hebben, of we ook kunnen surfen in ons land en of we ook tuktuks hebben. Ik heb even geen ruimte in mijn hoofd voor andere zaken dan de surfplank en de golven.

'Drie, twee, één... Daar gaan we!' roept hij.

Ik word met plank en al gelanceerd, val half van mijn surfboard af en ga wel tien keer over de kop door de enorme golven die over me heen spoelen. De plank knalt meerdere keren hard tegen me aan, maar gelukkig voel ik al snel weer zand onder mijn voeten. Als ik weer boven kom gaat mijn hart als een razende tekeer. Mijn hemel, is dit leuk? Podi moet lachen, terwijl ik eigenlijk twijfel of ik nog wel verder durf. Ik vind mezelf een watje als ik nu stop, maar moet eerlijk zeggen dat ik ook een beetje bang ben geworden.

'Kom nou weer het water in!' roept Joost, die als een waar natuurtalent op zijn plank staat, terwijl ik op het strand sta te twijfelen.

Met trillende benen zwem ik met plank en al weer richting Podi. Hij stelt me gerust en zegt dat ik het ook eerst even alleen op mijn knieën mag proberen. Dat gaat gelukkig stukken beter. Na nog zeker twintig mislukte pogingen om te gaan staan ben ik wel over mijn angst heen, en is onze les afgelopen. We zijn allebei kapot en zitten onder de blauwe plekken, maar we weten wel zeker: dit gaan we de komende weken vaker doen!

'Het is toch bizar hoe divers dit land is?' zeg ik tegen Joost als we even later bij ons hostel aan het ontbijt zitten. 'Je hebt hier de bergen, een safari, het strand én diverse cultuur!' Het dorpje waar we nu zitten is de surf-hotspot van Sri Lanka: Arugam Bay. Je vindt hier allerlei hippe restaurants, surfwinkeltjes, koffietentjes en yogascholen, maar de koeien lopen er ook gewoon door de straat. Wat een heerlijk contrast. Arugam Bay is aanzienlijk duurder dan de plekken in Sri Lanka waar we hiervoor zijn geweest, al is dat nog steeds goedkoop in vergelijking met wat wij gewend zijn.

'Hier zou ik wel een tijdje kunnen blijven, hoor! Een beetje surfen en yogalesjes volgen, genieten op het strand, lekker eten...' zeg ik enthousiast tegen Joost.

'Ik heb net de eigenaar gesproken en hij heeft ook nog een hostel en een surfschool in het zuiden, in Mirissa. Daar wil ik ook heen, maar het is daar nu wel het regenseizoen. Ik weet niet of het slim is, maar dat zien we dan wel.'

'Het regenseizoen?'

Joost heeft gelijk. Ik googel het weer in Sri Lanka en lees het volgende:

> *Er zijn twee regenseizoenen: de Yala en de Maha. De Yala merk je vooral in het zuidwesten, van mei tot september. De regen valt vooral in mei en juni en wordt langzaam wat minder. Daarna komt de Maha, met veel regen in het noordoosten, van oktober tot januari.*

Weer wat geleerd!

De regen komt met bakken uit de hemel. We zijn onderweg naar het zuiden en zitten in een mooi hostel, maar we vervelen ons wel een beetje. Gelukkig kunnen we het goed vinden met de eigenaresse van dit hostel: een Oostenrijkse vrouw van onze leeftijd die hier vanwege de liefde naartoe is verhuisd. Ze heeft twee superschattige hondjes waar we uren mee knuffelen. Tussen de buien door lopen we een beetje over het strand en hoppen we van restaurantje naar restaurantje. Hiriketiya, waar we nu zitten, is net als Arugam Bay een hotspot als het gaat om surfen. Dit dorpje kent bijna geen verharde wegen en ligt heel mooi verscholen tussen al het groen en honderden palmbomen. Het is de ideale tussenstop richting Mirissa.

Vanwege het slechte weer is het voor ons als beginners niet verstandig om nu het water in te gaan. De stroming is sterk en de golven zijn hoog. Dat geeft niet: het is een spektakel op zich om naar de ervaren surfers te kijken, die de metershoge golven met gemak trotseren. Gaat mij dit ooit lukken? Ik vrees van niet.

Na een week in het zuiden met het regenseizoen in volle gang is het nog maar enkele uren droog geweest. We zijn net drie dagen bij het hostel en de surfschool van Priyal, de eigenaar van de twee hostels, geweest. Omdat we het surfen allebei heel leuk vinden en er graag beter in willen worden, gaan we na de lesjes bij Priyal nu meteen door naar een echt surfkamp: een week die volledig in het teken staat van surflessen in zowel theorie als praktijk. Dan maar in de regen, we hebben weinig keus.

Joost heeft via Instagram contact gezocht met dit kamp en heeft geregeld dat we in ruil voor mooie content op ons account hier mogen verblijven en kunnen meedoen met de lessen.

'Een surfkamp had ik me toch iets tropischer voorgesteld!' zeg ik tegen Joost zodra we aankomen in de stromende regen.

Misschien hebben we het regenseizoen toch een beetje onderschat…

Met elf anderen van over de hele wereld beleven we een bijzondere week. Het is geen dag droog, elke dag surfen we twee of drie keer in de keiharde regen, doen we yogalessen op het dakterras van het hostel (gelukkig wel met afdak) en feesten we met gekke lokaal gebrouwen alcohol (die alcohol-challenge hebben we deze week even losgelaten). De golven zijn gelukkig wel een stuk fijner dan in Arugam Bay. Dit vind ik pas echte baby waves, perfect voor ons om het te leren.

Aan het eind van de week zijn we gesloopt en hebben we overal blauwe plekken en spierpijn.

'Ik heb even een paar dagen nodig om bij te komen. Ik vind het hartstikke leuk, maar ik kan geen surfplank of yogamatje meer zien!' zeg ik tegen Joost.

'Ik vond tien dagen achter elkaar misschien ook iets te veel van het goede, maar ik heb wel echt het idee dat we iets beter zijn geworden in surfen!'

Daar heeft hij helemaal gelijk in. Al zijn de keren dat ik daadwerkelijk op mijn plank heb gestaan nog steeds op een hand te tellen. Het is echt heel moeilijk! Gelukkig hebben we nog een paar dagen om bij te komen voor onze vlucht naar de Malediven vertrekt.

TIPS VOOR DE REIS VAN JE LEVEN

Hostel life

Als backpacker ga je in veel hostels komen. Je zult je dan ook blijven verbazen over de verschillen in sfeer, kwaliteit en prijs. Joost had voor we vertrokken nog nooit op een slaapzaal geslapen en had geen idee wat hij kon verwachten voordat we ons eerste hostel boekten. Uiteindelijk hebben we in meer dan 25 hostels geslapen en was Joost vaak juist degene die het liefst in een hostel wilde verblijven: dit vanwege de gezellige sfeer, het contact met andere reizigers en omdat in hostels vaak iedere vraag al een keer gesteld is. Ze kunnen dus alles voor je regelen. Denk aan het doen van je was, scooterverhuur of het boeken van een fantastische excursie... Vaak krijg je dan zelfs ook nog korting!

Hostels voor beginners

- In veel hostels zijn er naast de gemengde slaapzalen ook slaapzalen speciaal voor vrouwen. Zeker in het begin zou ik als vrouw kiezen voor de *girls-only-dorms*. Zo kun je even wennen aan de dynamiek en sfeer van een hostel, zonder je druk te hoeven maken over degene die in het stapelbed boven je ligt te snurken.

- Als je net hebt ingecheckt in een hostel en je spullen naar je slaapzaal hebt gebracht, is de kans al fifty-fifty dat je hier bent aangesproken door een andere reiziger met de vraag: '*Hey, where you from*?' Mocht dit nou niet het geval zijn, ga dan wat drinken in de bar, de gemeenschappelijke ruimte of begeef je naar het zwembad van het hostel. Zoek een plekje waar iedereen je ziet, maak een praatje met de barman, neem een open houding aan. Lach naar alles wat er om je heen gebeurt en zeg mensen gedag die ook aan de bar wat komen bestellen. Voordat je het doorhebt zit je zo met meerdere mensen te praten en heb je ineens plannen gemaakt om samen te gaan eten, vanavond mee uit te gaan of morgen samen een excursie te doen.
- De stand van de airco wordt in slaapzalen meestal automatisch geregeld. Dit betekent vaak dat de temperatuur op standje Noordpool staat. Als je na een lange dag in de zon weer de zaal binnenkomt voelt dit weliswaar als een verademing, maar na twee uur slaap ben je meestal ijskoud en word je rillend wakker. Zorg daarom dat je 's nachts een vest of trui binnen handbereik hebt.
- Ieder hostel organiseert excursies, thema-avonden en feestjes. Dit is de plek waar je heel gemakkelijk nieuwe mensen kunt leren kennen en je ervaringen met elkaar kunt delen zonder moeite te doen om

contact te leggen, want op dit soort avonden gaat alles vanzelf!

- Na een tijdje ben je misschien even 'mensenmoe' en heb je geen zin in anderen. Dat is helemaal niet erg en ook normaal als je een tijdje op reis bent. Alleen is het wel vervelend als je juist dan in een hostel zit waar je niet om anderen heen kunt. Zet dan lekker je wekker, stap op de scooter, ga het strand op voor een wandeling, drink een kopje koffie of haal ergens een ontbijt. Geniet van de stilte en de rust. Huur een bedje op het strand, kijk om je heen en bedenk waar je bent, wat je allemaal al hebt gezien en gedaan en besef dat deze reis eigenlijk nog veel verrijkender is dan je op voorhand had verwacht. Vaak ben je na een dag met jezelf weer energiek en fris om weer met je nieuwe vrienden op pad te gaan. Ben je dat niet, dan plan je toch nog zo'n lekker dagje alleen? Niemand bepaalt wat je moet doen, je maakt je eigen keuzes!

MALEDIVEN ON A BUDGET

3 OKTOBER 2019/WERELDREISDAG 166

JOOST

Tijdens de laatste week in Sri Lanka blijven we maar twijfelen. Moeten we het wel doen, tickets boeken naar de Malediven? Volgens alle boekjes en foto's is het een paradijs op aarde. Aan de andere kant sloegen alle solobackpackers die we tegenkwamen in Sri Lanka de Malediven over: volgens hen was het veel te duur. De meeste stelletjes die we spraken gingen juist wél.

Het is maar een uur vliegen vanaf Sri Lanka en we weten niet of we ooit nog zo dichtbij gaan komen. Wanneer krijg je anders nou de kans om 'even' voor een paar dagen naar de Malediven te gaan? Het strookt niet helemaal met ons plan om steeds verder naar het zuidoosten te reizen, richting Indonesië en Australië. Als we gaan, gaat dit straks dus ten koste van onze tijd in een ander land.

Gelukkig hakt Viora ook deze keer de knoop door, en overtuigt ze me binnen twee minuten om op de knop 'boek tickets' te klikken.

'Ik ga liever een week minder naar Australië dan dat we spijt krijgen dat we niet naar de Malediven zijn gegaan.'

Onze meest gebruikte apps:

Google Maps en Maps.me
Kaarten offline zetten is superhandig, zodat je altijd de weg terug kunt vinden. Ook als er geen bereik is.

Valuta omrekenen
Deze heb je minimaal tien keer per dag nodig, tenzij je een ster bent in hoofdrekenen!

Grab
De Uber van Azië.

Daily Cost
Om alle dagelijkse uitgaven in bij te houden.

Instagram
Niet alleen om zelf te delen, maar vooral om te zoeken op locaties, restaurants en hotels om tips en inspiratie op te doen voor de leukste plekjes in de directe omgeving.
En natuurlijk de fotocamera op onze telefoon, maar dat is logisch! ;)

Ze heeft gelijk, we gaan het gewoon doen! Ik zeg maar even niet dat ik ook twijfelde omdat het in mijn ogen dé huwelijksreisbestemming is. Eigenlijk wil je genoeg budget voor zo'n huisje op palen in het water, met een glijbaan vanuit je slaapkamer waarmee je zo de helderblauwe zee in glijdt. Dit staat in een schril contrast met onze manier van reizen nu: twee backpackers die iedere uitgave bijhouden in een app, een nachtvlucht nemen om geld te besparen en een luxeresort met huisjes op palen eigenlijk echt niet kunnen betalen.

De Malediven zijn een groep van 1190 eilanden, verspreid over een gebied van 90.000 vierkante kilometer. Van alle eilanden zijn er maar tweehonderd bewoond en er zijn er honderd die slechts als luxe vakantieresort fungeren. Het grootste deel van de bevolking woont in de hoofdstad Malé.

Daar komen we nu dan ook aan op het vliegveld, dat op het naastgelegen eiland is gebouwd en met een brug aan Malé is verbonden. Ergens had ik de hoop dat er bij aankomst op de luchthaven vrouwen met bloemenkransen ons stonden op te wachten, of mannen met trommels en een overvloed aan vers fruit. Helaas: niets van dit alles. Het is een vliegveld zoals ieder ander met toeterende taxichauffeurs, een grote fastfoodketen en schreeuwende reclamezuilen.

Malé is maar twee vierkante kilometer groot en er wonen ruim 130.000 mensen. Het is volledig volgebouwd. Overal staan hoge gebouwen met winkels, appartementen en restaurants, scooters rijden door smalle straatjes, mensen schreeuwen naar elkaar en zitten op straat spelletjes te spelen. Het voelt allesbehalve tropisch en paradijselijk aan. Het helpt ook niet dat het inmiddels halftwaalf 's avonds en donker is. De taxi zet ons af voor een toren waarin ons hostel zich op de zesde verdieping bevindt, en ik ben blij dat we morgenvroeg meteen de ferry hebben naar het eiland Maafushi. In totaal is slechts 0,3 procent van de Malediven bewoond; de rest bestaat voornamelijk uit water. We waren al gewaarschuwd dat reisdagen op de Malediven lang kunnen duren, aangezien alles per boot of watervliegtuig gaat. We zijn er dus nog niet. Ondanks het feit dat we net maar een uur hebben gevlogen, ben ik gebroken. Ik kan er niets aan doen, maar omdat ik zo moe ben valt de eerste indruk van het land tegen.

Na een diepe nacht slaap voel ik me als herboren. Ik heb 's ochtends een korte meditatie in bed gedaan en voel dat ik daardoor een stuk frisser aan de dag begin. De afgelopen maand hebben we zoveel yoga en meditaties gedaan dat ik het verschil in mijn lichaam begin te merken. Het maakt me mentaal sterker en ik heb meer energie. Wie mij een halfjaar geleden had gezegd dat ik de dag zou beginnen met een meditatie, had ik meteen voor gek verklaard. Al helemaal als ze er dan bij hadden gezegd dat ik ook nog vegetarisch zou gaan eten.

'Nu moet je alleen nog zo'n drollenvangerbroek kopen en je transformatie tot echte hippie is compleet,' zegt Viora plagerig als ik vertel hoeveel beter ik me nu voel.

We willen proberen de vega-challenge vol te houden en ook nog steeds onze alcoholconsumptie te beperken. Dat laatste zal niet zo moeilijk zijn, want de Malediven zijn islamitisch. Alcohol is dan ook ten strengste verboden, ook op Maafushi. De islamitische inslag komt hier ook op andere vlakken terug: zo heb ik in het vliegtuig gelezen dat je op straat beter niet al te zomers gekleed kan zijn. Ook zijn er op het eiland twee soorten stranden: één strand waarbij je bedekt moet zijn als je daar wilt zwemmen, en het andere strand, Bikini Beach. Zoals de naam al doet vermoeden mag je hier wel gewoon in bikini de zee in en onbedekt zonnen. Midden op het eiland staat een grote moskee, die als centrale plek van het eiland fungeert, en op vrijdag zijn veel winkels gesloten en varen de ferry's niet.

Op de 'resorteilanden' gelden heel andere regels. Alcohol is daar wel verkrijgbaar, je mag overal in bikini lopen en je wordt met speedboten overal naartoe gebracht. Bijzonder toch, dat er in dit land twee totaal verschillende werelden lijken te zijn? Ze hebben echter wel één ding gemeen: het zijn buitenaards mooie eilanden. De stranden zijn zo wit dat ze pijn doen aan je ogen, de azuurblauwe zee is kraakhelder en gekleurde vissen springen zo nu en dan uit het water op. Op de ferry richting Maafushi wordt het water steeds blauwer en zien we steeds meer kleine onbewoonde eilanden. Ze bestaan dus echt: eilanden met maar één palmboom in het midden en verder alleen maar zand. In de verte stijgt een watervliegtuig op en we varen langs prachtige resorts, die je alleen maar van de plaatjes op Instagram kent. We zijn al ruim anderhalf uur onderweg, maar ik heb me nog geen moment verveeld.

Dan zet de kapitein ineens de motor van de ferry uit. Ze noemen het dan wel een ferry, maar het is een relatief kleine houten boot waar aan de zijkant bankjes zijn gemaakt waarop iedereen kan zitten, zodat er in het midden ruimte genoeg is om alle tassen en koffers neer te leggen. De overgebleven ruimte wordt opgevuld met dozen vol eten, drinken, gereedschap, twee fietsen, een scooter en een aantal planten. De stapel met tassen en pakketten van de postbode, die ook meegaat, is zo hoog dat we er nauwelijks overheen kunnen kijken. Iedereen schrikt van het horten en stoten waarmee het geluid van de motor afneemt. Wat is er aan de hand? We liggen hier in de *middle of nowhere* op zee, met waarschijnlijk geen bereik. Er zijn alleen wat kleine eilanden om ons heen, gecombineerd met de felle zon boven ons.

De kapitein legt een vinger op zijn lippen en meteen is iedereen stil. Hij loopt voorzichtig om alle spullen heen naar de punt van de boot. Iedereen volgt de bewegingen van de kapitein aandachtig en ineens springen er vier dolfijnen op naast de boot. Viora schrikt, maar kijkt me dan stralend aan. De dolfijnen blijven om de boot cirkelen; zelfs als de motor weer aan gaat zwemmen ze nog minutenlang met ons mee. Het warme welkom dat we gisteren niet kregen is vandaag meer dan goed gemaakt!

In het kleine haventje van Maafushi staan tientallen wuivende palmbomen die over het strand hangen. Terwijl ik uitstap werp ik nog een blik op de zee. Ik kan meters diep kijken en het wemelt van de Nemo-visjes. Het paradijs bestaat écht.

Maafushi is het eiland waarop je de Malediven op een iets budgetvriendelijker manier kunt ontdekken. Er zijn hier genoeg hotels of appartementen die niet minstens vijfhonderd euro per nacht kosten. Er is ook genoeg keus uit een aantal restaurants en er zijn een paar winkeltjes. Het eiland is maar 250 meter breed en nog geen twee kilometer lang, maar heeft wel een enorme gevangenis. Er zijn geen geasfalteerde wegen en auto's zijn ook niet toegestaan. Alles gaat hier lopend of met scooters via zandpaadjes. Dat het eiland vooral een toeristenbestemming is en vaak als uitvalsbasis wordt gebruikt om de Malediven te ontdekken maakt de locals niet uit; die blijven lekker in hun eigen tempo vissen, luieren, eten en backgammon spelen op het strand onder een palmboom.

We hebben voor drie nachten een kamer en besluiten daarna of we langer willen blijven. De kamer bevindt zich pal naast een van de beste en bekendste touroperators van de Malediven. Hun Instagramposts haalden ons over om via hen onze tours te regelen. En toen we zagen dat ze ook relatief goedkope appartementen verhuren, besloten we die natuurlijk ook maar meteen te boeken! Het is misschien geen huisje op palen in de zee, maar wel een prima kamer met een badkamer en airco.

Na de eerste dag luieren op Bikini Beach, waar we kokosnoten leegdrinken en over het strand struinen (dat bijna helemaal rondom het eiland loopt) is het de volgende dag tijd voor een beetje actie. We gaan langs drie verschillende snorkelstops, zullen lunchen op een onbewoond eiland en misschien kunnen we zelfs zwemmen met mantaroggen.

Met twaalf andere toeristen scheuren we in een moderne speedboot over het water. Het is een groot contrast met de snorkelexcursies die we op de Filipijnen en in Thailand hebben gedaan. Daar was je iedere keer weer blij als de boot kon starten en had je geluk als je snorkel niet lek was. Hier is alles anders: gloednieuwe snorkels, vinnen voor aan onze voeten, een uitgebreide instructie vooraf en zelfs de keuze wat je wilt eten met de lunch. Er is vier man aan begeleiding mee die goed Engels spreken en meesnorkelen met onderwatercamera's. De boot scheurt van links naar rechts over het felblauwe water. We moeten allemaal onze snorkels en vinnen alvast aandoen en op de rand van de boot gaan zitten. Een van de jongens staat voorop en roept dat we op zijn teken zo ver mogelijk het water in moeten springen. Hij is duidelijk op zoek naar iets in het water. De boot vaart nog iets verder door, tot we ineens '*Go!*' horen. Ik spring in zee en zie vlak voor me een mantarog wegzwemmen. Ik doe m'n best om erachteraan te gaan, maar ik zie alleen nog maar iets donkers wegzwemmen. Misschien maar beter ook, want ik zou niet weten wat ik zou doen als de enorme rog ineens zou omdraaien en mijn kant op zou komen met zijn spanwijdte van zeker drie meter.

Bij de volgende stop hoeven we geen James Bond-achtige acties uit te halen, maar kunnen we rustig het water in en in ons eigen tempo genieten van de enorme hoeveelheid gekleurd koraal, de honderden vissen en de rust die onder water heerst. Er zijn ook geen andere boten met excursies en we liggen vrijwel helemaal alleen in het water. Het is bijna onwerkelijk, het lijkt wel of het zo aangelegd is... Alsof we zijn afgezet boven een aquarium! Een van de meezwemmende jongens van de boot tikt op mijn been en gebaart dat we hem moeten volgen. Hij leidt ons naar een ondieper stuk, waar ineens twee schildpadden opduiken. Een paar meter voor ons zwemmen de twee schildpadden rustig van de bodem van de zee naar de oppervlakte om adem te halen. Ze lijken zich niets van ons aan te trekken. We hebben tijdens onze reis wel eerder schildpadden gezien, maar toen lagen we met minstens vijftig mensen te snorkelen boven een schildpad, die zich daardoor zichtbaar opgejaagd voelde. Dat voelde niet echt diervriendelijk. Dit is anders; we blijven allemaal op gepaste afstand. Alsof we even te gast zijn in hun wereld of op bezoek zijn in hun huis.

Veel tijd om bij te komen van de opwinding van de schildpadden krijgen we niet, want zodra we terug zijn op de boot horen we dat er dolfijnen zijn gespot. We zitten op de punt van de boot en zien in de verte beweging boven het water. Zodra we wat dichterbij komen, zien we een groep van vijf dolfijnen. Ze maken heel veel lawaai, en als we nog iets dichterbij komen, zien we waar de dolfijnen zo druk omheen zwemmen: er drijft een dode babydolfijn aan de oppervlakte.

'We blijven een beetje op afstand, ze zijn afscheid aan het nemen,' legt een van de jongens uit. 'Het gebeurt helaas vaker dat een kleintje het niet redt.'

We zijn er met z'n allen even stil van en varen dan snel weer weg om de dolfijnen niet te storen in hun afscheidsritueel.

'Mag ik je bedanken?' vraag ik aan Viora.

'Waarvoor?' antwoordt ze verbaasd.

'Dankzij jouw vastberadenheid zitten we op de Malediven. Ik had dit voor geen goud willen missen!'

Viora moet lachen. 'Zie je nou, soms gebeuren dingen omdat het zo had moeten zijn. Zelfs als we helemaal niet meer naar Australië gaan maakt het mij niets meer uit. Ik voel me zo gelukkig!' zegt ze terwijl ze opstaat, mij een kus geeft en naast me komt zitten.

We willen deze bijzondere dag feestelijk afsluiten met een (alcoholvrije) cocktail terwijl we naar de zonsondergang kijken; ik had daar wel een goed idee voor. Op een kilometer van het eiland liggen namelijk een aantal boten waarop wel alcohol geschonken wordt en waar volgens de jongens van de snorkeltour alles mag wat op het eiland niet zou kunnen. Ze gaven me een telefoonnummer waarmee ik kon regelen dat een rubberbootje ons zou komen ophalen in de haven. Ik vond het wel spannend en avontuurlijk klinken, maar Viora was minder enthousiast. Ze was bang dat we op een drugsboot zouden

Vijf fouten die wij hebben gemaakt, zodat jij dit niet meer hoeft te doen!

1. De externe lader niet in je handbagage doen als je gaat vliegen. Als je hem in je koffer laat zitten, dan word je op het vliegveld omgeroepen... En mag je je externe lader uit je bagage komen vissen vanwege brandexplosiegevaar. Daar weet Joost alles van.

2. Niet de datum dubbelchecken voordat je op 'boek' of 'reserveer' klikt. Tot twee keer toe hebben wij die fout gemaakt. Zonde van je geld, én je staat zo voor lul als je denkt te gaan inchecken in een hostel, terwijl de receptioniste zegt dat je boeking pas voor volgende week in het systeem staat...

3. Te veel 'voor de zekerheid' en 'o, dit shirtje is ook nog leuk'-spullen in je backpack hebben. Als je echt iets nodig hebt, is het overal te koop!

4. Denken dat je tegenwoordig overal wel bereik zult hebben via een lokale simkaart of wifi. Dat is niet zo! Vergeet het, en maak je er ook niet te druk om. Wat dan nog, als die Instagrampost, Polarstepsupdate of YouTube-video een dag of twee later online komt?

5. Een te oude laptop meenemen, waarvan de lader kapotgaat. We spreken uit ervaring.

belanden en zonder kleding overboord zouden worden gegooid. Dus blijven we veilig aan wal. Er is op Maafushi één iets moderner restaurant met een dakterras met mooie loungestoelen dat boven de palmbomen uittorent en daar zitten we nu, ondanks het feit dat we al ver over ons dagbudget heen zijn vandaag. Niet bepaald een verkeerde keuze. Ik ben dan ook blij dat ik ook mijn camera heb meegenomen, anders gelooft niemand straks hoe mooi het hier is. Ik wil hier nooit meer weg.

En dat is maar goed ook, want ons plan om overmorgen door te reizen gaat niet door. We wilden tickets boeken voor een rechtstreekse nachtvlucht naar Singapore, maar kwamen er gelukkig net op tijd achter dat er overmorgen geen betaalbare manier is om weer bij de luchthaven te komen. Het is dan vrijdag, dus dan varen de lokale ferry's niet. De keuze was een speedboot van 150 euro per persoon boeken, of nog even blijven. Dat was makkelijk, dus vertrekken we zondag. Het is pas woensdag, maar toch vind ik het een geruststellend idee. Ik baal dat ik altijd maar wil weten waar ik aan toe ben. Hoewel reizen de ultieme vrijheid geeft, brengt het ook een andere druk met zich mee: die van continu onderweg zijn en steeds nadenken over een volgende bestemming. Natuurlijk wil ik zoveel mogelijk zien, maar ik merk ook dat ik steeds minder zin krijg in afvinken van zoveel mogelijk bestemmingen en bezienswaardigheden. Vooral in hostels lijkt het soms een wedstrijdje tussen solobackpackers die opscheppen over de plekken waar de ander precies niet geweest is. Want uitgerekend daar was het eten het allerlekkerst en het uitzicht waanzinnig. Misschien komt het doordat ik inmiddels 31 ben, maar ik hecht veel meer waarde aan ons eigen plan. Dit is ónze wereldreis met onze route, en we hoeven daarvoor niet af te gaan op de verhalen van anderen.

5 OKTOBER 2019

De volgende dag is er van het tropische paradijs niet veel meer over; de regen komt keihard uit de grijze lucht vallen. Toch staat er een bijzondere excursie op de planning: we gaan zwemmen met haaien, als het lukt om ze te vinden. Niet per se iets voor mij: als ik ergens niet van hou, zijn het grote vissen en haaien, en ook Viora staat uiteraard niet te springen met haar lichte angst voor de diepe zee. Maar de jongens van de boottour hebben ons gisteren met hun enthousiasme toch overgehaald om mee te gaan. Ook dit is weer zo'n *once in a lifetime*-dingetje waar we later spijt van gaan krijgen als we het niet doen, zeiden ze.

Om de haaien te zien moeten we zeker anderhalf uur varen in de stromende regen. De jongens van de boot maken er met keiharde muziek (zelfs Lil' Kleine komt voorbij) een enorm feestje van. Als we aankomen bij de plek waar we de haaien kunnen zien, vertelt een van de jongens ons dat we niet bang hoeven te zijn, want zij hebben nog nooit iets engs meegemaakt. Deze haaien zijn niet geïnteresseerd in mensen, dus we kunnen vol vertrouwen het water in.

Zodra de eerste haai om onze boot cirkelt word ik toch overvallen door twijfel. De haai is zeker anderhalve meter lang, misschien wel twee, en ik hoor meteen het muziekje van *Jaws* in mijn hoofd. De jongens springen zonder enige twijfel het water in en roepen '*come come*!' naar iedereen in de boot. We zijn vandaag met een groepje van acht, maar ik zie dat iedereen aarzelt. Wie durft er als eerste? Het voelt ontzettend onnatuurlijk om tussen dit soort beesten het water in te springen. Ik zie aan Viora dat ze het spannend vindt, maar toch ligt ze al snel in het water.

'Niet te veel nadenken, gewoon springen!' roept ze. Oké. Ik haal diep adem. Drie, twee, één… Dan spring ik, midden in het water tussen tientallen haaien. We hebben allemaal een duikbril op zodat we de haaien goed kunnen bekijken. Als ik mijn ogen open weet ik niet wat ik zie. De haaien cirkelen onder de boot, maar vooral langs mijn benen. Ze zijn zo dichtbij nog veel groter dan ze vanaf de boot al leken. Ik durf mijn armen en vooral mijn vingers niet volledig uit te strekken, dus ik hou ze strak langs mijn lichaam en probeer rustig te blijven drijven om zo min mogelijk hun aandacht te trekken. Ik wil naar beneden kijken, zodat ik kan zien hoe dicht ze langs me komen, maar ik wil ook juist níét kijken omdat het er zo angstaanjagend uitziet. Het is doodeng en gaaf tegelijk. De haaien zwemmen echt rakelings langs mij heen en soms voel ik hun huid langs mijn lichaam schuren.

De jongens hebben allemaal een GoPro in hun hand en willen van iedereen een mooie foto maken. '*Go dive*!' roept een van hen enthousiast. Natuurlijk, alsof dit nog niet genoeg is moeten we óók nog een stuk gaan duiken… Na een paar minuten heb ik iets meer vertrouwen. Ik zie hoe ze bewegen en het lukt me toch om tussen de haaien door te duiken. Na een minuut of tien vinden we het allebei mooi geweest en klimmen we weer in de boot.

'Dit kan van onze bucketlist, maar dit was eens maar nooit meer, hoor!' zegt Viora. 'Je hebt helemaal gelijk.'

Als we weer terug zijn op Maafushi durven we pas te googelen. We lezen dat deze *nurse sharks* toch wel degelijk soms mensen bijten. Niet vaak, maar het gebeurt wel.

'Pfff, ik ben blij dat we dit van tevoren niet wisten, hoor, dan had ik het zeker niet gedurfd!' zegt Viora opgelucht.

Beste reistijd
Ondanks het feit dat het in de periode tussen mei en oktober meer dan de helft van de tijd regent, is de gemiddelde temperatuur op de Malediven dan alsnog dertig graden.

Parels
Door de hagelwitte stranden zien de Malediven er vanuit de lucht uit als een lange parelketting. Dit verklaart ook meteen de naam Malediven, wat in het Sanskriet 'slinger' of 'krans van eilanden' betekent.

Versleten bikini's
Als je iedere dag een bikini of zwembroek draagt gaat het hard! Ik heb vier bikini's versleten en daar ook weer vier nieuwe voor in de plaats gekocht (uiteraard ;)). Ze zeggen wel dat vrouwen erg zijn als het aankomt op shoppen, maar Joost heeft zelfs acht zwembroeken versleten en ook stuk voor stuk vervangen.

Minst gebruikte items uit de backpack
Oordoppen. We hadden ze bij ons omdat het een veelgenoemd item op ieder lijstje is, maar we vinden het allebei heel vervelend zitten en kunnen juist niet slapen met die dingen in onze oren.

Meest gebruikte items uit de backpack
Zwemkleding en zonnebrand, *all day every day*.

De afgelopen dagen heb ik een stuk of tien berichten gehad via mijn persoonlijke Instagramaccount. *Hé Joost, dit is wel dé plek, hoor!* of *Wanneer gaat het gebeuren?* en *Heb je de ring al uit de tas gehaald*?

Blijkbaar heeft het imago van de Malediven als honeymoonbestemming van alles bij onze volgers losgemaakt en zit iedereen nu te wachten op het moment dat ik op een van deze magische stranden op mijn knieën ga en Viora ten huwelijk vraag. Helaas moet ik iedereen teleurstellen. De gedachte is geen seconde in mij opgekomen. Natuurlijk wil ik wel met Viora trouwen, en zij hopelijk ook met mij, maar daar wachten we nog even mee. Na alles wat we hebben doorstaan wil ik gewoon eerst ultiem genieten van deze reis. Het moment suprême komt vanzelf wel.

Bijzonder dat onze volgers zich daar zo druk om maken, denk ik bij mezelf. Alhoewel: ik vind het ook wel redelijk brutaal om dit op deze manier te vragen. Viora en ik moeten er wel om lachen. We zien het maar als een compliment dat onze volgers zich zo vrij en vertrouwd met ons voelen.

Onze laatste dagen brengen we door op Bikini Beach. Het is ruim dertig graden. Soms komt er een tropische regenbui overwaaien en moeten we schuilen bij een van de terrasjes, maar vaak schijnt binnen dertig minuten de zon weer volop. We zitten aan het begin van het regenseizoen en er valt in deze maand gemiddeld 150 millimeter neerslag. Ter vergelijking: in Nederland is dat in oktober meestal rond de honderd millimeter. Het verschil is dat hier niemand klaagt als het regent; daar kunnen wij nog wat van leren in Nederland.

Raar maar waar: we missen alle zwerfhonden en -katten. Het

is een bijzondere regel, maar honden zijn op de Malediven verboden. Alleen de politie heeft – als enige in het hele land – een aantal speurhonden. Als je maandenlang overal honden en katten ziet lopen valt het echt op als ze er ineens niet zijn. En daarbij missen we onze eigen kat Pip. We krijgen wekelijks foto's en video's van hoe ze op haar oppasadres de boel op z'n kop zet. Ze heeft het daar zo naar haar zin dat we zelfs bang zijn dat ze het daar veel te leuk vindt en nooit meer met ons terug naar Utrecht wil.

Na vijf dagen hebben we Maafushi wel gezien. Blijkbaar went het leven in het paradijs ook. Het water blijft iedere dag blauwer dan blauw. En dat er in zee continu visjes om je heen zwemmen begint ook al normaal voor ons te worden. We kennen het eiland inmiddels op ons duimpje, hebben alle restaurantjes gehad, alle chipssmaken uit het supermarktje geproefd, fantastische zeedieren gespot, twee geweldige tours gemaakt... Nu hebben we weer zin in ons volgende avontuur!

De Malediven waren na Sri Lanka even schrikken qua budget, want ineens hadden we te maken met Europese prijzen. Logisch ook, als je bedenkt dat alles hier per lokale boot naartoe komt. We zijn het er echter over eens dat we het niet hadden willen missen. In gedachten zet ik een groot en groen vinkje achter dit land.

TIPS VOOR DE REIS VAN JE LEVEN

De ultieme relatietest

Tijdens onze reis bleek dat veel volgers vooral benieuwd waren naar twee dingen. De eerste vraag: hoe zit het financieel? Want wat kost zo'n reis nou echt, en hoeveel geld hebben jullie mee? Het tweede onderwerp, en daarmee eigenlijk jullie grootste zorg, was: hoe houden jullie het met elkaar uit? 24/7 op elkaars lip, en vrijwel geen ruimte en tijd meer voor jezelf... Hoe dan? In totaal zijn we 354 dagen onafscheidelijk geweest en waren we iedere dag nog steeds gelukkig met elkaar, dus we kunnen wel zeggen dat we ook voor deze relatietest zijn geslaagd. Hier volgen wat van onze tips!

Hoe zorg je ervoor dat je als stel niet gek wordt van elkaar?

- Zo cliché, maar geef elkaar de ruimte. Ga soms even wat voor jezelf doen: een rondje buiten wandelen, een lesje yoga, een Netflix-serie kijken of een stuk zwemmen.
- Het hoeft echt niet altijd leuk te zijn samen. Soms

bots je even, nou en? Maak je daar niet te druk om: je bent allebei ook maar een mens.

- Boek na een aantal nachten op een slaapzaal ook weer even een privékamer ;)
- Voor nóg meer spanning: laat de ander de accommodatie uitzoeken! De kans is groot dat dit een accommodatie wordt waar een romantische sfeer hangt.
- Ga op tijd eten. De meeste van onze discussies en meningsverschillen hadden we als een van beiden (... meestal Joost) 'hangry' was.
- Zoek soms bewust contact met anderen om even de vibe met z'n tweeën te doorbreken. Dan is het daarna weer des te fijner om samen te zijn.
- Laat de ander ook af en toe winnen met een spelletje ;)
- Een wereldreis klinkt romantisch, maar dat is het echt niet altijd. Probeer samen te blijven lachen om de zweetluchten, de kilo's zand in je bilnaad en de duizenden muggenbulten.
- Spreek uit wat je dwarszit. Dit is overigens niet alleen op reis belangrijk, maar ook thuis!

BLIJVEN OP BALI

12 OKTOBER 2019/WERELDREISDAG 175

VIORA

Vanaf de Malediven vliegen we via Singapore naar Bali. Dat was de goedkoopste optie. En als we er dan toch zijn, besluiten we meteen zelf een kijkje te nemen in Singapore, de stad die vijftig jaar vooruit lijkt te lopen op de rest van de wereld. We kijken onze ogen uit. Alles is brandschoon, iets wat ons enorm opvalt na maanden in Azië. Wie hier afval op straat gooit loopt het risico op een hoge boete, en kauwgom is nauwelijks te verkrijgen. De shoppingmalls zijn immens groot en een ritje met de metro voelt alsof we door de toekomst reizen. De architectuur van de gebouwen, de auto's, de brede straten: alles is hier hypermodern. En knetterduur. De allerduurste koffie van onze reis drinken we hier: twaalf euro voor een cappuccino. Au. Maar wel met uitzicht op het wereldberoemde Marina Bay Sands, dé eyecatcher van Singapore.

Gezien de kosten is dit voor ons geen stad om lang te blijven, maar een tussenstop van drie dagen is ideaal. Tot grote verrassing van Joost zit er ook in Singapore een restaurant van Tim Ho Wan. Hoewel we nog steeds alleen maar vegetarisch eten, maken we voor deze keer een uitzondering. Want het is ondenkbaar voor Joost om nu niet de BBQ pork bun te bestellen, en iets waar we de rest van ons leven spijt van hebben, zegt hij.

Joost geniet zichtbaar van de buns, maar ik merk toch dat elke hap minder goed smaakt dan in Hongkong, toen ik nog wel soms vlees at. Ik merk dat het me steeds meer tegen begint te staan en dat ik steeds minder redenen kan bedenken waarom ik nog dieren zou willen eten.

Als we aankomen op Bali is het al donker. Het is even heel chaotisch en lastig om een taxi te vinden tussen alle schreeuwende mannetjes die ons het liefst hun taxi in sleuren. Al snel zitten we dan ook in een auto die ons binnen een halfuur naar onze villa in Canggu brengt. Ik ben zoals altijd bang dat we opgelicht worden, maar de taxichauffeur houdt zich gelukkig netjes aan de prijsafspraak. Op ieder vliegveld is het bij aankomst altijd een chaotische zoektocht om te ontdekken waar je heen moet. Je krijgt nooit de tijd om even rustig om je heen te kijken, want als je laat zien dat je het even niet meer weet springen er vaak drie locals om je nek die je willen 'helpen'. Wij zorgen dat we van tevoren altijd precies weten hoe we van het vliegveld naar onze accommodatie komen: is dat per taxi, of met het openbaar vervoer? Ook zoeken we altijd al op hoe duur dat ritje is, zodat we dat als maatstaf kunnen gebruiken.

We hebben met een ander Nederlands stel, Michiel en Sophie, afgesproken om een villa te delen voor een paar nachten. Zij zijn ook op wereldreis en we hebben al een tijdje contact via Instagram. Er zijn natuurlijk ook hostels of hotels, maar een villa huren is een prima optie op Bali, waar veel te huur is voor weinig geld. Een huis delen is bovendien heel makkelijk: veel villa's hebben meerdere slaapkamers én een eigen zwembad dat dagelijks wordt schoongemaakt. We betalen voor ons huis per stel zo'n 35 euro per nacht. Bizar: voor die prijs konden we in Singapore niet eens een bed op een slaapzaal vinden. Daar betaalden we per nacht met zijn tweeën bijna vijftig euro.

We kijken onze ogen uit zodra we de mooi verlichte tuin van het huis in stappen. Langs het zwembad lopen we naar een heerlijke grote keuken midden in het huis. Er is een open woonkamer waardoor je het idee hebt dat je buiten zit, en aan beide kanten bevindt zich een enorme slaapkamer met airco en buitenbadkamer mét ligbad. Alles is ingericht in lichte pasteltinten en met rieten meubels, wat een aangename en romantische sfeer geeft.

'Ik weet wat ik zo meteen eerst ga doen!' roep ik enthousiast tegen Joost. 'Lekker in bad liggen!'

Het voelt heel gek om met onze backpacks ineens zo'n luxe wereld in te stappen, zeker omdat dit ook nog gewoon binnen ons budget past. Ja, Bali bevalt me vooralsnog prima. Wat me minder bevalt zijn alle blauwe plekken over mijn hele lichaam. Waarschijnlijk zijn dit nog steeds overblijfselen van het surfen, maar ze gaan maar niet weg. Het houdt me al dagen bezig en ook Joost is er niet gerust op. Daarnaast heb ik een flink ontstoken muggenbult op mijn been, waar steeds maar pus uit blijft komen. Shit, ik wil niet bang zijn voor mijn eigen lichaam, maar ik word hier wel nerveus van. En boos. En teleurgesteld. Vooral dat laatste: ik zou zo teleurgesteld zijn in mijn lichaam als de leukemie terugkomt. Alsof één keer niet genoeg was. Ik zou verdrietig zijn, en me schuldig voelen tegenover Joost als we de wereldreis zouden moeten afbreken, ook al zegt hij dat

dat het laatste is waar ik me druk om zou moeten maken. Het spookt allemaal door mijn hoofd. Shitzooi. Toch weten we uit ervaring dat het ook allemaal niets hoeft te betekenen.

Op dit moment leven we natuurlijk onze droom, maar ik denk dat we nooit meer écht onbezorgd kunnen leven. De leukemie heeft bij ons allebei een flinke deuk geslagen in dat onbezorgde gevoel. Ik heb geleerd van mijn psycholoog dat het niet erg is om soms de angst even volledig toe te laten en te voelen. Daarna kun je extra dankbaar zijn voor je gezondheid. En zo is het.

Het zijn voor andere mensen onbenullige dingen, maar een blauwe plek blijft voor ons een trigger dat er iets mis kan zijn. We spreken af dat we het een week aankijken en anders contact zoeken met mijn arts in Nederland. Ik ben nog steeds heel dankbaar dat hij het met ons eens was: de allerbeste keuze na zo'n lang ziekenhuistraject is lekker op reis gaan en een frisse start maken, zonder ziekenhuiscontroles. Ik denk nog vaak aan wat hij zei: 'Ik wil iemand die zo jong is als jij gewoon zo snel mogelijk van het ziekenhuis loskrijgen. De controles zijn dus helemaal aan jou, jij bepaalt. Als je elke maand wilt langskomen om je bloed te laten controleren, dan mag dat, maar als je hier nooit meer wilt komen is dat ook goed. Ga alsjeblieft op reis!'

Gelukkig blijkt het niet nodig om contact te zoeken met mijn arts; na een aantal dagen vervagen de blauwe plekken stukje bij beetje en voelen we ons allebei weer iets rustiger. Gelukkig lukt het ons allebei om, zodra het beter gaat, weer te vertrouwen op mijn lichaam. Het plekje op mijn been ziet er inmiddels ook beter uit. Ik ontsmet het iedere avond en plak het daarna goed af met pleisters. Zo stom dat een kleine muggenbult al weken zo'n gedoe geeft, maar als het verder niets is om me zorgen over te maken kan het me weinig schelen.

We zijn inmiddels een aantal dagen op Bali en het voelt helemaal als onze plek. De sfeer bevalt ons goed: overal zijn leuke hippe restaurants, gezellige koffiebarretjes en ontbijttentjes met fantastische smoothiebowls. Ook het lekkere Indonesische eten vind je hier op elke hoek van de straat. Het verkeer is een chaos, want iedereen doet hier alles op de scooter, maar het voelt wel als een georganiseerde chaos. Ik vind zelf op de scooter rijden geen pretje, maar Joost vindt het geen probleem, dus ik spring graag bij hem achterop. Op het strand is het elke avond weer een feest om op een zitzak naar de zonsondergang te kijken onder het genot van een cocktail of een biertje. Daarna rijden we door naar een restaurant en sluiten we af met een paar dansmoves in een van de vele clubs. Na vier nachten met z'n vieren zijn we verhuisd naar een grotere villa, want er komen nog meer vrienden naar Bali.

Marit heb ik leren kennen toen ik net ziek was en ze me interviewde over mijn ziekte voor haar blog. We hebben altijd contact gehouden en samen met haar vriend Tom is ze al een hele tijd op reis. Ze kennen Michiel en Sophie ook via het online reiswereldje en het leek ons gezellig om een aantal nachten met z'n zessen door te brengen.

Ook deze villa is wederom prachtig. Ik wilde dat ik in Nederland zo'n open huis kon laten bouwen, met de woonkamer en keuken buiten.

Met z'n zessen hebben we een paar fantastische dagen en voordat we het weten is het weer voorbij. Marit en Tom vertrekken naar Nieuw-Zeeland om daar een tijdje te gaan wonen.

Dat land staat nog niet op onze planning, maar als dat nog verandert zullen we elkaar daar zeker weer zien.

We snappen nu waarom iedereen zo lyrisch is over Bali. Het is een mooie mix van de Balinese cultuur, de surfvibe, de hippe barretjes en restaurantjes, iedereen die rondcrost op scooters en, eerlijk is eerlijk, alles is betaalbaar. Het plan was om drie weken te blijven, maar we weten nu al dat het langer wordt. Dat is zo fijn aan niet te strak plannen. Ons eerste globale plan was: vijf maanden Azië, drie maanden Australië en vier maanden Zuid-Amerika. We zijn inmiddels al zes maanden in Azië, maar hebben nog niet het gevoel dat we hier al klaar zijn. We hebben ook geen haast: de enige afspraak is dat we met kerst in Sydney zijn met mijn familie.

Ook mijn ouders zijn helemaal geïnspireerd door onze reis. Alleen 'even' heen en weer vliegen om kerst te vieren in Sydney zagen ze niet zitten, dus vertrekken ze binnenkort voor drie maanden naar Vietnam, Australië en Nieuw-Zeeland.

Nadat we afscheid hebben genomen van de andere vier gaan we naar Sumberkima, helemaal aan de andere kant van het eiland. Met de taxi is het een rit van drie uur, dwars door het bergachtige binnenland.

'Jullie moeten aangeven als jullie misselijk worden van alle haarspeldbochten, hè, dan zal ik langzamer rijden!' zegt Gun, onze taxichauffeur. Hij heeft duidelijk al vaker toeristen achterin gehad die hun maaginhoud niet binnen konden houden. Gelukkig hebben wij hier geen last van.

We zijn via een vriend van Joost bij deze chauffeur terechtgekomen. 'Als jullie naar Bali gaan, weet ik nog wel een goede chauffeur!' had hij gezegd. Toch altijd fijn, want zoals altijd horen we veel wilde verhalen van mensen die achteraf enorm veel meer moesten betalen dan was afgesproken, of chauffeurs hadden geregeld die überhaupt niet kwamen opdagen. Wat je van alle verhalen daadwerkelijk moet geloven is altijd de vraag. Ieder land heeft natuurlijk zijn eigen 'enge' verhalen, dus we proberen altijd om ons daardoor niet te veel te laten leiden, maar willen wel alert zijn en volgen per land ons gevoel.

We zien nu ook een ander soort Bali dan het drukke, toeristische gedeelte in Canggu. We wilden graag meer van het eiland zien; deze autorit is perfect daarvoor. Gun stopt onderweg een paar keer en vertelt ons van alles over de Balinese cultuur, het geloof en zijn familie. Hij wil ook alles van ons weten en snapt niet waarom wij niet getrouwd zijn op onze leeftijd. Hijzelf is jonger dan wij, maar al wel een aantal jaren getrouwd. Hij zou het liefst naar Australië willen om daar te werken, maar het is volgens hem heel moeilijk om daar vanuit Indonesië te komen en een werkvisum te krijgen. We zijn onder de indruk van zijn Engels; dat heeft hij namelijk nooit geleerd op school. Door het chauffeuren van toeristen heeft hij het zichzelf geleerd.

Op de borden langs de weg zagen we al een aantal woorden die in het Nederlands vrijwel hetzelfde zijn als in het Indonesisch en Balinees, bijvoorbeeld 'notaris'. Gun kent er nog veel meer: asbak, makelaar, wastafel, balkon, beton, bijna alle maanden van het jaar, etiket, factuur, halte, korting.

'Er zijn er nog veel meer, ik weet ze niet allemaal meer, maar het mooiste woord vind ik knalpot!' zegt hij. We moeten steeds lachen als we hem deze woorden horen uitspreken, want ineens lijkt het of Gun Nederlands kan.

Bali Belly
Een bekend fenomeen tijdens reizen: ziek worden van het eten. Wij hebben gelukkig nooit echt voedselvergiftiging gehad, maar aan diarree ontkom je niet. Een stripje diarreeremmers is daarom geen overbodige luxe.

Wat is er niet leuk aan reizen?

- Het vele wachten. Wachten op vliegvelden, wachten op overvolle hete stations, wachten op busjes die je te laat komen halen voor excursies...
- Nachtbussen
- Jetlags
- Hotelkamers zonder ramen
- Bureaucratisch geneuzel zoals het verlengen/aanvragen van je visum
- Ziek worden (gaat 99,9 procent zeker een keer gebeuren)
- En wachten, hadden we dat al gezegd?

'Als we je nog een paar woordjes bijleren kun je zo Nederlands praten, hoor!'

Hij glimlacht. 'Leuk toch, dat we zo ver van elkaar vandaan wonen, ik helemaal niets weet van jullie land, maar we toch iets gemeen hebben?' zegt hij.

'Kom je ons ook weer ophalen?' vraagt Joost als we aankomen in Sumberkima.

'Natuurlijk! Zeg maar wanneer en ik ben er!'

Het noordwesten is totaal anders dan het zuiden. Het is er nog heel ongerept en rustig, want er zijn vrijwel geen andere toeristen. De begroeiing is ook heel anders: geen tropische planten en een stuk minder groen. Toch zit hier een resort waar we heel graag heen willen, dat Joost vond via Instagram. Alleen maar bizarre villa's met enorme infinity pools. 'Dat moeten we toch een keer gezien hebben!'

Joost sprong een aantal dagen geleden weer in zijn rol als salesmanager en stelde het resort via Instagram de vraag of we wat voor elkaar konden betekenen. Wij leveren mooie foto's en video's in ruil voor een kort verblijf: wie niet waagt, wie niet wint.

Het werkte: we kregen een enthousiast berichtje terug. Het resort bleek van Nederlandse eigenaars te zijn en we waren voor drie nachten van harte welkom in een van de beschikbare villa's. We dachten dat we alles al gezien hadden, maar deze villa's zijn zo mogelijk nóg mooier dan die we eerder tegengekomen waren. Verspreid over de berg staan huizen met uitzicht over de oceaan, een zwembad waar je vanuit de woonkamer zo in stapt en een enorme open woonkamer en keuken.

Alle villa's zijn eigendom van particulieren en iedereen die er werkt komt uit het naastgelegen dorp, om werkgelegenheid voor de lokale bevolking te creëren. Er zijn twee restaurants en een wellness- en yogastudio. Ook werken de eigenaren mee aan een project om ernstig aangetast koraal weer terug te laten groeien, bomen te planten en de lokale bevolking Engels te leren.

We genieten van het uitzicht, de massages, de yogalesjes, het lokaal verbouwde eten en ontdekken op de scooter dit compleet andere deel van Bali.

Toch kijk ik na drie dagen in alle rust ernaar uit om terug te gaan naar het drukke zuiden. Ik heb zelfs wel zin in de drie uur durende terugreis met Gun, hij heeft vast weer mooie verhalen.

'Wil je niet blijven?' vraagt Gun als we weer bij hem instappen.

Eigenlijk wel, maar we moeten terug naar het zuiden van Bali. Na al die maanden krijgen we eindelijk bezoek vanuit Nederland. Ik ben een beetje zenuwachtig, op een leuke manier...

JOOST, 25 OKTOBER 2019

'Wat mis je nou het meest aan Nederland, nu we een halfjaar weg zijn?' vraagt Viora uit het niets.

'Ik zou het echt niet weten,' zeg ik. 'Nou, trouwens: ik zou wel heel veel zin hebben in een patatje oorlog en een kaassoufflé van de snackbar bij ons om de hoek.'

Viora giert het uit. 'Meen je dat nou echt? Mis je de snackbar?!'

'Daar zou ik nu heel veel zin in hebben, dan zou ik weer even het Utrechtse "thuis"-gevoel hebben. Ik kan je trouwens ook heel goed vertellen wat ik níét mis. Namelijk iedere dag de wekker, strijken, het werken op kantoor, sociale verplichtingen en zelf de was doen.'

Viora's vraag houdt me nog een paar dagen bezig. Eigenlijk mis ik niets. Maar is dat wel goed? Hoort dat wel? Zou ik bijvoorbeeld niet moeten verlangen naar mijn familie of vrienden? Natuurlijk zou ik het leuk vinden om ze te zien, zeker mijn ouders, maar ik kan niet zeggen dat ik ze mis. Viora heeft dat gevoel veel sterker. Ondanks alle tijdsverschillen facetimet ze zo'n twee per week even met haar ouders. Ik spreek mijn ouders ongeveer elke twee weken en dat is ook prima. Ze volgen ons op de voet via Instagram, YouTube en Polarsteps en weten daardoor altijd exact waar we zijn en wat we gedaan hebben. Ook via WhatsApp hebben we bijna dagelijks contact, dus misschien komt het daardoor dat ik ze niet ook nog hoef te spreken. Het voelt raar dat ik mijn thuis, mijn vrienden en familie niet mis, omdat alle mensen die ook op reis zijn het daar wel altijd over hebben. Ik voel me tegenwoordig juist razendsnel ergens thuis, en het maken van vrienden is op reis net zo makkelijk als het bestellen van een drankje. Overal waar je komt, kom je in aanraking met andere reizigers. Iedereen zit in dezelfde flow en staat open om elkaar te helpen of te leren kennen, ook al is het maar voor één avondje of een middag. Ook al blijven de 'vriendschappen' meestal oppervlakkig, het voelt alsof je niet alleen bent. Ik voel me begrepen, en meer heb je kennelijk ook niet nodig op reis.

Hoewel we niet met iedereen die we ontmoet hebben contact houden, zijn er toch een aantal mensen die we bijna dagelijks appen en foto's sturen van onze avonturen. Opvallend is dat we met Nederlanders de beste klik lijken te hebben. Misschien is de Engelse taal onbewust toch een barrière.

Het contact met onze vrienden thuis wordt juist steeds wat minder. In het begin was iedereen enthousiast dat we op wereldreis gingen, en waren ze benieuwd hoe het ging en of het wel beviel. Maar naarmate de maanden voorbijgaan nam die interesse af. Ze hebben momenteel een heel ander leven dan wij, en begrijpen ons gevoel vaak ook niet goed. Wij maken zoveel mee en gaan van het ene hoogtepunt naar het andere. Dat is niet bij te houden, maar dat is ook niet erg en komt straks als we thuis zijn vast weer goed.

Ondanks het feit dat ik mijn ouders niet echt mis, kijk ik enorm uit naar de komst van mijn moeder. Ze is de allereerste die ons vanuit Nederland komt opzoeken en heeft de perfecte bestemming uitgekozen. Eigenlijk zouden mijn ouders ons al komen opzoeken in Sri Lanka, en zouden we de rondreis met z'n vieren gaan doen. De maanden voor vertrek kreeg mijn vader echter steeds meer last van paniekaanvallen en angst om ver van huis te gaan. Heel sneu en heftig om te horen, want zelfs een weekendje weg in Nederland is momenteel al een enorme opgave voor hem en gaat gepaard met slapeloze nachten, zweetaanvallen en hartkloppingen. Hij heeft deze klachten nooit eerder gehad. We zijn vroeger de hele wereld over gevlogen en mijn ouders hebben een vakantiehuis in Egypte waar ze regelmatig naartoe gingen. Waar dit ineens vandaan komt is ons dus een groot raadsel, en inmiddels is ook de huisarts ingeschakeld.

Er zat niets anders op dan de reis naar Sri Lanka te annuleren, maar mijn moeder wilde de unieke kans om ons te komen opzoeken niet voorbij laten gaan. In goed overleg met mijn vader heeft ze besloten om alleen naar Bali te vliegen en samen met ons tien dagen te genieten van het eiland waar wij al na een paar dagen niet meer weg wilden. Ze komt vanavond aan en we hebben een kamer geboekt in het hotel waar zij verblijft. Omdat mijn moeder een pakketreis heeft geboekt is de transfer naar het hotel al geregeld. Ze heeft wel tien keer gezegd dat we haar niet hoeven op te halen van het vliegveld, maar dat kunnen wij natuurlijk niet laten gebeuren.

Ik heb bij de receptie van het hotel een stuk karton gevraagd en we hebben met een gekleurde stift heel groot de tekst MAMA, IK STA HIER! erop geschreven. Het is een hilarisch gezicht als ik op het vliegveld tussen alle taxichauffeurs en reisleiders sta met het bord boven mijn hoofd. Ik ben ruim een kop groter dan alle Indonesiërs en daarom voor mijn moeder niet te missen. Zodra ze door de deuren van de aankomsthal komt ziet ze ons staan. Meteen lopen de tranen over haar wangen, en zodra ze mij in haar armen sluit zegt ze dat ze zo ontzettend blij is om ons te zien. Dat gevoel is geheel wederzijds. Het is heel bijzonder om elkaar na ruim zes maanden aan deze kant van de wereld te zien. Ik heb haar dan misschien niet heel sterk gemist, maar het is wél heel fijn om haar weer te zien.

Zelfs na een halfjaar is alles eigenlijk meteen weer gewoon en vertrouwd. Ondanks de vlucht van ruim achttien uur en het tijdsverschil met Nederland van zeven uur heeft mijn moeder wonderbaarlijk weinig last van een jetlag. Na twee dagen zonnen, cocktails drinken op het strand en nasi goreng eten zijn we er alle drie aan toe om meer van Bali te ontdekken. Omdat we met z'n drieën zijn, en zowel Viora als mijn moeder geen scooter durft te rijden in het drukke verkeer hier, bellen we Gun weer.

Het blijft me verbazen, maar de prijs om hem de hele dag in te huren is nog geen 35 euro. In zijn luxe auto gaan we uiteindelijk drie dagen op pad en zien we enkele unieke afgelegen plekjes van het eiland. Uiteraard mogen ook de bekende stops niet ontbreken, zoals de Tirta Empul-tempel. Daar stappen dagelijks honderden Indonesiërs in het water om zich te zuiveren met het heilige bronwater uit de fonteinen. Een andere stop is de Pura Tanah Lot, de beroemde tempel op een rots in de zee.

De dagtocht naar Nusa Penida valt een beetje tegen. Nusa Penida is een klein eiland op drie kwartier varen voor de kust van Bali en staat bekend om de ongerepte natuur en prachtige kliffen. De bekendste plek is Kelingking Beach, een van de meest gefotografeerde stranden op Instagram. Boven op een honderd meters hoge klif kijken we uit over het blauwe heldere water van de Indische oceaan. In de baai beneden zien we een wit zandstrand, omgeven door dezelfde kliffen en metershoge rotsen. Ik kan mezelf er ook niet van weerhouden om een stuk of vijftig foto's te maken. Helaas bestaat de rest van de georganiseerde dagtour vooral uit in de bus zitten en in een colonne van auto's en bussen van uitzichtpunt naar uitzichtpunt rijden. Op iedere plek komen we dezelfde mensen tegen, en na een bord rijst en een uurtje vrije tijd op een strand staan we om vijf uur weer in de haven voor de boot terug naar Bali. Waarschijnlijk krijg je een heel ander beeld van dit relatief kleine eiland als je het in je eigen tempo bezoekt en er ook nog een nachtje blijft slapen, maar die tijd hebben wij nu niet: mijn moeder blijft nog maar twee dagen.

Hostels en hotels boekten we via:

Booking
Heeft weinig uitleg nodig, toch noemen we 'm even ;) Hoe meer je boekt via Booking, hoe meer korting je krijgt.

Agoda
Is voornamelijk in Azië een veelgebruikte site. Het aanbod staat ook op Booking, maar via Agoda is het meestal stukken goedkoper.

Hostelworld
Zoals de naam al doet vermoeden, staan hierop de meeste hostels van over de hele wereld. Hier vind je meestal ook net weer andere hostels dan op Booking!

Airbnb
Ideaal voor de grote steden zoals Singapore en Kuala Lumpur, en je vindt hier ook de mooiste en goedkoopste Balinese villa's! Lees wel even de reviews goed door voordat je gaat boeken. Zo kom je niet voor nare verrassingen te staan.

De fietstocht door de rijstvelden in het binnenland van Bali maakt echter alles goed: dit is het indrukwekkendste wat we met mijn moeder hebben gedaan. Via smalle kronkelige wegen fietsen we urenlang door de groene velden van Ubud. Grappig genoeg is het hier heel anders dan in Sapa, Vietnam. Dit is allemaal veel vlakker en heeft veel meer sfeer. Tussen de rijstvelden staan talloze palmbomen, en doordat het oogstseizoen bijna gaat beginnen zijn er wel honderden verschillende kleuren groen te zien. Mijn moeder heeft voor vertrek expres de film *Eat, Pray, Love* met Julia Roberts nog een keer bekeken, want een groot deel van de film is hier opgenomen. Ze heeft dan ook de hele fietstocht een glimlach van oor tot oor. Ik vind het jammer dat mijn vader er niet bij is, want ik weet zeker dat hij dit ook fantastisch had gevonden.

Ik moet wennen aan het feit dat we nu al bijna tien dagen op één plek zitten. Alleen in Kuala Lumpur bleven we ook zo lang, maar daar hadden we een appartement, heel anders dan tien dagen in een hotel. Als mijn moeder weer vertrekt is het dan ook een dubbel gevoel. We hebben het heel erg fijn gehad met z'n drieën en ik ben blij dat we deze nieuwe herinneringen hebben kunnen maken. Aan de andere kant willen we ook wel weer door. Tijd voor een nieuwe omgeving, nieuwe slaapplekken, nieuwe mensen en nieuwe avonturen.

Marit en Tom waren enorm enthousiast over Lombok en hebben ons weten te overtuigen om ook te gaan. Eigenlijk verlopen onze visa over een week, maar de foto's van eindeloze verlaten stranden, waterbuffels die langs de zee lopen en scooterritjes door de glooiende landschappen gaven de doorslag. We blijven langer. Bij een van de vele visumbureaus op Bali hebben we onze paspoorten achtergelaten en zij gaan nu voor ons het visum met nog eens dertig dagen verlengen. Je kunt dit ook zelf regelen bij de douane, maar dan moet je drie keer voor een handtekening en papierwerk naar de douane toe. Nu betalen we iets meer en gaan medewerkers van dit bureau voor ons naar de douane. We hoeven straks alleen nog maar onze paspoorten op te halen met een nieuwe stempel. Het is wel spannend dat onze paspoorten nu bij dit bureau achterblijven, terwijl wijzelf naar Lombok gaan. Doordat Sophie en Michiel ons dit bureau hebben geadviseerd heb ik er wel vertrouwen in, want bij hen is het ook goed gekomen en ze hadden de paspoorten gewoon binnen veertien dagen weer terug.

5 NOVEMBER 2019

Marit en Tom hebben niets te veel gezegd. Lombok heeft veel weg van Bali, maar dan zonder het krioelende verkeer, de duizenden scooters, de hippe winkels en restaurants waar je moet reserveren voor een plekje. Met een grote speedboot waarop wel honderd passagiers passen ben je in principe binnen twee uur van Bali op Lombok. Wij deden iets langer over de heenweg: midden op zee maakte de boot ineens een scherpe bocht naar rechts. In de verte dobberde een klein bootje met een zwaaiende man. Al snel werd duidelijk dat de motor van zijn vissersbootje het had begeven. Met een ladder en wat touwen werd de man onder luid applaus aan boord gehesen. Hij zag er doodmoe en uitgedroogd uit. Achteraf bleek dat hij al sinds vier uur die ochtend in de volle zon aan het vissen was, zonder telefoon, benzine, water of eten. Twaalf uur later was hij er niet zo best aan toe, maar bij ons op de speedboot knapte hij gelukkig op na een paar slokken water en wat te eten. Zowel de man als zijn boot werd meegenomen naar Lombok.

Waar Bali door de overvloed aan toerisme langzamerhand niet echt meer als Indonesië voelt, is dat nog wel volop het geval op Lombok. Dit is waarschijnlijk hoe Bali er veertig jaar geleden ook uitzag. Oneindig lange hagelwitte zandstranden waar we ons alleen op de wereld wanen, groene bossen waarachter uitgestrekte rijstvelden liggen, en waar je ook heen kijkt een zee die zo helder is dat je de visjes rondom je voeten ziet zwemmen als je het water in loopt. De mensen zijn hier vriendelijk en enthousiast en altijd bereid om ons de weg te wijzen, bieden aan om in de boom te klimmen om een kokosnoot voor ons te pakken of raden ons aan bij de volgende weg links af te slaan naar een verscholen waterval. Ik kan het mis hebben, want er zullen ongetwijfeld locals bij zitten die wel misbruik van de situatie willen maken omdat wij toeristen zijn, maar ik heb het gevoel dat deze mensen het oprecht menen en ons een Indonesië-gevoel willen geven dat we niet snel zullen vergeten.

Na alle luxe villa's en het hotel met mijn moeder, slapen we weer eens in een hostel. We hebben gelukkig een tweepersoonsbed, maar een slaapzaal met acht bedden is echt weer even wennen.

We slapen in Kuta, de plek op Lombok waar de meeste backpackers naartoe gaan. Het is een klein dorpje dat eigenlijk maar uit één straat bestaat met een aantal winkeltjes, restaurants en cafés, en waar 's avonds altijd wel ergens een feestje is. Omdat een aantal verlaten stranden op Lombok zeer geschikt zijn om te surfen, heeft Kuta ook een heel relaxte surfvibe. Viora krijgt momenteel echter alleen van het kíjken naar surfende mensen al blauwe plekken, dus die ziet dat even niet zitten.

'Ik ben even surfmoe, ga jij maar!'

Ik heb er wel weer zin in en we besluiten om na drie dagen Kuta nog drie nachten te slapen in een hotel aan het strand van Selong Belanak. Dat is maar vijftien kilometer verderop, en toen we hier langs scooterden waren we meteen enthousiast. Langs het strand vind je een lange rij van surfschooltjes, verhuur van ligbedjes en houten strandbarretjes met plastic stoelen en reggaemuziek uit de speakers. Er staan (nog) geen grote hotels en villa's langs de kuststrook. Het grootste deel van de dag ligt de stroom eraf en je kunt kiezen uit slechts twee restaurants. Niks fancy of luxe, maar vooral heel chill en relaxed.

Iedere ochtend trotseren echte surfdudes (zo mag ik mezelf nog lang niet noemen) de golven die voor mij nog iets te hoog zijn. Zelf pak ik de golven iets dichter bij het strand en ben heel blij met hoe het gaat. Zeker omdat ik het nu alleen moet doen; gelukkig gaat dat steeds beter.

Als ik op mijn board lig en om me heen kijk, moet ik mezelf soms echt even knijpen. Is dit echt? Ik ben gewoon aan het surfen terwijl de zon langzaam op Lombok opkomt. Het water is warm, ik heb uitzicht op een strand vol wuivende palmbomen. Ik denk terug aan de vlogs die ik voor vertrek bekeek om mezelf enthousiast te maken. Dit soort beelden voelden toen nog zo ver weg. Nu lig ik hier zelf. De keuze om op wereldreis te gaan is echt de beste beslissing ooit geweest. Als ik terugdenk aan mijn leven een jaar geleden is dit een enorm contrast. Doordat we zoveel hebben meegemaakt, ervaar ik nu pas écht hoe geluk voelt. Viora die weer helemaal beter is, haar gezondheid die we nooit meer voor lief zullen nemen. Er is niemand die nu iets voor mij bepaalt, ik moet niets. Geen sociale verplichtingen, geen gedachtes over werkgerelateerde zaken die er toch niet toe doen… Ik leef in het nu en dat is het enige wat telt.

Een weekje op Lombok is erg goed voor ons dagbudget. Het leven hier is niet zo duur. Ons hostel inclusief ontbijt is twintig euro. Een scooter huren we per dag voor drie euro inclusief twee helmen. Strandbedden met een parasol: vijf euro. Surfboard erbij? Geen probleem: dat is 2,50 euro voor een hele dag. Een kopje koffie en een fles water kosten twee euro en twee borden nasi goreng voor de lunch met een cola en een Bintangbiertje vier euro. Zak chips en nog wat biertjes tijdens de zonsondergang: vijf euro. Avondeten kost hooguit 7,50 euro.

Per dag geven we hier dus nog geen vijftig euro uit. Doordat we al zo lang in Indonesië zijn, hebben we bovendien geen dagelijkse extra kosten voor vliegtickets.

Ik vind dat we het sowieso vrij goed doen met onze uitgaven; we doen wat we willen en hebben niet het gevoel dat we veel dingen laten. Volgens de app waarmee we alles bijhouden zitten we nu op een gemiddelde van 114 euro per dag sinds we vertrokken zijn. Dat is inmiddels al 202 dagen geleden. Aan het aantal dagen dat we onderweg zijn denk ik zo min mogelijk, want we zijn al ruim over de helft. We zouden kunnen beginnen met aftellen, terwijl ik dit gevoel eigenlijk voor altijd wil vasthouden. Ik wil niet meer terug naar het leven dat we hadden in Nederland, ik wil dit voor eeuwig.

VIORA

'Hé, Joost en Viora!' horen we iemand roepen. Ik schrik ervan dat iemand onze namen kent. Als we achterom kijken, zien we twee Nederlanders met een backpack enthousiast zwaaien. We zijn net aangekomen op het kleine eilandje Gili Air en verkennen de omgeving door een stukje te wandelen.

'Ik kijk jullie vlogs en ik hoopte al dat we jullie zouden tegenkomen. Wij zijn zelf ook op reis voor een halfjaar!' roept het meisje vrolijk. We raken aan de praat en al snel besluiten we om elkaar vanavond te ontmoeten op het strand voor een drankje. Zo makkelijk gaat dat op reis!

Na een week hebben we nog geen genoeg van Gili Air en we besluiten om nog drie nachtjes extra te blijven. Het eiland is zo klein dat je in een uurtje via het strand het hele eiland rond bent gelopen. De sfeer hier is ontzettend relaxed. Iedereen fietst hier over het eiland en ander vervoer gaat met kleine karretjes met minipaarden. Het merendeel van de toeristen maakt hier geen gebruik van, want de beestjes zien er heel onverzorgd uit. Ze staan dan ook de hele dag in de hitte en zwoegen over de zandpaden van het eiland. Online lees ik dat de paardjes hier gemiddeld niet veel ouder worden dan acht jaar, terwijl een gezond paard makkelijk 25 kan worden.

Er zijn hier geen asfaltwegen, geen auto's, geen drukke feesten met luidruchtige en dronken Australiërs. In plaats daarvan is het hele eiland omringd door spierwit zand, loop je overal zo het water in om te snorkelen en is de kans heel groot dat je een schildpad tegenkomt. We moeten alleen wennen aan de moskee die elke dag en nacht door de speakers meerdere keren het gebed luid aankondigt. Op zich niet vreemd, want Indonesië is een islamitisch land. Enkel Bali is een uitzondering en overwegend hindoeïstisch: daar zijn dus geen moskeeën, maar tempels.

Als we op een avond nog even door het gezellige winkelstraatje van Gili Air lopen, zeg ik tegen Joost dat ik even naar een nieuwe bikini wil kijken. We leven elke dag in onze badkleding, dus alles slijt veel sneller dan thuis. Zodra we in de winkel staan begint de grond ineens te trillen; het voelt alsof er een trein langsrijdt. We wonen zelf in Utrecht dicht bij het spoor, dus we schrikken hier niet meteen van. Dan horen we mensen gillen dat iedereen naar buiten moet.

'*Go out, go out*!' roept de vrouw van de winkel naar iedereen die binnen rustig naar de bikini's staat te kijken. Ineens besef ik dat dit gevoel helemaal niet kan komen door een trein of vrachtwagen, er is geen verkeer hier.

'Het was een miniaardbeving!' zegt de vrouw van de winkel geschrokken als iedereen op straat staat.

Het is nog maar kort geleden dat het hele eiland is ingestort door een zware aardbeving.

'Ik schrok alleen doordat iedereen zo in paniek was, niet door die trilling zelf. Wat heftig om de angst van de mensen zo te voelen,' zeg ik tegen Joost zodra iedereen weer rustig is en terug de winkels in gaat. De schade van de enorme aardbeving in augustus 2018, die 98 mensen het leven kostte, is op sommige plekken hier nog goed zichtbaar, net als op Lombok. Half ingestorte gevels, veel puin en grote scheuren in sommige muren. Naast en tussen de vervallen huizen staan inmiddels weer veel kleine en moderne resorts. De meeste hebben niet meer dan tien huisjes of kamers, met in het midden een groot zwembad. Overdag is iedereen op het strand te vinden en 's avonds struint iedereen door het zanderige straatje waarin wat restaurants en winkeltjes zitten.

17 NOVEMBER 2019

Na het uitstapje naar Lombok en Gili Air keren we terug naar Bali, dit keer naar Uluwatu. We twijfelen hoelang we hier nog willen blijven. We zijn er nu al zo lang en we zullen toch ooit moeten oversteken naar Australië. Joost wil hier niet weg, hij is bang dat we dit heerlijke vakantiegevoel niet zullen vinden in Australië. Ik heb juist wel zin in een compleet nieuw continent met nieuwe gewoontes en avonturen.

Terwijl ik met mijn ouders facetime, die inmiddels na een paar weken reizen in Kuala Lumpur zijn beland, zegt mijn vader ineens dat ze Bali wel een mooie tussenstop vinden.

'Meen je dat pap? Dat lijkt me echt zo leuk!' Voordat ik het weet heeft hij al tickets geregeld.

'Kies jij maar een mooie plek waar we met z'n vieren kunnen slapen voor vier nachtjes!' Uluwatu heeft ons hart tot nu toe helemaal gestolen, dus dat lijkt me de perfecte plek om vier dagen met mijn ouders te verblijven.

'Ze komen al over vier dagen!' roep ik tegen Joost. 'Dat last minute plannen maken heb ik niet van een vreemde, hè?'

Joost glimlacht van oor tot oor: hij kan nog even blijven op Bali en hoefde niet eens moeite te doen om mij te overtuigen.

We hadden nooit verwacht dat we zowel de moeder van Joost als mijn ouders op dezelfde plek zouden opwachten. Daar staan we weer tussen alle taxichauffeurs, dit keer met slingers en een groot bord waarop een naar beneden wijzende pijl staat met de tekst: PAP, JE KADO STAAT HIER! Hij was gisteren jarig en een mooier cadeau dan weer met elkaar samen zijn is er niet. Ik ben zenuwachtig omdat we elkaar al bijna acht maanden niet hebben gezien. Dat is in mijn hele leven nog niet eerder gebeurd. Ik vraag aan Joost of hij wil filmen als ze eraan komen, zoals ik bij hem had gedaan toen zijn moeder kwam. Voordat ik het weet komen ze al aan lopen!

'Jaaaaa!' roept mijn moeder vrolijk. We knuffelen elkaar minutenlang. We hadden van tevoren gezegd dat ze goed moesten zoeken naar een taxichauffeur die wij hadden geregeld en die met een naambordje zou staan wachten.

'Ik wist allang dat jullie hier gewoon zouden staan, hoor!' zegt mijn vader terwijl hij zijn arm om mij heen slaat, op weg naar de auto van Gun die ons staat op te wachten.

Ook met mijn ouders hebben we weer een heel mooie plek gevonden. Elke keer ben ik nog een beetje in de war dat we op deze manier en voor dit bedrag kunnen verblijven hier op Bali. Toen we aankwamen bij dit huis hebben we meteen twee scooters gehuurd, zodat we lekker met z'n vieren rond kunnen touren. Een scooter is op Bali echt een must, tenzij je alles per taxi wilt doen. Lopen of fietsen behoort met het drukke verkeer niet echt tot de opties.

's Avonds gaan we uitgebreid uit eten en daarna halen we wat lekkere nootjes, chips en koekjes die we nietsvermoedend in de keuken leggen. Als we de volgende dag terugkomen van het strand is onze keuken een ravage. Alle lades en kastjes staan open, overal liggen lege zakken en resten chips en nootjes. Er wordt veel ingebroken in de villa's op Bali, dus mijn hart bonkt in mijn keel als we binnenkomen. Zijn onze spullen er nog? Zitten de slaapkamerdeuren nog dicht en waar is de laptop? Gelukkig hebben we binnen een minuut door wat er aan de hand is: er zijn apen in onze keuken geweest, die lekker hebben genoten van al het eten dat wij hebben laten liggen. We hadden ze vanochtend al wel zien lopen, maar er nooit bij nagedacht dat ze zo brutaal zijn en zouden toeslaan als wij weg waren.

'Het waren maar apen, wie kan er nou zeggen dat zijn huis is geplunderd door een stelletje apen?' zeg ik lachend tegen de rest.

'Als die aap maar genoten heeft van mijn pittige wasabinootjes!' zegt mijn vader lachend terug. De eigenaar van het huis had ons al gewaarschuwd dat er soms apen langskomen en dat je moet oppassen omdat ze vrij brutaal kunnen zijn. Dat blijkt.

Het is fijn om te zien dat mijn ouders Bali ook zo leuk vinden. Mijn vader kan niet zo goed stilzitten, heeft een korte spanningsboog en wil eigenlijk altijd wat doen. Rustig een boek lezen is niet aan hem besteed. Ik was bang dat hij ons ritme hier veel te traag zou vinden: een beetje op het strand liggen, een beetje scooteren en lekker eten. Ook met mijn ouders doen we niet veel anders. Mijn vader lijkt gelukkig de rust te hebben gevonden om een beetje om zich heen te kijken en te ontspannen.

'Ik weet niet wat het is, maar ik vermaak me wel met nietsdoen!' zegt hij als ik aan hem vraag waar hij zijn onrust heeft gelaten. 'Maar vier dagen vind ik te kort, dus ik wil nog wel een keer terug hiernaartoe!'

Hij heeft gelijk, de dagen vliegen voorbij en voordat we het weten staan we ze alweer uit te zwaaien en zit hun korte stop op Bali er alweer op.

'Gelukkig zien we elkaar over drie weken al in Australië! Gaan jullie maar alvast de mooiste plekken ontdekken daar!'

5 DECEMBER 2019

Zodra we naar binnen stappen herken ik het geluid. Het zoemende geluid van de naalden. We weten allebei al een tijdje dat we een kleine tattoo willen om de wereldreis te vereeuwigen op ons lichaam en Bali lijkt ons hiervoor de perfecte plek. Morgen vliegen we naar Australië, waar het een stuk koeler is en we de tattoo beter tegen de zon kunnen beschermen, dus deze laatste dag is het ideale moment.

De eenhoorntattoo die we anderhalf jaar geleden op de laatste dag van mijn chemo hebben laten zetten is er nog steeds eentje waar we allebei trots op zijn. Maar deze keer gaan we niet voor dezelfde. Ik wist het meteen: een kleine wereldbol op mijn enkel. Het wereldbolletje van ons Be More Unicorn-logo. Joost twijfelde en heeft uren online gezocht. Uiteindelijk kiest hij voor een abstracte ondergaande zon op z'n onderarm. Net als de vorige keer hebben we niemand van tevoren verteld over dit plan. Binnen een kwartiertje staan we met een grote glimlach en een stuk huishoudfolie over onze vers gezette tattoos weer buiten.

'Die wereldreis pakt nu echt niemand meer van ons af!' zeg ik terwijl ik Joost een dikke kus geef en dan bij hem achter op de scooter spring.

Ik heb zin in ons avontuur in Australië: touren in een camper. Maar ik weet ook dat ik Bali enorm ga missen. We hebben de tijd van ons leven gehad de afgelopen twee maanden. Zoveel mooie herinneringen gemaakt met zoveel verschillende mensen, mensen die ons spontaan aanspraken, mensen die we al kenden uit Nederland, mensen die we kenden via Instagram, en natuurlijk mijn ouders en de moeder van Joost. Er is geen plek waar we zoveel tijd met anderen spendeerden als hier op Bali, we hebben het met iedereen zo naar ons zin gehad. En dat is denk ik ook de reden van mijn gevoel nu: ik zie een beetje op tegen het vertrek. Na alle luxe, gezelligheid en drie keer per dag uit eten gaan we ineens een totaal andere vorm van reizen tegemoet: slapen in een campervan, douchen op de camping, alle maaltijden zelf koken, weer even echt aangewezen zijn op elkaar. Dat zal vast net zo vet worden, maar wennen wordt het wel. Eén ding weten we wel zeker: hier komen we ooit weer terug.

TIPS VOOR DE REIS VAN JE LEVEN

Social media

Hoe begin je met vloggen?
Ja hoor, daar komt de welbekende dooddoener: door het gewoon te gaan doen! Zo simpel is het echt, maar stel jezelf wel eerst de vraag waarom je precies wilt gaan vloggen. Om later je eigen reisavonturen terug te zien, om je familie en vrienden een inkijkje te geven in je reisleven of juist om anderen te informeren met reistips? Wat je doel ook is, ga het alleen doen als je het ook echt leuk vindt. Hou het persoonlijk en wees eerlijk. Het is aantrekkelijk om verhalen voor de buitenwereld stoerder en mooier te maken, maar daar prikt iedereen binnen no-time doorheen. Zeker de mensen die je kennen vallen er niet voor. Als we zelf reisvlogs van anderen keken waren we juist nieuwsgierig naar het verhaal achter het reizen, en niet alleen de mooie uitzichten, maar ook de praktische gang van zaken. Hoe ben je op die plek gekomen, waar slaap je en wat kost het? Laat de dingen zien die jij zelf ook interessant zou vinden om te zien.

Vloggen

- Het is doodeng om jezelf te filmen op een druk plein of vol terras; iedereen kijkt om en begint over je te praten. Geloof me, naarmate je het vaker doet verdwijnt ook die angst, zeker als toch niemand kan verstaan wat jij tegen je camera zegt. Je kunt er ook altijd voor kiezen om een mooi shot te maken van het terras en er in de edit een stukje tekst overheen te doen. Zo hoef je zelf niet met het schaamrood op je wangen voor de camera te komen, maar kun je wel de kijkers laten zien en lezen wat je zou willen vertellen.
- Leg jezelf geen druk op door op een bepaald moment van de week of dag een video online te willen hebben. Je bent op reis, maar niet aan het werk als fulltime filmmaker. Het editten kost tijd en het uploaden kost vaak net zoveel tijd, aangezien je afhankelijk bent van de wifi.
- Laat die camera ook eens thuis of in je dichte tas. Als je steeds meer video's online hebt, als het vloggen zelf ook steeds leuker begint te worden en je steeds meer enthousiaste reacties krijgt, kan het gevaar erin sluipen dat je alles alleen nog maar door het scherm van de camera gaat zien in plaats van echt te genieten van het moment. Dat is zonde, want zoals ik hierboven al zei: je bent op reis en niet aan het werk als filmmaker of fulltime vlogger!

Hoe en waar bewaar je al je foto's?

Naast onze paspoorten was het laatste wat we kwijt wilden raken onze SD-kaarten met alle gemaakte beelden. Hoe erg zou het zijn als die ruim zesduizend foto's ineens verloren zouden zijn? Dat is onze grootste nachtmerrie. Van iedere SD-kaart hebben we steeds een back-up gemaakt op een externe harde schijf die we ook bij ons hadden. Zo hadden we de originele foto's op een kaart en een back-up. Deze twee hadden we in verschillende tassen, *safety first*! En als het kon probeerden we foto's veilig te stellen in de cloud; wij deden dat via Dropbox. Als we in een hotel zaten met een goede wifiverbinding lieten we de laptop even een middagje draaien om de foto's nog een keer veilig te stellen. Als je alleen foto's op je telefoon maakt, is het een stuk handiger om een back-up in de cloud te maken, maar naast je telefoon zou ik ook echt adviseren om alsnog een 'echte' camera mee te nemen op reis. Daar ga je echt geen spijt van krijgen!

Instagram

- Wees consistent in de manier waarop je foto's, video's en verhalen deelt. Kies een bepaalde stijl van kleuren en lettertypes en probeer die vast te houden.
- Plaats de content op één vast moment van de dag. Iedere avond plaatsten wij de stories van die dag (dat doen we trouwens nog steeds). We proberen altijd een verhaal te vertellen of een mooie rode draad door de stories te laten gaan, zodat degene die het kijkt ook alles van begin tot eind meekrijgt en zich deel voelt uitmaken van ons avontuur.
- Door één moment te kiezen voor het delen van con-

tent ben je niet de hele dag bezig met het maken van stories, maar ga je hier 's avonds bewust even een halfuurtje voor zitten. Dan kun je het ook mooi afronden.

- Doe het niet voor de likes en fame, dat valt altijd tegen. We zijn op onze reis veel mensen tegengekomen die zo bezig waren met het behalen van zoveel mogelijk likes dat ze de realiteit uit het oog verloren. Deel wat je zelf ook leuk zou vinden om te zien bij anderen en wederom: wees consistent.
- Bewerk je foto's, maar hou het realistisch. Door soms een felle zon iets rustiger te maken of de schaduw van de parasol iets te verminderen kan een foto veel meer het beeld en de sfeer weergeven die je zou willen. Wij gebruikten daar vooral de mobiele versie van de app Lightroom voor, maar ook in de foto-app van je telefoon zelf kom je al een heel eind.

KERST IN AUSTRALIË

6 DECEMBER 2019/WERELDREISDAG 230

JOOST

'*All right mate, that's it. Here is your key, have a safe trip!*'

Viora en ik kijken elkaar aan en zijn een beetje overdonderd. We staan bij een campervan die voor de komende weken ons huis is. Geen luxe villa met zwembad zoals de afgelopen weken, maar een klein busje waarin we niet rechtop kunnen staan, met een tafeltje en banken die we kunnen omklappen tot een bed. Maar wel eentje waarin we nét met onze benen languit kunnen liggen. Alles wat we nodig hebben zit erin: een koelkast, opbergvakken voor onze backpacks, en uit de achterklep kan een soort aanrechtblad uitgeschoven worden met een gasstel, watertank en USB-aansluitingen om je telefoon op te laden via de accu van de auto. We krijgen er zelfs nog een klaptafel en twee stoeltjes bij.

'*Perfect for when you have a barbie*!' had de verhuurmedewerker er eerder bij gezegd. Ik knikte en glimlachte, al had ik geen idee wat hij bedoelde.

Tijdens de rondleiding door de camper moeten we sowieso goed opletten; ik dacht aanvankelijk dat ik de Engelse taal wel beheers, maar het Australische Engels is even schakelen. Het is niet het Engels dat wij op school hebben geleerd, maar een bijzonder accent waarbij veel woorden worden afgekort en de letter 'a' heel anders klinkt. De jongen van de verhuur praat ook nog snel en binnensmonds, dus ik hoop dat we alle instructies goed hebben begrepen.

Het voelt onwennig als ik aan de rechterkant van het busje achter het stuur ga zitten. Voorzichtig rijden we het terrein af, de stad in. Ik heb al ruim een halfjaar geen auto gereden en nu moeten we dwars door het drukke centrum van Adelaide, waar iedereen links rijdt. Bij ieder kruispunt twijfel ik of ik het wel goed doe. Viora zoekt op haar telefoon naar een supermarkt iets buiten het centrum. Daarna moet ze gelijk weer met mij meekijken, want ik voel me heel kwetsbaar in het verkeer. Zeker nu ik zo onzeker achter het stuur zit en de straten zo groot en breed zijn. Het helpt ook niet mee dat ik in de eerste vijf kilometer al minstens drie stoepranden heb meegepakt als ik een bocht nam. Het insturen van bochten is namelijk ook heel anders als je ineens aan de rechterkant zit met je stuur.

'Huh, de Aldi?!' reageer ik verbaasd als ik de grote en ruim opgezette parkeerplaats van de supermarkt opdraai.

'Leuk hè, die kennen ze hier ook! Ik zag hem op de kaart en het is op de route, dus we gaan hier lekker goedkoop inslaan!'

Voordat ik het doorheb staat Viora al met een winkelwagen naast de bus. Tijdens de eerste kilometers had ik het gevoel dat onze camper een soort vrachtwagen was, maar nu ik om me heen kijk is hij eigenlijk echt ieniemini. Op deze parkeerplaats zien we campers zo groot als touringcars, met twee verdiepingen en uitschuifbare kamers. Er is er zelfs eentje met een terras op het dak. Ik kijk mijn ogen uit. Als we hier met onze Toyota Aygo zouden rijden, zou iedereen ons over het hoofd zien.

Mooiste bestemming?

De moeilijkste vraag die je gesteld wordt na je reis, maar als we dan echt een top vijf zouden moeten maken:

1. Filipijnen. Alsof je continu in een aflevering van *Expeditie Robinson* loopt. Zo tropisch: waar je ook kijkt zie je palmbomen en witte zandstranden.

2. Malediven. De kleur van dat water, de relaxte sfeer van de mensen en de onderwaterwereld. Ook voor de niet-honeymooners een droombestemming.

3. Australië. Als we uit dit immens grote land met eigenlijk alleen maar hoogtepunten één plek moeten kiezen... dan zeggen we de Whitsundays.

4. Perhentians, Maleisië. Vanaf het strand de zee in lopen om meteen te kunnen snorkelen tussen de gekleurde visjes en minihaaitjes was magisch. Het water is hier blauwer dan in een gemiddeld zwembad en de sfeer op het eiland, waar de stroom vaker uitvalt dan je zou willen, is er lekker laidback.

5. Gili Air, Indonesië. Als we ergens langer bleven dan het plan was, dan was het écht een fijne plek! Gili Air, Joost zou er bijna kunnen wonen! Een eiland zonder auto's waar alles lopend of met de fiets gaat, tientallen restaurantjes met loungebanken op het strand, mooie zonsondergangen, feestjes op het strand en schildpadden die je af en toe naar het wateroppervlak ziet komen zwemmen.

Niet alleen de auto's, straten en gebouwen zijn hier groot, ook de winkelwagen waarmee we door de supermarkt lopen is een stuk groter dan in Nederland. Het valt bijna niet op, want de schappen zijn ook minstens twee keer zo hoog als wij gewend zijn. Viora is helemaal in haar element: eindelijk weer zelf boodschappen doen en bedenken wat we allemaal voor lekkers gaan maken. Ik vraag me vooral af of we dat allemaal kunnen maken op ons gasstelletje, maar dat zien we dan wel weer.

'Hé, zie je dat bord?' wijst Viora. '*Everything you need for the perfect barbie*!' leest ze voor. 'Nu wil ik weten wat het betekent ook!'

Onder het bord staat een schap vol hamburgers, worstjes en spareribs, die allemaal geschikt zijn voor op de barbecue. Natuurlijk, barbie is gewoon de afkorting van barbecue. Best logisch, maar die link hadden we net echt niet gelegd.

'We hebben veel in de bus, maar helaas geen barbie. Laten we het onszelf niet te moeilijk maken, met alleen maar twee gaspitjes,' zeg ik voorzichtig. Maar gezien de hoeveelheid boodschappen in de kar heeft Viora andere plannen.

'*G'day mate! Where you from*?'

Ik schrik even van de vraag van de kassamedewerker. Hij heeft ons blijkbaar net in de rij een andere taal horen spreken en is nieuwsgierig. Terwijl hij onze boodschappen scant vertelt hij uitgebreid wat de leuke plekken in de omgeving zijn. Hij is benieuwd naar onze route door Australië, waarschuwt alvast voor de hitte en is jaloers dat we oud en nieuw in Sydney zullen vieren. Hij praat gelukkig een stuk verstaanbaarder dan de jongen van de camperverhuur.

'Wel even schakelen, hè, dat we op zo'n makkelijke manier

met mensen kunnen communiceren,' zeg ik als we weer in de camper zitten en de stad uit rijden.

'O, ik dacht dat je met "even schakelen" de prijs van de boodschappen bedoelde,' zegt Viora. 'We hebben voor honderdvijftig Australische dollar boodschappen gedaan. Bijna honderd euro!'

We wisten dat Australië een duur land is, maar door onze nieuwe dagelijkse kosten van de huur van de campervan, benzine, boodschappen en campingkosten zal het een hele uitdaging worden om in de buurt van ons dagbudget te blijven.

'We gaan het gewoon proberen. En anders compenseren we het wel weer ergens. We gaan er lekker van genieten. We zijn in Australiaaaa!' zeg ik met een Australisch accent en ik trap het gaspedaal nog iets verder in, terwijl de weg voor ons steeds leger wordt.

We hebben onze reis door Australië opgedeeld in drie stukken: van Melbourne naar Sydney, dan Sydney met familie, en als laatste van Sydney naar Cairns.

Het eerste deel is ongeveer 2500 kilometer en daar hebben we veertien dagen de tijd voor. Dat is best krap, want dat betekent dat we iedere dag minstens tweehonderd kilometer moeten rijden, terwijl er onderweg ook nog een flink aantal stops en bezienswaardigheden zijn. Wijnproeven in een van de wijnhuizen rondom Adelaide, een dag door Melbourne dwalen en hopelijk koala's en kangoeroes spotten. Het allermeest kijk ik uit naar de Great Ocean Road, een autoroute die langs de zuidkust van Australië slingert en uitzichten biedt over ruige kliffen, gigantisch hoge rotsformaties, uitgestrekte zandstranden en diepe ravijnen.

Deze eerste paar uur in de auto kijken we onze ogen al uit, dus dat belooft wat voor de komende weken. Hoe verder we de stad uit rijden, hoe uitgestrekter en leger het land wordt. We rijden door bossen vol naaldbomen, en nog geen uur daarna komen we door een heuvelachtig gebied met groene wijngaarden en boerderijen, waar we boeren met tractoren over het land zien rijden om hooibalen te maken van het droge gras. Een stuk verder wanen we ons even in de Sahara terwijl we dwars door National Park Coorong rijden. Eindeloze lege zandvlaktes volgen elkaar op, afgewisseld met roze zoetwatermeren, kleurrijke bloemenvelden en heide.

Het Australische wildlife zien we ook meteen, maar helaas niet alleen op de leuke manier. We hebben al drie dode kangoeroes op de weg zien liggen, een aantal platgereden ratten en zelfs twee slangen. Er is een gezegde in Australië: 'De eerste kangoeroe die je ziet is een dode.' In ons geval klopt dat.

Ieder halfuur stoppen we voor een foto of een wandeling, omdat het landschap maar blijft veranderen. Ook de temperatuur wisselt steeds.

Niet alleen het landschap is fantastisch, ook het rijden in de campervan begint steeds leuker te worden. Ik heb inmiddels alle knopjes op het dashboard een keer ingedrukt en weet wat ze doen. Viora heeft zich ontfermd over de radio en regelt de navigatie. Het links rijden went razendsnel. Eén keer ga ik bij het wegrijden na een korte stop automatisch aan de rechterkant van de weg rijden. Gelukkig is het een rustige weg en zegt Viora na tien seconden opeens: 'Hoe vind je zelf dat het links rijden gaat?'

Voor vertrek naar Australië hebben we al veel uitgezocht en geregeld. We hebben globaal onze route bepaald, een camper gehuurd en online een visumaanvraag gedaan. Australië is ontzettend streng, met veel controles. Op zich hartstikke goed, want daardoor is het land wel gebleven zoals het nu is. Maar door alle regels en voorwaarden waren we wel nerveus dat we iets over het hoofd hadden gezien en dat we ineens te zien zouden zijn in een van Viora's lievelingsprogramma's: *Border Security*.

Gelukkig was onze voorbereiding goed genoeg en konden we snel doorlopen bij de douane. Ons enige oponthoud waren steentjes onder de schoen van Viora. Ze had op het douaneformulier aangekruist dat ze de schoenen ook had gebruikt om te wandelen in bossen en door zanderig gebied. De douane wilde dat even zien: de schoenen moesten uit de backpack. En ja hoor, in Viora's zool zaten nog een aantal steentjes.

De Australische overheid let er heel strikt op of delen van planten of zaden niet het land binnenkomen, die kunnen namelijk de Australische flora en fauna verstoren. De steentjes moesten uit Viora's schoen gehaald worden met een stokje, daarna werd de zool gereinigd met een spray en toen moest de schoen nog een keer door de scan. Gelukkig was de douanebeambte heel vriendelijk en vertelde ze dat ze dit wel vijftien keer per dag doet. Ik hield me een beetje afzijdig, want hoewel ik mijn schoenen op exact dezelfde plekken aan heb gehad, had ik geen kruisje gezet op het formulier.

Volgens de navigatie bereiken we over een halfuur onze bestemming van vandaag: het vissersdorpje Robe. Gelukkig, want ik ben er ook wel klaar mee. We zitten al sinds vanmorgen halftien in de auto en zijn inmiddels alweer driehonderd kilometer verder. De dag is voorbij gevlogen en we merken aan alles dat dit land is ingericht op mensen die met een camper reizen. Overal langs de weg zijn grote parkeerplaatsen waar je overdekt op grote picknickbanken kunt eten. Daarnaast kun je drinkwater tappen, naar de wc en zijn er elektrische barbies aanwezig die je gratis mag gebruiken. Bij sommige stops zijn zelfs douches aanwezig.

In Nederland zouden dit soort openbare plekken en gebouwen in een mum van tijd vernield of vies zijn en onder de graffiti zitten. Hier niet: alles is spic en span. Viora nam vandaag bij elk wc-bezoek voor de zekerheid wat wc-papier mee. Maar er was wc-papier in overvloed, de zeepdispenser was altijd bijgevuld en er was voldoende papier om je handen af te drogen.

Het vinden van dit soort openbare plekken is ook niet moeilijk. We hebben een aantal apps gedownload waarin precies te vinden is waar de openbare parkeerplaatsen, sanitaire gebouwen en warme douches zijn. Er staan zelfs reviews en foto's van eerdere bezoekers op. Je kunt in de app filteren op wat je precies zoekt en er zo naartoe navigeren. Zo'n app hebben we ook voor campings en overnachtingsplekken. Bijna iedere camping staat in een app, inclusief prijzen, recente reviews en foto's van eerdere gasten. Daarnaast zijn er talloze gratis kampeerplekken in Australië. Sommige zijn officiële gratis plekken die de overheid daarvoor beschikbaar heeft gesteld, andere zijn onofficieel. Bij gratis plekken zijn de reviews van belang, want iedereen laat daar weten hoe de nacht verliep en of ze onverwachts visite kregen van de politie.

Ons oog is gevallen op een redelijk moderne camping die direct aan de kust ligt. Voor de eerste nacht vinden we een beetje zekerheid dat er een warme douche is wel prettig. En zo hebben we ook een rustige plek om te koken en kunnen we op ons gemak de camper ombouwen voor de nacht.

Er is een groot receptiegebouw en het inchecken gaat allemaal digitaal. Het is allemaal logisch, maar we zijn nog steeds aan het omschakelen: in Azië zijn de keren dat ze een computer gebruikten om in te checken op één hand te tellen.

Het is inmiddels halfzes en het koelt snel af. Ook de zon begint langzaam onder te gaan en het wordt tijd om het enige vest dat ik mee heb aan te trekken. De hitte waar iedereen ons voor heeft gewaarschuwd is nog nergens te bekennen.

'Wat gaat het worden, chef?' vraag ik aan Viora, die gehurkt voor het koelkastje zit dat uitpuilt van alle boodschappen.

'Ik zit te denken aan eerst wat chips voor bij de borrel, gevolgd door ravioli met champignons en pesto. Als je dan nog ruimte over hebt kunnen we kijken of ze hier ergens een ijsje hebben als toetje.'

Daar kan ik geen nee tegen zeggen, het klinkt als een feestmaal. Het valt me niet tegen hoe snel het koken op deze twee gaspitjes gaat. Het water koken duurt misschien drie keer zo lang als thuis, maar als ik om me heen kijk zie ik de zee vanaf onze knusse camper (opgeleukt dankzij de gezellige lichtjes die ik op het allerlaatste moment nog in onze boodschappenkar had gegooid) en proosten we op deze eerste geslaagde dag.

VIORA, 11 DECEMBER 2019

Ik wil heel graag vóór de kerst een mooi plekje zoeken om het beetje as van Daisy, dat we al vanaf het begin van onze reis in een kauwgompotje in onze backpack meedragen, uit te strooien. Daisy, mijn lieve lotgenootje, ze wilde nog zo graag de wereld zien, maar het mocht niet zo zijn. Daarom bedacht haar vrouw Nikki om overal ter wereld kleine beetjes as uit te laten strooien door vrienden en familie. Ik beloofde haar dat we de as zo ver mogelijk van huis zouden uitstrooien. Australië is daar natuurlijk de beste plek voor.

Bij elke douanepost bleef het spannend of ze het potje uit mijn backpack zouden halen. Het is trouwens gewoon toegestaan om as mee te nemen, maar toch had ik het niet raar gevonden als ze hadden gevraagd wat er in dat potje zat. Ik had het gesprek met degene die mijn backpack zou controleren in mijn hoofd al honderd keer geoefend.

'Het zijn echt geen drugs, hoor. Ik heb gewoon een klein beetje as bij me,' zou ik dan zo zelfverzekerd mogelijk zeggen.

'In een kauwgompotje, geloof je het zelf?' hoorde ik de douanebeambte dan zeggen. Gelukkig bleef het bij oefenen in mijn hoofd.

Vanochtend zei ik tegen Joost dat vandaag een mooie dag is voor Daisy, op een van de mooiste plekken van Australië: The Great Ocean Road. Vanmorgen zijn we begonnen aan de route, die officieel 240 kilometer lang is. Onderweg zijn er tientallen plekken waar je kunt stoppen voor een waanzinnig uitzicht. Als we voor de derde keer stoppen bij een uitkijkpunt is er niemand te bekennen. Precies wat ik wilde, geen hordes toeristen, in tegenstelling tot de eerdere stops die we tot nu toe hebben gehad.

Ik pak het potje uit mijn tas en steek het in mijn jaszak. We lopen een stukje en het uitzicht over de zee is adembenemend. Rood gesteente, dat metershoog boven de zee uitsteekt. Golven die kapotslaan op de rotsen. Vogels die over het water scheren, zo nu en dan naar beneden duiken en omhoogkomen met een vis in hun bek.

We klimmen over een hekje om dichter bij de rand van de rotsen te komen. Het mag officieel niet, maar voor Daisy maken ze vast een uitzondering. Ik zet mijn telefoon een paar meter van ons af op de grond. Ik wil dit graag filmen, zodat Nikki precies kan zien waar dit beetje as van Daisy terecht is gekomen. Als ik weer naast Joost sta, verdeel ik voorzichtig de as over onze handen. Ik tel af en dan gooien we het in de lucht. Tot dit moment voelde ik nog niet echt emoties, maar nadat we de as hebben losgelaten komen de tranen toch.

'Dag lieve Dais, ik hoop dat je deze plek net zo mooi vindt als wij...' fluister ik in Joosts oor als hij me stevig vastpakt en we minutenlang zo blijven staan. 'Kutkanker!' zeg ik huilend. 'Het is zo oneerlijk, maar ik weet zeker dat Daisy het fijn vond om zo lang met ons mee te reizen, en dat ze het heel mooi vindt hier...'

'Dat is het laatste wat we voor haar konden doen,' zegt Joost zachtjes terug.

Hand in hand lopen we terug naar onze camper.

'Pfff, nu heb ik echt even behoefte aan iets vrolijks!' zeg ik terwijl ik weer instap en mijn tranen wegveeg. 'Een lekkere foute meezinger dan maar?'

Joost start de camper en draait hem weer de weg op. Terwijl we keihard '*We are never ever going hoooome*' zingen komt de zon, die zich tot nu toe nog niet echt had laten zien, langzaam tevoorschijn. Daisy lacht met ons mee vanaf boven, dat weet ik zeker.

Nu we in Australië zijn, hebben we weer dagelijks contact met Adwin en Elsa. We rijden namelijk langzaam naar elkaar toe:

wij gaan van zuid naar noord, en zij komen juist vanuit het noordelijker gelegen Sydney naar beneden gereden. Vanavond zien we elkaar eindelijk weer.

'Hoppa, dat is het derde land waar we elkaar zien!' roepen we enthousiast als we de camping op rijden en hun campertje al zien staan. 'Australië is zo groot en toch lukt het ons om tegelijk op dezelfde plek te zijn, ook al is het een beetje afgesproken!'

Na een gezellige avond op de camping gaan we allebei weer een andere kant op. Voor ons staat Philip Island vandaag op de planning: de *place to be* als het gaat om pinguïns spotten. We hebben online kaartjes gekocht voor een afgesloten deel van het eiland, waar de pinguïns iedere avond als de zon ondergaat aan land komen om te gaan slapen in hun holletjes in de duinen. We hebben geen idee wat we kunnen verwachten. Zou het echt zo bijzonder zijn om een stelletje pinguïns te zien die de zee uit komen?

Als we bij het hypermoderne informatiecentrum aankomen zijn we enorm onder de indruk. *Numbers of penguins last night: 2947. Expected arrival tonight: 20:50.* staat op een groot bord buiten. We moeten plaatsnemen op een tribune in de duinen met uitzicht op de kustlijn, en wachten tot het donker wordt. Pas dan komen de kleine pinguïns aan land.

Het is net alsof we bij een voetbalwedstrijd zitten. Met vijfhonderd man op de tribune staren we aandachtig naar de waterkant terwijl er ondertussen live verslag wordt gedaan door een commentator die in een hokje boven de tribune zit. 'Ja hoor, daar komen ze! Goed kijken op links, o en nu ook op rechts!'

Het is een fascinerend gezicht. Honderden pinguïns proberen zich een weg te banen vanuit de wilde zee het strand op. Sommige zijn nog zo klein dat ze weer worden meegesleurd door de golven, terug het water in. Andere pinguïns schrikken van laag overvliegende vogels en rennen zo snel als ze kunnen weer de zee in om het later nog eens te proberen.

Ademloos kijken we toe.

'Jullie mogen zo meteen allemaal rustig opstaan en via de houten steigers door de duinen teruglopen naar het informatiecentrum. De pinguïns lopen op, onder en naast de steigers naar hun holletjes, dan kun je ze van heel dichtbij zien,' deelt de commentator mee. We staan zeker nog een halfuur te kijken naar de beestjes die vrolijk waggelend op enkele meters afstand van ons onderweg zijn naar hun slaapplekje.

'Dat was echt veel leuker dan ik dacht!' zegt Joost als we teruglopen naar de camper.

'Bijzonder om te zien, hè. Ik had er eigenlijk wel eentje mee willen nemen voor in de camper!' zeg ik.

Via Instagram worden we door een volger getipt over Philip Island Wildlife Park, een enorm park van 24 hectare waar je alle Australische dieren bij elkaar kunt zien. Ze heeft niets te veel gezegd. We zien wallaby's (een soort kleine kangoeroes), koala's, kangoeroes, allerlei loopvogels, roofvogels en andere bijzondere vogels, dingo's, reptielen en ga zo maar door.

Wat ik in Australië echter heel naar vind om te zien, zijn de plekken waar je met een koala in je armen op de foto kunt gaan. Koala's slapen normaal heel veel, maar dat kan niet als ze als toeristische attractie gebruikt worden. We komen helaas onderweg nog te veel plekken tegen waar dit wordt aangeboden. In dit park kan het gelukkig niet; de koala's liggen gewoon lekker slapend en etend in de bomen op genoeg afstand van de toeristen.

Als bezoeker mag je zelf door het park lopen. De meeste dieren hebben een groot stuk land waar ze door elkaar heen lopen en vliegen. Bij de ingang krijgen we een zakje voer mee: 'voor de kangoeroes en de wallaby's!' In eerste instantie vind ik de enthousiast springende wallaby's die zo uit mijn hand komen eten een beetje spannend. Tot nu toe hebben we ze alleen in het wild op een afstandje gezien. Na een paar minuten wennen durf ik wel op mijn hurken te gaan zitten. Het is bijzonder om zo tussen deze dieren door te lopen.

Bij de grote kangoeroes vind ik dat een stuk griezeliger. Hoe mooi ze ook zijn, ze zijn staand toch best indrukwekkend en groot. Met hun grote poten en scherpe nagels kunnen ze flink hard uithalen.

We houden inmiddels niet meer bij hoeveel dode dieren we langs de weg hebben zien liggen. We wennen er een beetje aan, maar de aanblik blijft heel triest. De dieren komen 's nachts op het licht van de auto's af en een botsing met een *road train* overleven ze helaas niet. Dat zijn gigantische vrachtwagencombinaties met meerdere opleggers, die vaak langer dan vijftig meter zijn. Als er een road train voorbijkomt, moet Joost twee handen aan het stuur houden en voelen we onze camper vechten tegen de luchtdruk die ontstaat.

Ik moet er niet aan denken dat wij met onze camper een kangoeroe zouden scheppen, want zowel het dier, de camper als wijzelf komen daar waarschijnlijk niet zonder kleerscheuren vanaf. Bij de camperverhuur adviseerden ze ook nadrukkelijk om niet in het donker de weg op te gaan.

Onze favo roadtrip-songs in de camper:

Post Malone **– Sam Feldt**
Als er iets fijn was, dan was het wel dit refrein keihard meezingen: *'Yeah, we are never, ever going hooome!'*

High **– Lighthouse Family**
Een tekst die je op meerdere manieren kunt interpreteren, maar voor ons staat het na alles wat ons is overkomen voor onze liefde. Natuurlijk vinden we het ook een heerlijke meezinger!

We are gonna be, forever you and me
You will always keep me flying high in the sky of love

Never Seen The Rain **– Tones and I**
Bij het horen van de eerst noten word je hier gelijk vrolijk van en klap je onbewust mee. Wij hebben de afgelopen jaren de 'rain' wel gevoeld en staan mede door die ellendige 'rain' waar we nu staan.

Wat ook went zijn de borden langs de weg met de *Fire danger rating* en een soort klokje met kleuren die oplopen van groen tot donkerrood. Bosbranden zijn in Australië helaas heel gewoon, al is het dit jaar uitzonderlijk heftig, als we alle radio- en nieuwsberichten mogen geloven. Er is lang niet meer zoveel brand geweest in het zuidoosten van Australië als nu. We delen er af en toe wat over in onze Instagramstories en we merken dat familie en vrienden steeds vragen of we veilig zijn. We hebben een app gedownload om te zien waar de branden zich bevinden en kunnen zo de grootste branden ontwijken. Australië is zo immens groot: de branden zijn soms net zo ver van ons vandaan als bijvoorbeeld de afstand van Nederland naar Parijs. Af en toe rijden we door compleet verbrande gebieden, waar alleen nog wat dorre zwarte bomen staan. Het is een triest gezicht, en het ergste is ook dat deze gebieden niet dit jaar zijn afgebrand, maar al twee of drie jaar geleden.

Eén keer komen we op een camperplaats aan waar de lucht strakblauw is, maar waar we de volgende ochtend in de dikke rook wakker worden. De kleur van de lucht is oranje-grijs en er vallen asdeeltjes naar beneden, waardoor we in de camper moeten ontbijten. Het voelt soms onrustig, alsof we worden opgejaagd door de brand, maar we houden de apps en de radioberichten scherp in de gaten en weten zo precies waar we wel en niet heen kunnen rijden. Sommige wegen en gebieden zijn afgesloten en we proberen zo ver mogelijk door te rijden tot we uit de rook zijn. Het slaat op onze ogen en longen en het is moeilijk voor te stellen dat dit hier ieder jaar aan de orde is.

Joost en ik hadden tot Australië nog nooit samen gekampeerd, maar ik vind het heerlijk. We hebben alles bij ons. Als we honger hebben, stoppen we even op een parkeerplaats, klappen we de stoeltjes uit en zitten we binnen vijf minuten te eten – vaak met een grandioos uitzicht. Sneller dan verwacht hebben we ons ritme in Australië helemaal gevonden: wakker worden door het licht dat tussen de gordijnen door komt, koffie en een havermoutje maken en dan urenlang rijden langs de kust terwijl we meezingen met de muziek. We rijden naar uitzichtpunten, maken wandelingen, bezoeken dorpjes, lunchen op de mooiste strandjes met een zelf gesmeerd broodje, spotten wilde koala's, maken koffiestops, discussiëren over op welke camping we zullen overnachten, koken op ons gasstelletje, en drinken het laatste kopje thee om zeven uur, zodat we niet 's nachts de camper uit hoeven om naar het wc-gebouw te gaan (die fout maken we maar één keer).

Het blijft bijzonder dat we ons zo snel thuis voelen in een nieuw land. Ik had dat hier in Australië heel erg gehoopt maar niet verwacht, omdat het contrast met Azië zo groot is. Ik heb alleen nog totaal geen kerstgevoel, ook al is dat al over een paar dagen. Overal in de straten staan versierde kerstbomen, er hangt decoratie, we zien kerstmannen (sommige zelfs in korte broek) en er wordt kerstmuziek gedraaid, maar door het warme weer voel ik die kerstvibe totaal niet.

We hebben de afgelopen dagen flink doorgereden en zijn nu in Kiama, een dorpje net voor Sydney. Daar staan we een paar nachten voordat we deze camper na een tocht van 2500 kilometer weer inleveren. De komende twee weken zijn we in en rondom Sydney met mijn familie, dus het is niet handig om onze camper te houden. Voor het laatste deel van de reis halen we een nieuwe camper op. Hopelijk is die net zo fijn als deze.

21 DECEMBER 2019

Als twee stokstaartjes staan mijn moeder en ik voor in de aankomsthal te wachten op mijn broertje en zijn vriendin. Joost en mijn vader staan iets verder achter ons. We hebben voor de komende week een huis gehuurd in Avalon, een wijk net buiten Sydney. Kerst vieren in Australië is de droom van mijn vader, en we hebben het er al jaren over.

Sydney is enorm: Avalon ligt op veertig minuten rijden van het centrum van Sydney. Als we vanuit Utrecht die afstand rijden, staan we op de Dam in Amsterdam. Avalon is een noordelijke buitenwijk van de stad en voelt als een dorp, met prachtige huizen die tegen de heuvels zijn gebouwd. Het wordt omringd door palmbomen en mooie zandstranden met namen als 'Palm Beach', waar bekende Australiërs een tweede of derde huis hebben.

Naar het strand gaan is hier in Australië heel anders dan bijvoorbeeld op Bali. Vanwege de gevaarlijke stroming is de kustwacht hier de baas. Op bijna ieder strand staat een wachtpost met gespierde lifeguards, er zijn vlaggen die aangeven waar je wél, maar vooral niét mag zwemmen, en de reddingsboten liggen altijd klaar. Soms zien we zelfs drones die gebruikt worden om de surfers verderop op zee in de gaten te houden. Er zijn nergens strandbedjes die je kunt huren, iedereen neemt alles van huis mee. Stoelen, parasols, koelboxen, muziek, kleden, kussens en eten. Véél eten. Ook partytenten meenemen naar het strand is hier heel gewoon, en dat vooral om goed in de schaduw te kunnen zitten. Huidkanker is dé nationale ziekte in Australië: de kans om het te krijgen is hier drie keer groter dan in de rest van de wereld. Er zijn hier zelfs speciale huidkankerklinieken.

Overal staan dan ook borden met *slip – slop – slap – seek – slide: slip on a shirt, slop on sunscreen, slap on a hat, seek shade, slide on sunglasses.*

Ik voel weer die vrolijke zenuwen. Het voelt zo onwerkelijk dat het nu echt zover is.

'Jaaa, daar komen ze!' roep ik als mijn broertje Dàmi en zijn vriendin Amber de aankomsthal in komen. Ik ren tussen de mensen door en spring mijn broertje om zijn nek. We hebben een foute *welcome home*-ballon gekocht die ik in zijn handen druk. Dàmi en Amber hebben een vlucht van ruim 24 uur achter de rug en zijn moe, maar ook heel blij om ons na al die maanden weer te zien.

'We zijn eindelijk weer compleet!' zegt mijn moeder als we met zijn zessen in de huurauto stappen. 'Driving Home For Christmas' schalt door de speakers en mijn vader kan niet ophouden met zingen. Het blijft heel vreemd dat alles in kerstsferen is terwijl het buiten dertig graden is. Toch heb ik heel veel zin in de komende weken: dierbare mensen om me heen, kerstmuziek, lekker eten en genieten van het zomerse weer.

De luxe van een wasmachine is iets wat je pas gaat waarderen als je het niet hebt. Al waren we natuurlijk enorm verwend in Azië, waar we de vuile was bij een wasserette brachten en het 24 uur later schoon en opgevouwen weer ophaalden. En dat voor een euro of drie.

Toch vind ik zelf mijn wasje draaien ineens heel lekker.

'Rare dingen waar je blij van wordt als je zo lang op reis bent,' grap ik tegen mijn moeder.

Voor de komende kerstdagen hebben we iets leuks bedacht:

iedere dag doet ieder stel een andere gang. Joost en ik maken op kerstavond het voorgerecht, op eerste kerstdag het nagerecht en op tweede kerstdag het hoofdgerecht.

Het vegetarisch eten bevalt ons heel goed en we hebben na de documentaire *Game Changers* op Netflix samen met mijn ouders besloten dat het een vegan kerstdiner gaat worden. Eindelijk weer zelf koken vind ik een feest. Voor onze reis was ik heel benieuwd wat ik zou gaan missen van het 'gewone' leven. Dat blijken dus juist de simpele dingen te zijn: boodschappen doen, koken en de was doen.

We zijn allemaal druk aan het bedenken wat we gaan maken en met een megaboodschappenlijst duiken we met z'n zessen de supermarkt in. Ruim een uur en twee volle karren later komen we weer buiten. Ik ben positief verrast over alle vega en vegan opties hier. Sowieso vind ik buitenlandse supermarkten echt een uitje, zeker in deze Australische megawinkels.

'Ik heb in tijden niet zo'n lange boodschappenbon gezien. Hoeveel weken blijven we hier?' zeg ik tegen mijn vader als hij de kassabon aanpakt van het meisje achter de kassa en ze ons '*Happy holidays*!' wenst.

'Als het aan mij ligt blijven we hier wonen!' zegt mijn vader enthousiast terug.

'Dit is toch de leukste kerst ooit? Overdag naar het strand, daarna in bikini het eten voorbereiden en 's avonds in je zomerjurkje aan het kerstdiner,' zeg ik terwijl Joost en ik bezig zijn met ons hoofdgerecht op tweede kerstdag.

Het huis is groot genoeg voor iedereen. Dàmi en Amber moeten even bijkomen van de jetlag en zowel mijn ouders als Joost en ik hebben genoeg gezien en gedaan de afgelopen weken, dus we doen het rustig aan. We rommelen wat in en om het huis en dineren iedere avond lang en uitgebreid op de veranda. Overdag wandelen we langs het strand, lunchen we bij restaurants met terrassen die uitkijken over alle zeilboten in het water, koelen we af in het zwembad in de tuin, eten we taartjes bij een van de vele hippe tentjes, maken we elkaar gek met alle spelletjes en zorgen we dat de borrel op tijd begint. Wat een feest om hier samen te zijn.

1 JANUARI 2020

'Happy New Year, op het mooiste jaar van ons leven!' zeg ik tegen Joost. Ik geef hem een kus terwijl we naar het vuurwerk kijken op de Harbour Bridge, midden in Sydney. We zijn gisteren van het huis in Avalon naar een klein appartement midden in de stad verhuisd voor de laatste week met z'n allen. Het is even een omschakeling van het enorme huis met zwembad naar een miniappartement. Het appartement heeft twee kleine slaapkamers, een piepkleine badkamer met wc en er is een slaapbank in de woonkamer. Mijn vader heeft dit al maanden geleden geboekt, maar zelfs toen was er al niet veel meer te krijgen. Oud en nieuw vieren in Sydney is blijkbaar zo populair dat de meeste accommodaties al ruim zes maanden van tevoren volgeboekt zijn. Het is even behelpen, maar we zijn toch amper in het huis te vinden. We zijn hier met een doel: het wereldberoemde vuurwerk bekijken.

Het vuurwerk op de Harbour Bridge is niet zomaar gratis te zien; alle parken en kades die maar enigszins zicht hebben op de brug zijn afgezet. Van tevoren moesten we dus bepalen waar we naartoe wilden, zodat we alvast kaarten konden kopen. De prijzen verschilden enorm, al was het eigenlijk overal duur.

Uiteindelijk kozen we voor een kade die redelijk dicht bij ons appartement is, zodat we lopend ernaartoe konden. In het afgezette park is een bar en een kraam waar je eten kunt kopen en er dreunt harde muziek uit de speakers. Het voelt bijna als een soort festival. Vandaag liep de temperatuur op tot 32 graden, maar inmiddels staan we rillend te proosten op het nieuwe jaar in onze lange broek en jas. Het voelt bijna alsof we gewoon in Nederland staan. Om ons heen staan mensen van over de hele wereld en iedereen vliegt elkaar om de nek, alsof we de beste vrienden zijn.

'Dat 2020 weer een heel mooi jaar mag worden!' roepen we als we met champagne op het nieuwe jaar proosten.

De Snollebollekes galmen over Bondi Beach. Een jongen met een Unox-muts op blèrt door een megafoon mee: 'Van links… naar rechts…' Iedereen haakt in en schuifelt over het strand heen en weer. We doen mee met de jaarlijkse nieuwjaarsduik, die ook hier aan de andere kant van de wereld elk jaar wordt georganiseerd. Het levert een hoop verbaasde blikken van andere strandgangers op.

Dit strand kennen we eigenlijk alleen van *Bondi Rescue*, nog zo'n programma dat ik graag kijk. We weten inmiddels dat we alleen tussen de vlaggen mogen zwemmen, zodat de kustwacht goed zicht op ons heeft. Ze vinden het maar niets, al die gekke Nederlanders die de zee in willen. Ze weten dat we goed kunnen zwemmen, maar liggen toch klaar met hun bootje om alles van twee kanten goed in de gaten te kunnen houden.

Met zeker duizend man rennen we het strand af, het water in.

'Shit, het water is zelfs hier nog koud!' schreeuw ik terwijl we met z'n allen boven op elkaar vallen. Gelukkig zijn we voor de kustwacht allemaal goed te zien met onze oranje mutsen. Ik ga mooi niet kopje-onder in dit koude water. Ik ren snel terug naar het strand, naar mijn ouders die daar staan te wachten. Ik wilde altijd al eens de nieuwjaarsduik doen. Dat het niet op een Nederlands strand met twee graden, maar op een Australisch strand met 25 graden was, hoef ik er toch nooit bij te vertellen?

Jarig zijn op 3 januari, zo kort na alle feestdagen, vond ik eigenlijk nooit echt leuk. Tot dit jaar. Hoe leuk ik de afgelopen maanden alleen met Joost ook vond, je verjaardag vieren met familie is toch wel feestelijker. Omdat het vegetarisch eten ons zo goed is bevallen en we dit na onze challenge heel makkelijk hebben voortgezet, zijn we weer toe aan een nieuwe uitdaging: we gaan de hele maand januari plantaardig eten. Het volledig veganistische kerstdiner beviel supergoed. Vanavond eten we in een volledig plantaardig restaurant en proosten we op mijn 29ste verjaardag. De perfecte afsluiting van twee onvergetelijke weken.

Vandaag zijn we voor het laatst met z'n zessen. Morgen vliegen mijn ouders door naar Nieuw-Zeeland. Dàmi en Amber blijven nog een volle week in Australië voordat hun vakantie erop zit.

Wij gaan op zoek naar een nieuwe camper, maar omdat we nu midden in de Australische vakantieperiode zitten is dat opeens behoorlijk prijzig. Uiteindelijk vinden we een camper, maar die is pas over vijf dagen beschikbaar. Laten we wat langer in Sydney moeten blijven nou nét geen probleem vinden!

Tijdzones
Hou de tijdzones goed in de gaten, want per staat kun je zomaar je horloge een uur vooruit of achteruit moeten zetten!

Bookme
Het boeken van excursies en dagjes weg kan in Australië (en Nieuw-Zeeland) heel gemakkelijk via de site Bookme. Wij hebben in totaal wel vijf verschillende activiteiten via deze site geboekt, waaronder de boottocht op de Whitsundays.

Giftigste dier ter wereld
De 'dooskwal' is een van de giftigste dieren ter wereld. Het gif van deze relatief kleine kwal zorgt ervoor dat je binnen een paar minuten na een beet een hartaanval krijgt. Dus wees niet bijdehand: als er bordjes staan met NO SWIMMING! doe dat dan ook niet.

Nooit geweten...
Australië kent veel enge dieren. Je wist echter vast niet dat niet de slangen, spinnen of haaien het gevaarlijkst zijn, maar dat de bijen voor de meeste slachtoffers zorgen!

Gevaarlijkste dier ter wereld
Niet een krokodil, haai, leeuw of nijlpaard, maar een mug zorgt voor de meeste dodelijke slachtoffers ter wereld. Door het verspreiden van malaria, gele koorts en dengue overlijden er jaarlijks meer dan twee miljoen mensen door deze kleine insecten.

In Sydney voelen we ons helemaal thuis. Met de supersnelle verbindingen van de metro, tram, ferry's en bussen kun je in een mum van tijd overal komen. De stad doet ons een beetje aan Rotterdam denken, waarschijnlijk door de architectuur van de gebouwen, het water en de brug als centrale punt. Brede straten met moderne kantoren afgewisseld met historische gebouwen met gerestaureerde Engelse gevels maken het straatbeeld nog sfeervoller. De stad is schoon, nergens zien we troep of uitpuilende prullenbakken. En wat ons vanaf het eerste moment al opviel: niemand rookt hier. Niet zo gek, want de prijs voor een pakje sigaretten in Australië is momenteel bijna 25 euro. (Het goedkoopste pakje sigaretten ter wereld vind je trouwens in Mongolië, daar betaal je maar vijftig cent.)

Op mijn verjaardag stroomden de felicitaties via Instagram binnen, net als een berichtje van een Nederlands stel dat in Sydney woont.

> *Gefeliciteerd!! Wij wonen zelf in Sydney! Hebben jullie al een accommodatie voor aankomende week? Wij zaten effe te denken, wij hebben een groot appartement in Milsons Point met twee badkamers, alleen geen logeerbed. Dus als jullie een luchtbed kunnen fixen zijn jullie hier van harte welkom! Denk erover na en feel free to say no! Wij zouden het in ieder geval heel leuk vinden, en het scheelt jullie bergen met geld!*

We hoeven er niet lang over na te denken, zeker niet als ze een paar foto's sturen. Slapen in een appartement met uitzicht op de Harbour Bridge en het wereldberoemde Opera House? Dat is een unieke kans. In Nederland zouden we niet zo snel bij vreemden binnenstappen, laat staan daar vijf nachten slapen, maar nu we zo lang op reis zijn en al in zoveel vreemde bedden hebben geslapen is dat geen probleem meer.

Linda en Hylke zijn na hun wereldreis blijven hangen in Sydney en werken daar nu allebei. Ze weten dus als geen ander hoe welkom hun aanbod is. We zijn straks weer zes weken met de camper op pad, dus we genieten nog even extra van een echt huis met een warme douche.

Vanaf het eerste moment klikt het met Linda en Hylke. Ze laten ons plekjes zien van Sydney die we anders nooit hadden gezien. Zo gaan we zwemmen in het oude olympische zwembad, een iconisch openluchtzwembad recht onder de Harbour Bridge. Terwijl je baantjes trekt kun je het Opera House zien.

Joost kan ook eindelijk naar een sportwedstrijd. Hij heeft het al weken over het bezoeken van een tennis- of voetbalwedstrijd in het buitenland en toevallig is de voetbalcompetitie net weer begonnen. Samen met Linda en Hylke bezoeken we een thuiswedstrijd van Sydney FC.

Het is leuk om Sydney als een local te ervaren en het bevestigt ons gevoel: dit is een wereldstad die alles heeft. Hoewel ik na de twee weken met de familie eigenlijk wel zin had om weer in de camper te stappen, voelt deze onverwachte verlenging van ons verblijf in Sydney als de kers op de taart. We gaan naar Bondi Beach, verdwalen in het drukke centrum in een van de vele shoppingmalls en hiken vijftien kilometer door de bossen en langs de rotspartijen van de kust van Sydney naar Airlie Beach.

Ik voel me ook helemaal geen toerist hier. We gaan hier makkelijk op in de massa. Iedereen die we spreken gaat er meestal van uit dat we in Sydney wonen en hier thuishoren. Het is opvallend hoeveel verbanden er zijn tussen Nederlanders en Australiërs. Bijna iedereen hier heeft wel een verre achterneef, vriend of buurman die oorspronkelijk uit een Nederlandse familie komt. Rond 1950 zijn er zo'n vijftigduizend Nederlanders geëmigreerd naar Australië om daar een nieuw bestaan op te bouwen en inmiddels wordt de Nederlandse populatie in Australië geschat op zo'n 500.000 mensen. Dat is maar een klein percentage van de 25 miljoen inwoners van het land.

De inwoners van Australië wonen trouwens vrijwel allemaal aan de oostkust. Daar bevinden zich negen van de tien grootste steden van het land. Ongeveer veertig procent van de totale bevolking woont in de twee grootste steden: Sydney en Melbourne. De bevolkingsdichtheid in het land is een van de laagste ter wereld: maar drie inwoners per vierkante kilometer. Ter vergelijking: in Nederland is dat 450 inwoners per vierkante kilometer.

Ik mis het stadse leven in Utrecht niet, maar toch vergelijken we elke stad waar we komen met Utrecht. Op onze laatste avond in Sydney mijmeren we of er veel veranderd zou zijn. Welke nieuwe winkels en restaurants er in de buurt zijn en hoe het is met de renovatie van de Dom. Ik vraag Joost of hij zin heeft om terug te gaan.

'Voor een middagje, en dan snel weer terug op reis!'

Ik had nooit verwacht dat hij dit zou zeggen, maar Joost is nog lang niet klaar met reizen. Ik maakte me geen zorgen, maar was wel heel erg benieuwd of hij geen heimwee zou krijgen. Hij wilde eerst maar maximaal drie maanden op reis en niks van zijn leven in Utrecht opgeven. We zijn nu al meer dan acht maanden op reis en nu zegt hij dat hij nooit meer naar huis wil. Het is ook alsof hij nooit iets anders heeft gedaan. Zijn haar is door alle zon en zeewater steeds blonder geworden, zijn huid is al maanden zongebruind en zijn ogen stralen.

Ons oorspronkelijke plan was een wereldreis van een jaar. Dat betekent dat we nog vier maanden te gaan hebben, maar Joost heeft al een paar keer gezegd dat hij langer weg wil blijven. Het is mij eerlijk gezegd om het even.

'Hoelang zou je dan nog weg willen?' vraag ik hem.

'Als we nog naar Japan en Zuid-Amerika willen, zit ik te denken aan nog een halfjaar,' antwoordt hij.

Ik vind teruggaan naar ons huis in Utrecht ook een fijn idee, maar uiteindelijk haalt Joost me over om de makelaar en onze huurders te contacteren of zij ons huis nog voor een halfjaar langer zouden willen huren. En ook de oppasbaasjes van Pip moeten we vragen of zij langer voor haar willen zorgen. Het blijkt allemaal geen probleem te zijn. In Avalon hebben we het ook al met mijn ouders besproken, die zagen hoe blij wij worden van onze reis. Ik was bang voor hun reactie, maar die was alleen maar enorm positief. 'Doe alsjeblieft, het is jullie tijd nu!'

JOOST

Het derde en laatste deel van onze reis in Australië is gelijk ook het langste. In zes weken willen we vanuit Sydney langs de hele oostkust rijden, om te eindigen in Cairns. Met ons toeristenvisum mogen we niet langer dan drie maanden blijven, dus dat komt precies uit. Ik verheug me heel erg op dit gedeelte van Australië. Het is de 'standaard'-route voor de meeste backpackers, maar dat maakt mij niet uit.

Het is hoogzomer en de temperatuur loopt elke dag verder

op. Onze nieuwe campervan is helaas niet zo modern als de vorige, maar wel wat groter en praktischer ingericht. Het busje heeft een verhoogd dak waardoor we rechtop kunnen staan en er is een vaste keuken. In het verhoogde dak kunnen we onze backpacks kwijt, zodat de troep uit het zicht ligt en we de camper zo leefbaar mogelijk kunnen houden.

Ik had nooit gedacht dat ik dit Australische kampeerleventje zo leuk zou vinden. Alles is afwisselend, het landschap varieert continu en doordat we langs de kust rijden is de zee nooit ver weg. Ook de slaapplekken variëren steeds. In de eerste week staan we op een hondenrenbaan waar ieder weekend races gehouden worden waar duizenden mensen op afkomen. Voor het gemak hebben ze er een complete camping bij gemaakt. Maar we hebben ook al op een camping naast een paardenrenbaan gestaan, waar we 's ochtends wakker werden van de paarden die op hoge snelheid langs draven.

Naast campings zijn er ook talloze illegale plekken om te overnachten, en vaak zijn dat de leukste en mooiste plekjes. En wat is het ergste dat kan gebeuren? Dat er midden in de nacht op het raam wordt geklopt door een agent die ons vraagt te vertrekken? Of zouden ze gelijk met boetes strooien?

Na een paar dagen besluiten we de gok te wagen en kiezen we voor een parkeerplaats bij het strand, aan het einde van een lange weg door de duinen. Ernaast ligt een redelijk troosteloos dorpje.

Het contrast is soms sowieso erg groot. Soms rijden we door redelijk moderne dorpjes met brede straten, mooie huizen met strak aangelegde tuinen en goed onderhouden parken. Een paar uur later komen we door dorpen waar de tijd heeft stilgestaan: slaperige plaatsjes die zo de locatie hadden kunnen zijn van een horrorfilm, waar de slager er vreemde hobby's op nahoudt bijvoorbeeld.

Gelukkig is de parkeerplaats iets moderner. Er staat een groot wc-gebouw, en net zoals op vrijwel alle stranden in Australië zijn er douches. Ik heb de camper zo geparkeerd dat we met de schuifdeur open vanuit bed uitkijken op de zee. Er staan nog vijf busjes op de parkeerplaats, dus dat voelt een stuk veiliger dan alleen. Ik voel me hier sowieso nooit onveilig, maar toch. Zul je zien dat straks opeens toch die slager voor onze deur blijkt te staan...

De nacht verloopt wat onrustiger dan de voorgaande nachten. Af en toe rijden er auto's heen en weer en om vijf uur, als de zon opkomt, komen de eerste mensen al naar het strand om te gaan hardlopen of surfen. Wij laten ons inspireren en trekken onze sportschoenen weer eens uit de tas. Ik kan me de laatste keer dat ik heb hardgelopen niet eens meer herinneren, en mijn lichaam ook niet. Na twee kilometer ben ik kapot en voel ik aan mijn knieën dat het beter is om te stoppen. Bizar hoe snel je conditie afneemt.

Dankzij de warmte en de luchtvochtigheid voelt de koude douche niet als een straf. Om ons heen zien we allemaal fitte Australiërs hardlopen en oefeningen doen op het strand, terwijl het nog niet eens zes uur is.

'Vanaf nu gaan we minstens drie keer per week hardlopen, want dit kan echt niet!' zeg ik.

Viora is het met mij eens en vanaf die dag hebben we er een nieuw ochtendritueel bij: wakker worden rond zes uur, hardlopen om zeven uur, douchen, ontbijten en de route bepalen zodat we om tien uur weg kunnen rijden. De rest van de dag bestaat uit rijden, koffiestops, meer rijden, lunchen, naar het strand, weer rijden, zwemmen, een camping opzoeken, koken, afwassen, douchen, lezen en vroeg slapen. Misschien lijkt het eentonig, maar het is voor ons heerlijk en voelt als de ultieme vrijheid.

14 JANUARI 2020

Na Sydney is Newcastle de eerste grote stad die we aandoen. Het is een oude industriestad met een enorme haven met veel fabrieken en oude gebouwen. In het centrum stikt het van de hippe cafés en restaurants en uiteraard kunnen we kiezen uit meerdere stranden. Na er drie te hebben bezocht houden we het voor gezien en gaan we op zoek naar een slaapplek. Adwin en Elsa, die deze route andersom reden, tipten het King Edward Park om te slapen, volgens hen absoluut een hoogtepunt. Volgens de reviews op Wikicamps is de kans dat je hier wordt weggestuurd ongeveer fiftyfifty en er zijn ook mensen die een boete hebben gekregen. Toch schrijft iedereen dat het de gok waard is, want het uitzicht is grandioos.

Zo staan we iets later aan een weg langs de kust, die met een paar haarspeldbochten vrij steil omhoog loopt. Er is voldoende ruimte om te parkeren in de berm en daardoor heb je een vrij uitzicht over de zee, de stranden van Newcastle en de stad zelf. Het voelt alsof we midden in een ansichtkaart staan. *Greetings from Newcastle*. Vrijwel de hele weg staat vol campers, dus tegen de tijd dat de politie iedereen hier weg kan sturen is het waarschijnlijk alweer ochtend. Ik kan me niet voorstellen dat ze hier nog komen controleren.

In het park zijn alleen twee vieze wc's helemaal aan het begin van de weg. Het is dus een kwestie van je behoeften ophouden, ver lopen of teruggeven aan de natuur.

We worden wakker van de zon in de camper. We hebben geen politie gezien vannacht. We zijn een keer de camper uit gegaan om in het gras te plassen, maar nu het weer licht is lopen we toch maar braaf naar het wc-gebouw. Daarna drinken we een koffietje en gaan dan hardlopend naar het strand beneden om een duik te nemen in het *ocean bath* van Newcastle. Dat is een ommuurd stuk zee met zout water en zand op de bodem. Zo nu en dan slaan de golven over de rand en vult het bad zich op natuurlijke wijze. Het bad in Newcastle heeft helemaal een zwembadgevoel: er liggen lijnen om baantjes te zwemmen en er zijn zelfs startblokken om vanaf te duiken. Het is zo vroeg op de ochtend al enorm druk.

Ons nieuwe, vroege ochtendritueel bevalt ons wel. Na een verfrissende duik en een zoetwaterdouche lopen we via het centrum met een koffie to go in de hand naar onze camper. Die heeft sinds een paar dagen een naam: Joey. Toen we bij het Philip Island Wildlife Park hoorden dat babykangoeroes en babykoala's zo worden genoemd, vonden we dit een passende naam voor ons scheurmonster. Door zijn schattige spiegels heeft hij wel iets weg van een babykoala.

Scheuren kunnen Joey en ik inmiddels goed. Het links rijden voelt alsof ik nooit anders heb gedaan. Ik zit alleen nog wel eens mis met de richtingaanwijzers. Deze zitten namelijk ook aan de andere kant, dus het komt regelmatig voor dat ik per ongeluk de ruitenwissers aanzet. Viora roept iedere keer weer 'Gezakt!' als ik die fout maak.

Na Newcastle rijden we door het wijngebied Hunter Valley. We brengen een bezoek aan wijnhuis Lindemans, en het uitzicht over de heuvels doet denken aan een Frans landschap. We ontdekken dat Lindemans-wijn gewoon te koop is bij de Albert Heijn. Toch leuk dat wij hier dan zijn geweest, helemaal aan de andere kant van de wereld!

Vanuit het binnenland rijden we weer richting de kust en we komen door een gebied aan de kust dat volledig bestaat uit zandduinen zo ver je kunt kijken. Zo gaan we in twee dagen van Frankrijk naar Afrika, en dat voelt ook zo door de enorme hoeveelheid kamelen die er rondlopen. Ik kan mijn ogen de eerste keer dat ik er een zie bijna niet geloven. Als ik googel wat deze beesten zo ver van huis doen, kom ik tot de ontdekking dat Australië het land is met de meeste kamelen ter wereld. Dit is echt een land dat alles heeft.

De wegen zijn hier oneindig. Op de kaart lijkt de afgelegde route maar een klein stukje, terwijl het toch ruim driehonderd kilometer rijden was. Ook leuk: de borden langs de weg met triviantvragen erop om je wakker te houden. In deze 'trivia-zones' rijd je dan langs een verkeersbord waarop bijvoorbeeld staat: HOEVEEL KLEUREN HEEFT DE VLAG VAN DE PROVINCIE QUEENSLAND? Een kilometer later volgt een bord met het antwoord en weer een kilometer later volgt de volgende vraag. Leuk, maar ook noodzakelijk: in Australië komen er wekelijks mensen om het leven die in slaap vallen achter het stuur. Ruim dertig procent van de ongelukken gebeurt hier vanwege vermoeidheid. Ik kan het me goed voorstellen, op de eindeloos lange wegen zonder lantaarnpalen.

Hoe verder we langs de oostkust omhoog rijden, hoe tropischer het klimaat en de omgeving worden. De stranden worden steeds witter, de dorpjes doen ons steeds meer denken aan Bali. Het straatbeeld verandert langzaam maar zeker naar restaurants met stoeltjes op het strand en palmbomen op de boulevard, terwijl hippies op blote voeten door de straten lopen en mensen voor hun camper yoga doen. Byron Bay heeft dit allemaal in overvloed. Door de ligging op het meest oostelijke puntje van Australië en dankzij de mooie stranden is het in de jaren zestig door hippies ontdekt als surfplek. Hun invloed is in het hele gebied nog volop merkbaar. Op iedere hoek van de straat staan bandjes te spelen, er lopen zwervers die al hoelahoepend nog wat extra dollars proberen te verdienen, en er zijn ontelbaar veel koffietentjes en hippe cafés met smoothiebowls en verfrissende juices op de kaart. Alles speelt zich af op en rondom het strand en gaat tot in de vroege uurtjes door. Je raadt het al: hier willen we eigenlijk nooit meer weg.

Naast de financiële reden (Byron is populair en dus enorm duur) vinden we toch nóg een reden om na vier dagen door te reizen: Australia Day! Een nationale feestdag, vergelijkbaar met Koningsdag. Jaarlijks wordt op 26 januari gevierd dat in 1788 de Eerste Vloot Sydney bereikte. Dat zal in Byron Bay ongetwijfeld ook een gekkenhuis worden, maar wij willen dit ervaren in een van de grootste steden van het land, Brisbane.

Het is een indrukwekkende stad, met de Brisbane River die dwars door het centrum loopt en de hoge gebouwen die me aan Hongkong doen denken. Op deze feestdag trekken veel mensen eropuit, dus de meeste campings in de stad zijn vol en we moeten uitwijken naar een camping net buiten het centrum.

Het is even wennen om Joey achter te laten op de camping

om met de stadsbus het centrum in te gaan. Het voelt alsof we niet compleet zijn en ik vraag wel twintig keer aan Viora of we niets vergeten zijn.

Brisbane bruist: op ieder pleintje is een podium waarop een band staat te spelen, er zijn barbecues in de stadsparken, meer dan genoeg rommelmarkten en elke kroeg heeft een Australia Day-event.

Onze vrienden Tom en Marit hebben een aantal maanden in Brisbane gewoond en konden ons dus precies vertellen waar we moesten zijn. Ook gaven ze ons de tip om een elektrische step te huren. Die zijn op meerdere plekken in de stad te vinden en het is voor ons de perfecte manier om de stad op een snelle manier te ontdekken en niks te missen van het gefeest. Met de ferry's die heen en weer over de Brisbane River varen komen we overal en vliegt de dag voorbij.

Australia Day wordt in Brisbane afgesloten met een groots vuurwerk midden op de rivier. In tegenstelling tot Sydney kunnen we nu wel zomaar dichtbij komen en is het gratis toegankelijk. Bij een supermarkt hebben we wat te drinken en een zak chips gekocht en we zitten op de kade aan het water terwijl het vuurwerk voor ons de lucht in schiet. We moeten ons inhouden om elkaar en de mensen om ons heen geen gelukkig nieuwjaar te wensen. En ook hier aan het water ontmoeten we weer heel gezellige Nederlanders. Hoe klein ons land ook is, Nederlanders zijn overal.

Op de dag van ons vertrek uit Nederland kregen we een berichtje via Instagram: *Mochten jullie snakken naar een broodje oude kaas of hagelslag, dan zijn jullie van harte welkom bij ons! Liefs, Nienke.*

283 dagen later zitten we in Currimundi aan tafel bij Nienke en Teun en staat de ontbijttafel vol met kaas, hagelslag, pindakaas en appelstroop. Deze twee Nederlanders zijn zelf ook ooit op reis gegaan, en kregen thuis heimwee naar het buitenland en nieuwe avonturen beleven. Ze besloten in het diepe te springen en voor onbepaalde tijd naar Australië te vertrekken. Ze werkten in Nederland allebei in het ziekenhuis en in Australië stonden ze destijds te springen om vakkundig en geschoold personeel. Binnen no-time hadden ze dan ook een baan en een huis.

Inmiddels wonen ze al ruim tien jaar in Australië en zijn ze niet meer met z'n tweeën, maar zijn kinderen Pip en Frankie erbij gekomen. De kinderen communiceren met ons in een mix van Nederlands en Engels. Ze zijn een paar keer in Nederland op vakantie geweest, maar weten eigenlijk vrijwel niets van ons land.

Het is zo leuk om twee dagen bij het gezin te logeren en deel uit te maken van het echte leven in Australië. Pip en Frankie gaan iedere dag naar de basisschool in een uniform. Dat is niet zo chic en formeel als het klinkt: een hippe korte groene broek met shirt, bijpassend zonnehoedje en sandalen of slippers. Het ziet er eigenlijk gewoon heel stoer uit. De meeste kinderen hebben hier bovendien wat langer haar en zien er dus zelfs op jonge leeftijd al uit alsof ze ervaren surfers zijn.

'Zulke kinderen wil ik ook wel!' roept Viora als ik op het gras met ze aan het stoeien en voetballen ben. Nienke vertelt dat ze vorig jaar naar Nederland zijn gevlogen om opa en oma te bezoeken en dat ze toen voor het eerst dichte schoenen voor de kinderen moest kopen. Hier lopen ze alleen maar op blote voeten, omdat het eigenlijk altijd boven de twintig graden is. Wat een leven.

Ik kijk enigszins jaloers om me heen. Ik vind het zo knap dat ze met niks uit Nederland zijn vertrokken en nu dit hebben opgebouwd, in een land waar ze niemand kenden. Ze wonen in een typisch Australische wijk die voornamelijk bestaat uit bungalows met een grote veranda, een oprit met garage, een tuin die voornamelijk bestaat uit gras met een paar palmbomen en het strand op twee minuten lopen afstand.

We zijn deze reis al door meerdere Nederlanders die in het buitenland wonen uitgenodigd, om even langs te komen voor wat lekkers of een overnachting. Vaak kwam het net niet lekker uit met onze route, of trokken we liever ons eigen plan. In dit geval kwam alles precies goed uit en was het heel bijzonder om een kijkje te krijgen in het leven van een Nederlands-Australisch gezin.

'Zou jij voor altijd in het buitenland willen wonen?' vraagt Viora als we net zijn vertrokken bij Nienke.

'Goeie vraag!' zeg ik. 'Eerlijk gezegd denk ik van wel!'

'Echt?' vraagt Viora verbaasd. 'Zou jij dat kunnen? Meneer die niet eens langer dan drie maanden op reis wilde, en nu ineens voorgoed in het buitenland wil wonen? Ik weet niet wat er in de hagelslag zat, hoor!'

Ik snap wat ze bedoelt, maar tijdens deze reis verdwijnen langzaam mijn bezwaren. Waarom zou je niet op een totaal andere plek op de wereld een nieuw bestaan op kunnen bouwen?

'Maar jij zou dat dus nooit willen?' Ik ben benieuwd naar haar antwoord.

'Ik ben gewoon bang dat alles binnen de kortste keren gewoon wordt, en niet veel anders dan in Nederland. Ja, het uitzicht en het klimaat hier zijn fantastisch, maar er ontstaat vanzelf een dagelijkse routine en misschien wel sleur. Hetzelfde hardlooprondje, een vast koffietentje, het huishouden doen, dezelfde winkels,' zegt ze stellig. 'Dan blijf ik liever dicht bij mijn familie wonen. Wij zitten nu in een vakantiemodus, maar hier wonen is volgens mij echt anders.' Ze denkt even na en voegt er dan lachend aan toe: 'Prima als jij hier wilt blijven wonen, maar Pip blijft wel lekker bij mij in Nederland, hoor.'

1 FEBRUARI 2020

Bundaberg, een plaatsje waar we alleen vanwege de naam al even wilden kijken. Hier wordt namelijk de frisdrank van het gelijknamige merk gemaakt, dat ook in Nederland in de supermarkt wordt verkocht. Ook is er behalve de frisdrankfabriek een schildpaddenopvang in Bundaberg. Hier vlakbij, in Mon Repos, komen honderden schildpadden jaarlijks eieren leggen. Het is erg gewild om hierbij te zijn, maar desondanks is het ons gisteravond gelukt om tickets te bemachtigen voor vanavond.

In de Bundabergfabriek mogen we alle negentien smaken frisdrank uitproberen, en nog eens zes smaken per persoon uitkiezen om mee te nemen.

'*Have a nice day in Bundaberg*!' zegt de medewerkster terwijl ze voor ons de deur openhoudt omdat we onze handen vol hebben met flesjes. 'Yes, nu weten we meteen hoe Bundaberg op z'n Australisch klinkt!' zegt Viora lachend. We hebben het er in de camper al meerdere malen over gehad hoe je deze Duits klinkende plaatsnaam op z'n Australisch moet uitspreken.

We moeten nog een tijdje wachten tot we naar de schildpadden mogen, dus dit is het perfecte moment om even een wasje te doen. In tegenstelling tot thuis is dat een grote klus, niet iets wat je even snel tussendoor doet. Er zijn hier in Australië in bijna ieder dorp *laundry shops* te vinden, maar we laten het liever op de camping doen. We stellen het altijd zo lang mogelijk uit, zodat we zoveel mogelijk was in één keer kunnen doen. We merken dat we op reis veel makkelijker zijn geworden en kleding twee of soms zelfs drie keer dragen. Tussendoor doen we af en toe een handwasje tijdens het douchen. Het voelt elke keer zonde van onze tijd om in zo'n laundry shop te zitten wachten, maar het hoort erbij.

'Het kan een lange avond worden!' horen we bij de ingang van de schildpaddenopvang. Ik moet meteen denken aan de pinguins op Philip Island. Net als daar staan we in een modern gebouw, met overal mooie animaties met uitleg over schildpadden, alles tot in de puntjes verzorgd. Dat kunnen de Australiërs toch wel als de beste.

Een ranger verdeelt alle bezoekers in groepen van ongeveer 25 mensen. We moeten net zo lang in het hoofdgebouw blijven tot een van de rangers een schildpad aan land ziet komen die eitjes gaat leggen. Pas dan mogen we mee om te gaan kijken.

'Wilde dieren doen niet aan tijd. Soms zitten we drie tot vier uur te wachten voordat we eindelijk het strand op kunnen.'

Het is al halfnegen, en normaal liggen we nu al in bed. Gelukkig mogen we nog geen halfuur later mee het strand op. Het is pikdonker, precies de reden waarom de schildpadden op dit strand hun eitjes willen leggen. Niemand mag een lichtje maken, behalve de ranger die voor ons uit loopt. Hij vertelt dat we alleen foto's en video's mogen maken wanneer hij dat aangeeft, alles om de schildpadden hun rust te gunnen.

'Door alle gevaren van de zee wordt maar één op de duizend babyschildpadjes uiteindelijk een volwassen schildpad, dus je snapt wel dat wij er hier alles aan doen om de eieren te beschermen. Soms verplaatsen we ze ook om ze meer kans te geven. Vanavond gaan we een nest verplaatsen en jullie mogen daarbij helpen, maar we gaan eerst kijken hoe de kleintjes naar de zee gaan!'

Iedereen luistert muisstil naar zijn uitleg. Hij legt uit dat we heel voorzichtig moeten zijn met waar we lopen, en wijst dan opeens omhoog. Als we opkijken zien we recht boven ons de Melkweg: een glinsterende baan van honderden heldere sterren. Omdat het zo donker is en er vrijwel geen lichtvervuiling is, kun je hem heel goed zien. Ik heb dit nooit gezien, en het lijkt wel nep, alsof ik naar een foto kijk.

'Als we geen schildpadden zien was dit alleen al meer dan de moeite waard, wow!' fluister ik tegen Viora.

Ineens zet de ranger zijn zaklamp aan. Op nog geen twee meter voor zijn voeten zoeken tientallen babyschildpadjes hun weg naar de zee. De beestjes zijn maar een paar centimeter groot en opeens begrijp ik precies waarom de zee zo gevaarlijk is voor ze.

'Blijf een beetje op afstand, we gaan nu naar een schildpad die eieren aan het leggen is!'

We sluipen doodstil achter hem aan. Dan knipt hij zijn zaklamp weer aan, en als we naar beneden kijken zien we een gigantische schildpad in een kuil in het zand zitten en wel honderd eieren leggen, die me doen denken aan pingpongballen.

'We doen hier veel onderzoek naar zeeschildpadden en proberen de populatie uit te breiden. We kennen alle volwassen zeeschildpadden die hier aan land komen. In de eerste 25 tot

30 jaar van hun leven leggen ze geen eieren, maar dit vrouwtje is 29 en doet het vandaag voor de eerste keer.'

We staan met open mond toe te kijken.

'Als ze klaar is gaat ze de zee weer in, op weg naar haar thuis. Dat kan soms wel duizenden kilometers hiervandaan zijn, haar baby's ziet ze nooit meer terug.'

Het is nog steeds doodstil.

'Deze plek is eigenlijk niet heel handig gekozen van haar, want als het hoogwater is spoelen haar eieren zo weg. We gaan ze verplaatsen naar een stukje hoger op het strand, zodat we zeker weten dat ze uit zullen komen.'

Er komen nu meerdere rangers aangelopen om te helpen. Iets verderop hebben ze al een diep gat gegraven.

'Je mag helpen, ik geef je een paar eieren aan die je voorzichtig naar het nieuwe plekje mag dragen!' zegt de ranger tegen de groep.

Daar willen we natuurlijk graag mee helpen. Ineens hebben we allebei drie eieren in onze handen. Het zijn echt precies pingpongballen. Even schiet de vraag door mijn hoofd of dit niet allemaal een act is.

'Leg ze hier maar heel voorzichtig in,' zegt de ranger die bij het nieuwe gat zit.

'Nu maar hopen het straks grote volwassen schildpadden mogen worden die hier dan over 25 jaar eieren komen leggen. Dan ben ik 54!' fluistert Viora in mijn oor. 'Wow, dat is een gek idee, hè?'

'Ik word echt helemaal agressief van de jeuk!' zegt Viora.

Net voordat we aan boord gingen van deze enorme catamaran hebben we de halve drogist leeggekocht, op zoek naar zalfjes, oliën en crèmes tegen de jeuk van zandvliegen. Toen Viora haar lek gestoken benen liet zien wist de drogist al genoeg.

'*Aah, those bloody sandflies*!'

Ik had tot voor kort nog nooit van die beesten gehoord. Gisterochtend waren we op het strand van Cape Hillsborough National Park. Het ligt ver afgelegen van de bewoonde wereld, en met zonsopkomst komen iedere ochtend tientallen wallaby's en kangoeroes vanuit het aangrenzende mangrovebos het strand op springen om tussen het aangespoelde zeewier en koraal naar iets lekkers te zoeken.

In het park is maar één camping, en vrijwel iedereen die er overnacht komt speciaal om dit sprookjesachtige tafereel te bekijken. Bij het inchecken zagen we een groot bord waarop stond dat ze in deze periode rond halfvijf 's ochtends worden verwacht.

We hadden een wekker gezet, maar dat was volledig overbodig: we hadden geen oog dichtgedaan. Zodra de zon onder was, kwam er een invasie van zandvliegen tevoorschijn. Qua geluid en grootte zijn het net muggen, maar de jeuk is nog veel erger. Dat komt blijkbaar doordat zandvliegen op je huid plassen terwijl ze je bloed opzuigen. Het jeukt vreselijk en door te krabben verspreid je het alleen maar. Slapen met de deur dicht is ook geen optie, want het is 's nachts zeker 25 graden… maar de deur openzetten is uiteraard een uitnodiging voor de zandvliegen.

Nadat we ons van top tot teen ingesmeerd hadden met muggenspray rolden we ons als een burrito op onder de lakens. Het hielp amper: de vliegen wisten ieder onbedekt plekje huid feilloos te vinden.

Het was met afstand de slechtste nacht van onze wereldreis.

Ik was blij toen om vier uur de zon langzaam opkwam, en de zandvliegen ook verdwenen. En alsof de kangoeroes ineens werden losgelaten uit hun hok hupten ze iets na halfvijf heel rustig het strand op. Ze wierpen ons een licht verstoorde blik toe, alsof ze verder volkomen gewend waren aan de toeristen die foto's van ze maakten. Daarna sprongen ze door, richting het koraal aan de waterkant.

Ons schildpaddenavontuur was magisch, maar dit was ook fenomenaal. De opkomende zon, de silhouetten van de springende kangoeroes tegen de oranje lucht, de eilanden en rotspartijen in de verte en de stilte, met alleen het geluid van de zee. Ik heb wel honderden foto's gemaakt. Na een uurtje werd het te warm op het strand en doken de kangoeroes weer het bos in. Iedereen die achterbleef stond zich vol verwondering af te vragen of dit echt gebeurd was, of dat we misschien toch aan het hallucineren waren door de slechte nacht.

'Het was leuk, maar als ik dit geweten had, was ik nooit naar dat kutstrand gegaan!' zegt Viora nog steeds gefrustreerd.

'Kijk even waar je bent, smeer dat zalfje nog een keer op je benen en zet je allermooiste glimlach op!' roep ik pesterig terug.

'Jeuk is veel irritanter dan pijn! Ik kan echt wel wat hebben, maar nu wil ik het liefst mijn benen eraf krabben.'

Ik zie Viora niet vaak zo, zij is de optimistische van ons twee en geeft mij vaak op mijn donder als ik aan het klagen ben. Ik heb zelf veel minder bultjes en de zalf helpt bij mij duidelijk een stuk beter.

We zijn ondertussen op weg naar de Whitsundays, een eilandengroep in het Great Barrier Reef met een van de meest spectaculaire stranden van Australië: Whitehaven Beach. Volgens veel mensen het allermooiste strand ter wereld en 'het paradijs van Australië'. Toen we Joey net achterlieten op de parkeerplaats gaf de thermometer 39 graden aan, dus wat verkoeling op zee kunnen we wel gebruiken.

Maar voorlopig zijn we er nog niet. We gaan op een paar plekken stoppen om te snorkelen, overnachten op de boot en morgen zien we pas het strand der stranden. Het is niet luxe: we slapen met dertig mensen in kleine stapelbedjes in de kajuit, maar juist dat maakt het ook wel weer bijzonder.

'Let even goed op, want het is belangrijk dat jullie deze instructies goed opvolgen,' begint een van de bemanningsleden van de boot. 'Als we gaan snorkelen moet je een wetsuit en waterschoenen aan die je beschermen tegen dodelijke kwallen.'

Slik. Dat Australië het land is met de meeste dodelijke dieren wist ik wel, maar dat we nu voor de lol het water in gaan terwijl er gevaarlijke kwallen zwemmen vind ik nogal wat. Geef mij dan maar de 'ongevaarlijke' haaien op de Malediven.

Het landschap lijkt tot nu toe niet heel tropisch, meer Scandinavisch. We varen langs eilanden met naaldbomen en donker gesteente. Alleen de dolfijnen die zo nu en dan opduiken naast de boot geven het een tropisch gevoel.

Het is de eerste keer dat we in Australië een georganiseerde snorkeltocht doen. Dat gaat er duidelijk heel anders aan toe dan in Azië, waar ze de regels niet altijd zo nauw nemen. Hier wordt uitgelegd wat je moet doen als je uit het water wilt, als je in nood bent, of als je hulp nodig hebt. Iedereen krijgt een soort drijvende buis mee, ongeacht hoe goed je kunt zwemmen. Veiligheid voor alles.

Het snorkelen is mooi, maar de grote hoeveelheden afgestorven grijs koraal zijn schrikbarend. Het Great Barrier Reef is het grootste koraalrif ter wereld, ongeveer zo groot als de helft van Frankrijk. Er leven wel vijftienhonderd vissoorten. Het gebied wordt echter enorm bedreigd door de opwarming van de aarde. De schipper van de boot vertelt dat hij hier al 25 jaar zeilt, maar dat hij de laatste vijf jaar het koraal zo hard achteruit ziet gaan dat hij zijn hart vasthoudt voor de generatie na hem. Hij hoopt dat zijn kleinkinderen ooit het rif nog kunnen zien, maar hij vreest het ergste.

Het is alweer vroeg dag na een onrustige nacht waarbij we voornamelijk in het maanlicht op het dek van de boot liggen, in plaats van in het warme stapelbed. Iedereen zit met kleine oogjes aan een paar boterhammen terwijl de kapitein de zeilen hijst voor de laatste kilometers richting Whitehaven Beach. Ik ben gewoon een beetje zenuwachtig. Mooier dan dit kan blijkbaar niet, en ik hoop zo dat het niet tegenvalt.

Maar zodra we voet zetten op het poederzachte zand van Whitehaven Beach, snappen we precies waarom dit het paradijs genoemd wordt. Kraakhelder water en het zand lijkt bijna sneeuw, zo wit dat het pijn doet aan je ogen. Het uitzicht over de baai is fenomenaal. Zo ver we kunnen kijken zien we eilanden in het helderblauwe water schitteren in het licht van de opkomende zon. Onze kapitein heeft ons hier expres heel vroeg afgezet.

'Vanaf halfnegen komen er veel meer boten en is het echt een toeristische attractie. Nu heb je het paradijs voor jezelf!'

We mogen hier anderhalf uur rondlopen, zwemmen en chillen voordat we ons weer bij de boot moeten melden. We maken foto's en video's en proberen alles wat we zien in ons op te nemen.

‘We moeten dit vastleggen. Ik denk dat we over een paar weken niet geloven hoe mooi het was,’ zeg ik terwijl ik weer de camera uit de tas haal.

‘Na de Malediven had ik eigenlijk gedacht dat we het allerwitste zand wel hadden gezien,’ zegt Viora, die haar jeuk even is vergeten.

‘Ik heb gelezen dat er boetes van vijfduizend euro staan op het meenemen van dit zand, dus zorg dat er dit keer niks onder je slipper blijft kleven. Dat zou zonde zijn van ons dagbudget!’ zeg ik met een knipoog.

15 FEBRUARI 2020

‘Hoe heter, hoe beter,’ zeiden we altijd, maar zelfs voor ons gaat het nu wel ver. Iedereen had ons vanaf dag één al gewaarschuwd voor de hitte richting Cairns. We zijn na de boottocht teruggegaan naar de camping waar we al eerder gestaan hebben, dicht bij de haven. Er is een heerlijk zwembad, je kunt als gast gebruikmaken van de barbecues en er is een mooi onderhouden grasveld met tropische bomen waar je met je camper mag staan. Tussen de bomen zijn daarvoor een soort betonnen parkeerplaatsen gemaakt. Joeys banden smelten nog net niet weg. Ik heb medelijden met hem. Het beton heeft de hele dag kunnen opwarmen in de zon, en toen we aan kwamen rijden zagen we de warmte erboven zweven.

Als we in bed liggen, drijven we nog net niet onze camper uit. Alle deuren staan open, maar het helpt niets. De thermometer tikte vandaag zelfs de veertig graden aan, en ook al is het inmiddels negen uur ’s avonds, mijn weerapp geeft aan dat de gevoelstemperatuur nog steeds 38 graden is. We zorgen dat we iedere ochtend twee extra flessen water in de koelkast leggen, om 's avonds in bed te leggen als een soort ijskoude kruik. Dat werkt een halfuurtje, dan is de fles weer opgewarmd. We hebben ook geprobeerd om onder natte handdoeken te gaan liggen, maar dat voelt heel vervelend en werkt dus ook niet ideaal. Op dit moment zou ik het liefst buiten op het gras gaan liggen, maar dat is met alle muggen ook geen optie.

We deden op het dek van de boot al geen oog dicht, maar hier op de camping is het niet veel beter. Voor het eerst zeg ik tegen Viora dat ik echt toe ben aan een nachtje in de airco, zonder muggen. Deze warmte sloopt me.

Maar ik ben niet van plan toe te geven aan de hitte, we willen nog steeds door naar het noorden. De laatste 750 kilometer brengt ons via enkele stops op campings direct aan de zee naar Cape Tribulation. Er is niets lekkerders dan met temperaturen van 35 graden onder een palmboom op het strand te liggen en af en toe in de zee te duiken. Ik had van tevoren nooit bedacht dat Australië ook zo tropisch zou zijn. Ergens ook wel logisch dat zo'n gigantisch land ook continu verandert van klimaat. Zeker als je bedenkt dat de afstand die we ondertussen hebben afgelegd ongeveer zo groot is als de afstand van Utrecht naar Ghana.

De laatste dagen zit zwemmen er niet in. Bij ieder strand waar we komen hangen rode vlaggen te wapperen. Op sommige plekken is de zee zo wild en gevaarlijk dat niemand het überhaupt aandurft om het water in te gaan. Maar we komen ook op stranden waar de zee kalm is, er geen wind staat en eigenlijk niets een verfrissende duik in de weg staat, behalve de vlaggen en waarschuwingsborden van de kustwacht. En schijn bedriegt: er wordt gewaarschuwd voor gigantische krokodillen, haaien met enorme tanden en dodelijke kwallen. Gemiddeld wordt er in Australië maar twee keer per jaar iemand aangevallen door een krokodil. Toch zou ik dat geen leuk einde van de wereldreis vinden, dus zorg ik dat we niet te dicht bij de waterkant in de buurt komen.

In Cape Tribulation is het sowieso oppassen geblazen. Het ligt midden in het Daintree-regenwoud, een van de oudste regenwouden ter wereld. Het is zelfs tientallen miljoenen jaren ouder dan de Amazone in Zuid-Amerika. Er zijn watervallen, een dichtbegroeide jungle en talloze bergen, en er zijn duizenden soorten bomen, planten en vooral dieren te vinden. Dwars door het regenwoud stroomt de Daintree-rivier, de lievelingsplek van krokodillen. Ik zou ze graag in het echt willen bekijken, door met een ranger op een boot de rivier op te gaan, maar Viora twijfelt. Omdat dit dorpje redelijk afgelegen ligt en iedereen hier naartoe komt voor het indrukwekkende wildlife, zijn de prijzen relatief hoog. Maar eigenlijk vindt ze het gewoon eng. Ze zet zich eroverheen, want wanneer krijg je nou de kans om krokodillen in het wild te zien?

Wildlife-ranger Johnny vaart ons in een stalen boot met nog acht andere toeristen over de donkerbruine rivier en vertelt veel wilde verhalen over hoe vroeger de krokodillen heersten over het gebied. Inmiddels neemt de populatie snel af, doordat er steeds minder voedsel te vinden is. Tijdens een van zijn verhalen zegt hij ineens dat we even naar links moeten kijken. Iedereen schrikt zich rot: op minder dan vijf meter afstand ligt een gigantische krokodil te slapen op de oever. Een klein stukje verderop kruipt er net eentje uit het water omhoog. Er lijkt geen einde te komen aan het lichaam en de staart van het beest. Wat een monsters. Zodra we langs varen draait de krokodil zijn kop opzij, opent zijn bek en laat zijn enorme tanden zien. Terloops vertelt Johnny dat ze wel drie meter hoog kunnen springen en gigantisch snel zijn, dus als hij wil zit hij zo bij ons in de boot. Gelukkig stuurt hij de boot daarna snel verder de rivier op.

'Zeg eerlijk, dit had je niet willen missen, hè?' vraag ik aan Viora wanneer we weer veilig in Joey zitten.

'Zeker niet! Dit was het geld meer dan waard, maar vanavond slapen we wel met de deuren dicht.'

De laatste dagen wandelen we door Cape Tribulation. Het regenwoud grenst direct aan het strand, het is de plek waar het regenwoud en de oceaan samenkomen. Een uniek gezicht. Kilometerslang zandstrand omzoomd door een jungle van groene en torenhoge bomen.

Waarschijnlijk slaan veel mensen dit gedeelte over vanwege de warmte, waardoor het voelt alsof we alleen op de wereld zijn. Het is maar tachtig kilometer terug naar de bewoonde wereld, maar het voelt alsof we een week lang op een onbewoond eiland zijn geweest.

Drie dagen was voor ons ook meer dan genoeg in dit park. Hoe mooi het hier ook is, we kunnen geen mug en zandvlieg meer zien. Op naar Cairns, voor de laatste dagen in Australië. Daarna is het helaas tijd om afscheid te nemen van Joey. Australië heeft ons hart gestolen. Het land is zo groots, zo divers, en eigenlijk maak je hier een wereldreis op zich. We gaan met pijn in ons hart weg, want we hadden hier nog makkelijk twee maanden door kunnen reizen.

TIPS VOOR DE REIS VAN JE LEVEN

Het camperleven

Waarom hebben wij zelf geen camper gekocht?
Het kopen van een camper in Australië kan relatief gemakkelijk. Er zijn verschillende sites zoals Gumtree (de Australische Marktplaats), Facebookgroepen en wekelijkse campervan-markten waar tweedehands-campers worden aangeboden. Je maakt een afspraak om te gaan kijken om een proefritje te maken, laat hem grondig nakijken bij een garage, gaat onderhandelen en als je de prijs bent overeengekomen moet je al het papierwerk en de benodigde stempels in orde maken. Al met al kost dit best wel wat tijd en ben je gemiddeld wel een kleine week bezig voordat je weg kunt rijden met je camper. Ook als je hem weer gaat verkopen ben je afhankelijk van vraag en aanbod, en dan kan het dus best lang duren voor je hem verkoopt en de camper is overgeschreven. Veel backpackers nemen daar ook ruim de tijd voor, maar dan is het nog maar de vraag of je hem kunt verkopen voor de prijs die je ervoor wilt hebben. Wij hadden geen zin in tijdverlies en daarbij weten we allebei niets

van auto's, dus met een gehuurde camper ga je een stuk zorgelozer op reis. Op de lange termijn kan een camper kopen echter wél financieel aantrekkelijk zijn en zo kun je hem ook echt eigen maken.

Waar je op moet letten als je een camper koopt:

- Laat hem controleren bij een garage voordat je hem koopt. Dit is heel gebruikelijk in Australië. Ook al wil de verkoper het niet, dring erop aan. Je zult niet de eerste zijn die een camper wil kopen waar onder de motorkap van alles mis mee is.
- Neem een verzekering. Het is niet verplicht om een verzekering af te sluiten. Maar *better safe than sorry*, en de verzekering in Australië is lang niet zo duur als hier in Nederland.
- Alle kosten zijn voor eigen rekening. Denk bijvoorbeeld aan reparaties en schade. En als je hem straks weer wilt verkopen, moet je hem wel blijven onderhouden...
- Vergeet niet dat je alle losse spullen zelf nog moet kopen. Pannen, bestek, bedlinnen, tafels, stoelen, et cetera... Verkijk je niet op die kosten, of zorg dat je deze spullen overkoopt van de vorige eigenaar!

Waar je op moet letten als je een camper wilt huren:

- Huur niet de allergoedkoopste camper die je online kunt vinden. Dit is niet zonder reden de allergoedkoopste camper; bedenk dat je er best een tijd in moet leven. Ook is het wel fijn om net iets meer ruimte te hebben.

- Hoe langer je een camper huurt, hoe goedkoper het wordt.
- In Australië gingen wij voor een driepersoons campervan. Geen idee hoe hier een derde persoon bij had gemoeten, maar op de plek waar die derde persoon had moeten slapen, hadden wij wat ruimte (in het verhoogde dak) om onze spullen op te ruimen. In Nieuw-Zeeland waren er geen driepersoons campervans meer beschikbaar en moesten we het doen met een kleinere auto. Ook geen ramp, maar voor langere tijd niet optimaal. Huur met z'n tweeën dus een driepersoons campervan als die mogelijkheid er is.
- Je moet minimaal 21 jaar zijn om een camper te huren. Ben je onder de 25 jaar? Dan betaal je een hogere verzekeringspremie.
- Check hoeveel kilometers je mag rijden met je camper. Wij vonden het fijn als dit niet vastlag en we onbeperkt konden rijden.
- Zorg dat je vanuit Nederland een internationaal rijbewijs mee hebt.
- Neem de volledige verzekering. Zo kom je niet voor verrassingen te staan als je in een ongeluk terechtkomt of schade maakt.

Door Australië reizen zonder camper

We kunnen het ons bijna niet voorstellen, maar mocht je na onze avonturen nog steeds geen zin hebben om met een camper door Australië te reizen, dan kun je ook heel gemakkelijk een auto huren. Je bent dan een stuk sneller en je kunt je ook iets flexibeler bewegen. Australië staat vol met hotels, hostels en pensions en zeker aan de oostkust vind je schitterende accommodaties vanwaar je zo het strand op loopt. Hou er wel rekening mee dat met de auto reizen een stuk duurder is: je maakt iedere nacht kosten om te overnachten en je moet vrijwel iedere maaltijd in een restaurant nuttigen, omdat je geen mobiele keuken tot je beschikking hebt.

Greyhound-bus

Heb je überhaupt geen zin om zelf te rijden, dan is er ook nog de optie om met de bus door het land te trekken. De Greyhound-bus is de bekendste 'hop-on-hop-offbus' van het land en rijdt continu langs de gehele oostkust. Je kunt heel gemakkelijk in vrijwel alle toeristische steden in- en uitstappen en het geeft je de kans om in contact te komen met andere reizigers, aangezien deze manier van reizen onder veel backpackers erg populair is. Doordat je een pas kunt kopen die bijvoorbeeld vijftien of dertig dagen geldig is, ben je flexibel wanneer je weer besluit door te reizen in de bussen die zijn voorzien van airco en wifi. Ideaal als je niet veel tijd hebt en wel veel wilt zien; zo kun je tijdens de busritten (die soms wel uren duren) even je ogen dichtdoen en weer vol energie aankomen op je nieuwe bestemming.

LOCKDOWN IN NIEUW-ZEELAND

22 FEBRUARI 2020/WERELDREISDAG 308

VIORA

Gaan we wel of gaan we niet? Nieuw-Zeeland staat niet op onze wishlist, maar we hebben er inmiddels zoveel goede dingen over gehoord dat we toch maar overstag zijn gegaan. We besluiten om drie weken te gaan en daarna door te vliegen naar Japan. Dat staat heel hoog op het lijstje van Joost, maar het lag tot nu toe steeds niet handig op de route, of we konden geen goede tickets vinden.

Iedereen verklaart ons voor gek als ze horen dat we voor 'maar' drie weken naar Nieuw-Zeeland gaan. 'Je moet minstens zes weken gaan!' of 'Gaan jullie alleen naar het Zuidereiland dan?' We twijfelen daardoor of we er wel goed aan doen om zo'n flitsbezoek aan Nieuw-Zeeland te brengen, maar we passen dezelfde strategie toe als met de Malediven: het is nu zo dichtbij, we gaan gewoon.

Vannacht voelde ik me een echte backpacker: we brachten de hele nacht namelijk door op het vliegveld van Melbourne. De overstap op het vliegtuig naar Nieuw-Zeeland duurde zeven uur, dat vonden we net te kort en te duur om een hotel te boeken. Op de iets te smalle banken van een gesloten restaurant in de vertrekhal lagen we met tientallen andere reizigers met onze capuchon over ons hoofd te slapen.

We zijn inmiddels allebei helemaal gaar van een korte nacht met wat hazenslaapjes, maar zodra de piloot de landing inzet zitten we allebei met onze neus tegen het kleine vliegtuigraampje en zijn we alles vergeten. Het uitzicht over de bergen in de omgeving van Queenstown is spectaculair. We vliegen over besneeuwde bergtoppen en zien zelfs de skiliften. In de verte zijn kraakheldere blauwe meren en schattige dorpjes te zien. Ik had gedacht dat Nieuw-Zeeland vlak en droog zou zijn, maar het lijkt wel alsof we gaan landen in Oostenrijk.

We hebben weer een campertje gehuurd – al zouden we het in Nederland gewoon een auto met matras achterin noemen. Dit was van alle dure opties de beste, zullen we maar zeggen. We waren al gewaarschuwd dat Nieuw-Zeeland niet goedkoop zou zijn, en dat werd met het boeken van de camper meteen bewezen. We moeten 74 euro per dag betalen voor deze camper, eigenlijk ver boven ons dagbudget. Ter vergelijking: in Australië betaalden we 59 euro per dag voor een veel groter exemplaar.

Een belangrijk detail is dat we een camper met een toilet hebben, zodat we zelfvoorzienend zijn. Als dat niet het geval is, mag je op veel plekken niet kamperen.

We worden opgehaald van het kleine vliegveld van Queenstown door een medewerker van de verhuurmaatschappij en naar onze camper gebracht. Hij legt uit hoe we het bed kunnen opklappen en kunnen ombouwen tot minikeukentje. Ook deze auto is vrij nieuw en ondanks de beperkte grootte wel van alle gemakken voorzien: denk aan creatieve opbergvakken, een koelkast en zelfs USB-oplaadpunten achterin. De medewerker adviseert ons ook om het 'toilet' dat onder het bed zit, dat meer een soort emmer met kattenbakkorrels erin is, niet te gebruiken.

'Deze hebben we echt alleen in de auto gezet zodat je een self-contained-sticker op je camper hebt en dus op veel meer plekken mag staan,' legt hij uit. 'Voor nieuwe campers zijn de regels strenger en moet je naar de wc kunnen terwijl je bed is uitgeklapt.'

Ik probeer me voor te stellen hoe het zou werken als we hem midden in de nacht zouden willen gebruiken. Joost zou ook wakker moeten worden, en we zouden de halve camper moeten verbouwen om de wc open te kunnen klappen. Rechtop op de wc zitten kan niet eens, daar is de auto te laag voor. Ik weet nu al dat we al deze moeite niet gaan doen. Als het nodig is, ga ik wel in de natuur. Na de uitleg tekenen we voor ontvangst en vertrekken we met een nieuwe camper, een nieuw land in.

We besluiten om vannacht in Queenstown te blijven. Het is een gezellig stadje dat een beetje aanvoelt als een wintersportdorp in de zomer, met volle terrassen, gezellige kleine straatjes vol winkels, mooie cafés en restaurants en sportief uitziende toeristen.

Queenstown ligt aan een groot helderblauw meer, omgeven door reusachtige bergen. Het is een populaire bestemming en het is dan ook gigantisch druk op de camping die het dichtst bij het centrum ligt.

'*Hi, do you have a spot available for tonight*?' begin ik tegen het meisje op de receptie van de camping.

Vijf dingen die we geleerd hebben op reis:

1. De wereld heeft ontelbaar veel mooie plekken, waarvan we nog niet eens tien procent gezien hebben.

2. We kunnen ons overal thuis voelen.

3. Geluk zit in heel kleine dingen (chips en een mooie zonsondergang!)

4. We zijn Nederland meer gaan waarderen. (Alles is in Nederland netjes, schoon, opgeruimd, we hebben een goed zorgstelsel en ga zo maar door.)

5. Ieder land heeft zijn eigen chipssmaken... en we hebben ze nog lang niet allemaal geproefd!

Koudste en warmste bestemmingen
Warmste: Australië, Cape Tribulation, veertig graden
Koudste: Rusland, Irkoetsk, min zes graden

'Hi, je mag tegen mij gewoon Nederlands praten, hoor! Ik hoor het altijd meteen als er Nederlanders voor mijn balie staan. Voor jullie heb ik nog een van de laatste plekjes!' zegt ze enthousiast.

'Dat is makkelijk, dank je wel! Jij kunt ons vast ook wat meer vertellen over Nieuw-Zeeland! We hebben maar drie weken en we willen over anderhalve week naar het Noordereiland!'

Het meisje zegt meteen dat we beter drie maanden kunnen blijven, maar neemt met een plattegrond alle hoogtepunten met me door en wijst daarna onze plek op de camping aan. Het is afgeladen en in niets te vergelijken met de ruim opgezette en rustige campings in Australië. We staan bijna spiegel aan spiegel met honderden andere campertjes; het lijkt eerder een parkeerplaats dan een camping. Bij de wc en de douche staat standaard een rij en rustig voor je campertje zitten lezen zit er in deze drukte niet in.

'Het lijkt wel een festivalterrein!' zegt Joost terwijl hij rondkijkt of hij ergens de mainstage kan vinden. We appen naar Adwin en Elsa of het overal zo druk is; zij zijn een paar weken eerder naar Nieuw-Zeeland vertrokken.

'Nee hoor, alleen op de heel toeristische plekken!' is hun geruststellende antwoord.

Nieuw-Zeeland is acht keer groter dan Nederland en met net geen vijf miljoen inwoners een heel dunbevolkt land. Veruit de meeste mensen wonen op het Noordereiland. Op het Zuidereiland, waar wij ons nu bevinden, wonen slechts een miljoen mensen.

'Hadden we Joey hier maar mee naartoe genomen,' zeg ik terwijl we ons bed opmaken. 'Daar konden we tenminste rechtop in staan!' ga ik verder.

'Het is inderdaad een beetje behelpen zo, maar ik ben zo moe van die rare nacht op het vliegveld dat ik overal kan slapen,' antwoordt Joost.

Nadat we in de rij hebben gestaan om onze tanden te poetsen vallen we ondanks de drukte en de herrie als een blok in slaap.

'Ik heb het in tijden niet zo koud gehad als vannacht!' zeg ik de volgende ochtend. Als ik het gordijntje opzij schuif zie ik mensen met een muts op aan hun ontbijt zitten.

'Niet zo gek, vannacht was het hier maar zeven graden!' zegt Joost met een blik op zijn weerapp. Dat is een verschil van meer dan 25 graden met de Australische nachten.

Na een douche en een havermout-ontbijtje in de grote warme gezamenlijke keuken van de camping besluiten we de drukte achter ons te laten en verder te rijden. Gelukkig warmt het onderweg snel op tot een graad of twintig. Bij iedere bocht wordt het landschap mooier; we stoppen een aantal keren voor een foto. We zijn er nog maar net, maar we zien het nu al: Nieuw-Zeeland lijkt veel op Australië, maar is toch ook heel uniek. We komen langs gebieden vol skiliften.

'Die hadden ze in Australië niet! Jammer dat het nu zomer is; het had me toch wel heel gaaf geleken om hier te skiën!' zeg ik enthousiast tegen Joost.

'Jullie mogen Wanaka echt niet overslaan, en moeten dan vooral Roys Peak gaan lopen!' lees ik Joost voor uit onze Instagraminbox als we weer doorrijden. Het bericht komt van een Nederlands meisje dat al een tijdje in Wanaka woont en werkt.

'Het blijft bijzonder hoeveel Nederlanders overal zitten, hè? Ze zegt zelfs dat we onze camper bij haar huis mogen parkeren en dan bij haar kunnen douchen als we willen!' ga ik verder.

‘Klinkt goed, stuur maar terug dat ons dat een leuk idee lijkt,’ antwoordt Joost.

Twee dagen later staan we bij Kyra voor de deur. Ze deelt met een aantal anderen een huis in Wanaka. Het is een klein, maar heel leuk dorpje aan een enorm meer, en is naast Roys Peak ook bekend om de ‘Wanaka Tree’. Dat is de beroemdste en meest gefotografeerde boom in Nieuw-Zeeland (en volgens de inwoners van Wanaka zelfs de meest gefotografeerde boom ter wereld). De wilgenboom staat in het midden van het meer en met de besneeuwde bergtoppen op de achtergrond en de lichtinval op het water levert het inderdaad een bijzonder plaatje op. Toch ben ik blij dat we niet speciaal voor deze boom hierheen zijn gegaan; dat had ik wel een tegenvaller gevonden.

‘Het weer wordt volgens mij niet al te best, maar jullie moeten Roys Peak echt gewoon gaan doen. Ik heb ’m zelf ook al twee keer gelopen en het is zo gaaf!’ vertelt Kyra ons.

Roys Peak is naast Tongariro Crossing de populairste hike van Nieuw-Zeeland, en het uitzicht van Roys Peak schijnt ongelooflijk te zijn.

Na een warme douche bij Kyra, en een lange nacht slaap in ons campertje bij haar voor de deur, vertrekken we vroeg richting het begin van de hike aan de voet van de berg. 16 KM/6 HOURS RETURN geeft het bordje aan. We gaan een eindeloos pad omhoog kronkelen.

‘Dit wordt geen makkelijke,’ zeg ik een beetje zenuwachtig tegen Joost.

‘Ach, we zien wel, als het te zwaar is kunnen we altijd omkeren,’ reageert hij nuchter.

Het begin van de wandeling is droog en bewolkt, maar na ruim anderhalf uur omhooglopen begint het mistig en regenachtig te worden. We zijn al zoveel gestegen dat we in de wolken terechtkomen en de top al niet meer kunnen zien.

'Zullen we onze poncho's aantrekken?' stel ik voor.

'Ja, we hebben die niet voor niets meegenomen,' zegt Joost, terwijl hij de poncho's snel uit de tas pakt. De stemmetjes in mijn hoofd roepen steeds harder: 'Keer om, wat ben je aan het doen, dit is niet leuk!'

Ondertussen staat op bordjes op de route aangegeven hoe ver we nog moeten.

'Vanaf hier is het nog maar anderhalve kilometer!' zegt Joost hoopvol. We zijn verder opgehouden met praten en lopen geconcentreerd, maar chagrijnig, naar de top. Er is niets behalve regen, wolken en een steil pad omhoog. Een aantal andere hikers komen ons tegemoet lopen.

'Je kunt beter omkeren, hoor, boven is helemaal niets te zien,' zeggen ze allemaal.

'Bedankt, maar we willen toch heel graag even de top bereiken!' is steeds ons antwoord, al weet ik eigenlijk niet of ik het nog wel zo graag wil.

Na drie uur omhooglopen zijn we er dan eindelijk: de top. Althans, dat staat op het bordje voor ons, want er is helemaal niets te zien. Een groot wolkendek ontneemt ons al het zicht en de regen wordt alleen maar erger. Ik kijk Joost lachend aan. 'Leuk hè, hiken?!'

Twee uur later staan we kletsnat weer bij onze camper.

'Ik vond het wel een avontuur, en dat uitzicht moeten we online maar even opzoeken,' zegt Joost, moe maar voldaan.

'Je kunt niet altijd dubbel zes gooien. Ik ben in ieder geval blij dat het erop zit! Tijd om lekker op te warmen met koffie en een uitgebreide lunch!' antwoord ik.

Waarom iedereen een keer voor langere tijd op reis zou moeten gaan
Vooraf is de lijst met redenen om juist niet voor langere tijd op reis te gaan vaak een stuk langer. In een jaar tijd leer je echter zoveel: je wordt zelfstandiger, zelfverzekerder, je leert verschillende culturen kennen, je gaat beseffen wat je hebt, je krijgt er nieuwe vrienden bij én je krijgt een heel nieuwe kijk op de wereld.

Mooiste zonsondergang en -opkomst?
Waar we ook waren, de zonsondergang wilden we altijd zien. De zonsopkomst lieten we in verband met de tijd juist vaak aan ons voorbijgaan. Ik (Joost) vind zonsondergangen zo mooi dat ik er op Bali zelfs een op mijn arm heb laten tatoeëren. We hebben er niet veel gezien, maar de allermooiste zonsopkomst zagen we toch wel echt op Gili Air. Bij hoge uitzondering gingen we hiervoor om halfvijf ons bed uit. De mooiste zonsondergang is een lastige... Als we dan écht moeten kiezen, zeggen we de zonsondergang op de Perhentians in Maleisië: vanaf het witte strand met een biertje en een zakje chips genieten van het uitzicht was magisch.

29 FEBRUARI 2020

Mijn ouders reizen in Nieuw-Zeeland net voor ons uit en sturen af en toe tips en dingen die we niet mogen overslaan door. Bijvoorbeeld: de helikoptertocht over de gletsjers van Mount Aspiring National Park.

'Wij kunnen wel steeds zeggen dat we geen bucketlist hebben, maar dit moeten we toch gewoon meegemaakt hebben? Ik heb nog nooit in een helikopter gezeten, jij wel?' vraag ik.

Joost heeft enorme hoogtevrees, dus eigenlijk weet ik het antwoord wel.

'Ik denk dat ik mijn angst even in mijn broekzak moet stoppen en dat we het maar moeten doen, hè? Je vader is niet snel onder de indruk, maar nu klonk hij zo enthousiast!'

'We maken een vlucht van een halfuur, stoppen boven op de gletsjer even zodat jullie een foto kunnen maken en daarna zet ik jullie af aan de andere kant van de berg. Jullie wandelen ongeveer twee uur richting de rivier en dan worden jullie met een speedboot weer teruggebracht,' begint de piloot tegen het kleine groepje waarmee we zo meteen in de helikopter mogen stappen. We moeten allemaal een voor een op de weegschaal staan om er zeker van te zijn dat we de helikopter niet overladen. Ook dit zorgt er niet voor dat Joost zijn angst makkelijk aan de kant kan zetten. We hebben het geluk dat we voorin mogen zitten, hoewel Joost volgens mij liever achterin had gezeten.

'*There we go!*' roept de piloot enthousiast en dan schieten we omhoog. We zien de besneeuwde bergtoppen tussen het groen uitsteken en ik zeg onophoudelijk tegen mezelf: 'Geniet ervan, want voor je het weet sta je weer op de grond!'

Elke keer denk je dat het niet mooier kan, en tóch blijft dit land onze verwachtingen overtreffen. Zelfs Joost stapt na de tocht met een glimlach van oor tot oor uit. 'Ik had helemaal geen hoogtevrees dit keer! Ik vond het alleen maar zo bijzonder en mooi!' zegt hij trots.

Unicorns, ik zag op Instagram dat jullie vanavond met de boot naar het Noordereiland gaan. Ik ben in Wellington voor werk, dus het lijkt me gezellig om even koffie te drinken! stuurt Hylke in onze groepsapp.

'Het kan toch geen toeval zijn dat we daar precies tegelijk zijn, zonder het af te spreken?' zeg ik tegen Joost als we aan boord van de ferry zijn gestapt die ons in drie uur naar de overkant brengt.

We hebben de boot op het nippertje gehaald. We stonden al ruim twee uur te wachten op de parkeerplaats vlak bij de ferry, toen Kiwi ineens niet meer wilde starten. (Kiwi is de naam die we dit campertje hebben gegeven.)

Met een steeds roder wordend hoofd probeerde Joost de camper te starten. 'Shit, ik heb de lampen aan laten staan terwijl we zaten te lunchen!'

Lichtelijk in paniek gingen we op zoek naar iemand die ons kon helpen. Gelukkig was de havenmeester heel behulpzaam en toverde hij startkabels tevoorschijn, waarmee we Kiwi weer aan de praat kregen.

'Nu wel even een rondje gaan rijden om de accu op te laden, anders komen jullie straks de boot niet meer af!' had hij ons geadviseerd.

Na een halfuur bereikt de ferry de open zee. Het wordt langzaam donker en de boot gaat als een razende tekeer. De ferry is reusachtig, maar toch schommelen en deinen we en de ene na de andere passagier begint over te geven. Iedereen om ons heen is spierwit, er worden kotszakjes uitgedeeld en een sterke geur van braaksel drijft af en toe voorbij. Joost en ik zijn allebei niet zo snel zeeziek, maar ook wij voelen dat we naar buiten moeten voor frisse lucht.

'Dit gaat een lange overtocht worden op deze manier. Kom, we gaan buiten staan, misschien helpt dat.'

Na meer dan drie uur bereiken we eindelijk het Noordereiland. We zijn bijna bevroren door de harde wind, maar buiten was het beter dan binnen.

'Wat een helse tocht, zeg. Alles is binnen gebleven, maar daar is dan ook alles mee gezegd,' zegt Joost met een wit gezicht.

'Heel snel weg hier!' zeg ik terwijl we de boot af rijden. Het is inmiddels elf uur 's avonds, en zoeken naar een camping is zinloos. Alles is al dicht.

'Ik heb net al even gekeken in de app; er is op twintig minuutjes rijden een straat waar we stiekem kunnen overnachten, dan zien we morgen wel verder!'

Slapen op plekken waar het eigenlijk niet mag blijft spannend. We slapen allebei dan ook lichter, alsof er elk moment politie kan aankloppen.

'Willen jullie anders in mijn hotelkamer even douchen?' stelt Hylke voor na een ontbijt en een kopje koffie in het centrum van Wellington. Dat laten we ons geen twee keer zeggen, we genieten van de superluxe hotelkamer. Hylke zei dat we prima even in zijn kamer konden bijkomen als we daar zin in hadden.

'Zullen we hier dan maar onze vlucht naar Japan verzetten?' stelt Joost voor. In Japan is de situatie op dit moment niet zo fijn, dankzij het coronavirus dat inmiddels zijn intrede heeft gedaan. We vinden Nieuw-Zeeland leuk genoeg om wat langer te blijven, dus voor zeventig euro per persoon stellen we onze vlucht drie weken uit.

Na twee uurtjes op het bed en een warme douche voelen we ons als herboren en we brengen de kamersleutel terug naar Hylke. Ik ben benieuwd waar ter wereld onze volgende ontmoeting zal zijn.

Tongariro Crossing wordt omschreven als een van de mooiste hikes ter wereld. Die mogen we dus niet overslaan. We gaan samen met Marit en Tom, met wie we de afgelopen tijd contact hebben gehouden, zeker nu we in Nieuw-Zeeland zijn en zij sinds een paar weken in Auckland wonen. Op een gratis camperplek vlak bij de start van de hike ontmoeten we elkaar de avond van tevoren. Zij met hun eigen campertje, wij met onze Kiwi. Na een stevige maaltijd en een paar potjes ezelen gaan we vroeg slapen. Onze wekker gaat om zes uur, zodat we een uur later aan de hike kunnen beginnen.

De volgende ochtend is het even gedoe om onze campertjes te parkeren. De hike start op een ander punt dan hij eindigt, dus we moeten eerst een stukje met een shuttlebus. Dit wisten we allemaal niet, dus uiteindelijk beginnen we anderhalf uur later dan gepland eindelijk aan onze tocht.

'Daar gaan we dan, leeeuk!' roept Marit enthousiast. TONGARIRO ALPINE CROSSING 19.4 KM, staat er op het bordje waar we snel een foto maken. Erachter staat nog een bord: *are you prepared*? Eronder staan een aantal onheilspellende vragen: *are you fit enough? do you have the essential gear? do you know how cold it will be? have you checked the weather?*

Nieuwe kijk op de wereld

De mensheid gaat op gruwelijke wijze met dieren om en op reis was dit voor ons een reden om te stoppen met het eten van vlees. We wisten dit eigenlijk al, maar waren ons er niet zo van bewust. Nu we het met eigen ogen gezien hebben, heeft dat echter onze ogen geopend. Dieren in minikooitjes op markten, dieren die op straat geslacht worden, te magere paardjes die veel te zware ladingen moeten trekken, zwerfdieren die zonder reden geslagen worden en dieren die in de brandende zon staan te puffen en geen kant op kunnen... Het voelt niet goed om dit in stand te houden, en ook thuis zullen we dus ons vegetarische eetpatroon voortzetten.

Ik voel de zenuwen in mijn buik en twijfel heel even over de eerste vraag. Ik heb alles op alles gezet om zo fit mogelijk op reis te gaan. Roys Peak ging me fysiek ook goed af, dus het moet goedkomen, toch? Voor mij is deze hike lopen lichamelijk een enorme overwinning. Natuurlijk gaat dit je lukken! pep ik mezelf in mijn hoofd op. Toch ben ik een beetje van het bord geschrokken. Zou het echt zo zwaar zijn?

Het eerste uur lopen we over een aangelegd vlak pad of, zoals dat hier heet, een boardwalk. Daarna gaat het langzaam over in een natuurlijk pad. De omgeving verandert steeds meer in een maanlandschap. Althans, ik denk dat het er op de maan ongeveer zo uitziet.

Het is zaterdag, een van de drukste dagen van de week voor deze hike. We waren bang dat we met hordes mensen achter elkaar zouden lopen, maar dat valt tot nu toe heel erg mee. Langs de route komen we steeds nieuwe borden tegen, met teksten als: is het slecht weer? keer om, het kan gevaarlijk zijn! Vandaag is het gelukkig een stralende dag, dus geen risico om bijvoorbeeld ingesneeuwd te raken.

Na twee uur wandelen begint de eerste klim omhoog. In totaal moeten we bijna achthonderd meter klimmen en zeker elfhonderd meter dalen, omdat de start hoger ligt dan het eindpunt.

Het eerste gedeelte gaat met een trap omhoog, maar later is het alsof we een vulkaan op moeten klimmen. We lopen door een heuvelachtig gebied met zo nu en dan immens kale vlaktes met daaromheen kraters, losliggende stenen en steile wanden die rood en bruin van kleur zijn. Op handen en voeten klimmen we omhoog en glijden vervolgens weer hele stukken naar beneden. Onderweg komen we langs een felblauw meer dat enorm naar rotte eieren stinkt. Het uitzicht is buitenaards: stomende stukken steen, zwarte rotsen en eindeloze vergezichten over het droge landschap.

Na uren lopen en afdalen zijn we er klaar mee. We klagen over pijn aan onze voeten en iedereen wordt steeds stiller.

'We hebben zo meteen echt bier en chips verdiend,' zeg ik tegen de rest.

'Goed idee!' antwoorden ze in koor.

Als eindelijk onze campertjes in het zicht komen, geeft mijn Fitbit 36.000 stappen en 323 verdiepingen aan. Mijn voeten doen zeer, maar verder ben ik onder de indruk van mijn lichaam.

'Zullen we meteen langs een supermarkt rijden voor ons avondeten en de biertjes?' vraagt Tom.

Bij de supermarkt blijf ik even in de camper zitten terwijl Joost, Marit en Tom met z'n drieën naar binnen gaan. Het duurt lang voordat ze weer naar buiten komen.

'Tjonge, we wilden alcoholvrije biertjes meenemen, maar ik had mijn ID niet bij me en zelfs biertjes zonder alcohol krijg je hier niet mee zonder ID!' zegt Joost gefrustreerd terwijl hij zijn ID uit zijn portemonnee vist. 'Wat een onzin. Nou, ik ben zo terug! Nu moeten we die biertjes hebben ook!' zegt hij en rent terug.

De biertjes smaken extra goed en binnen vijf minuten verslinden we twee zakken chips met z'n vieren. We zijn op een gratis camperspot gaan staan bij Lake Taupo. Het is het grootste meer van Nieuw-Zeeland, van maar liefst zeshonderd vierkante kilometer. Dat is net zo groot als Singapore, maar dan natuurlijk zonder die vijf miljoen inwoners.

Na een verfrissende duik in het meer sluiten we deze dag af

met een laatste potje ezelen, dat we door de vermoeidheid een stuk minder fanatiek spelen dan de avond ervoor. Na een lange nacht slaap nemen we de volgende ochtend afscheid van elkaar; Marit en Tom moeten morgen allebei weer aan het werk.

'Tot heel snel!' roepen we terwijl we allebei weer onze eigen weg gaan.

20 MAART 2020

De afgelopen dagen hebben we het nieuws goed in de gaten gehouden, maar corona lijkt hier in Nieuw-Zeeland nog ver weg. We zitten natuurlijk al dagen met dat stomme virus in ons hoofd en hebben al meerdere keren met het thuisfront gesproken. Moeten we onze reis gewoon doorzetten of toch maar terug naar huis gaan? Mijn ouders zijn heel resoluut: blijf. Maar ik wil niet blijven met de kans dat we dit land het komende halfjaar niet meer uit komen.

Ondertussen wordt onze vlucht naar Japan definitief gecanceld, wat ons gezien de laatste ontwikkelingen niet verbaast. In eerste instantie hadden we gehoopt dat de situatie daar beter zou zijn als we drie weken zouden wachten, maar dat blijkt allesbehalve het geval.

Na twee dagen zonder douche rijden we naar het dichtstbijzijnde zwembad om voor een paar euro te kunnen douchen. Voordat we gaan douchen zoeken we naar tickets naar Nederland. We zijn allebei verdrietig en teleurgesteld, want het laatste wat we willen is naar huis gaan. We willen onszelf echter ook niet opsluiten. De verwachting is dat Nieuw-Zeeland binnen niet al te lange tijd in lockdown gaat, net als Nederland. In onze camper zal dat er niet bepaald leuker op worden.

Na lang wikken en wegen nemen we een beslissing: we boeken een veel te duur ticket naar huis. Over twee weken staan we weer op Nederlandse bodem. We zijn allebei boos, verdrietig en teleurgesteld dat onze reis zo moet eindigen. Maar ik ben ook opgelucht dat we een besluit hebben genomen. We zijn het afgelopen uur niet zo lief voor elkaar geweest, maar 'jij bent de enige die in de buurt is' is dan vaak de reden dat we onze frustratie op elkaar richten.

'We gaan dit stressuurtje nu even lekker van ons af douchen!' zucht ik tegen Joost terwijl ik hem een knuffel geef. Er waren nog amper tickets te vinden, dus dat het überhaupt is gelukt mag een klein wonder genoemd worden. Nu duimen dat deze vlucht niet geannuleerd wordt.

Toen we Tom en Marit vertelden dat we besloten hadden om naar huis te gaan, spraken we meteen af om nog een laatste weekend met z'n vieren door te brengen. Hiken, watervallen bekijken, spelletjes doen, wijntjes drinken, de zonsopgang bekijken. Natuurlijk hebben we het vooral over corona. Ook voor Marit en Tom is het lastig. Zij wonen hier, maar moeten ook een keuze maken. De kans bestaat dat zij hier straks ook vastzitten.

Na ons gezellige laatste weekend moeten zij helaas weer werken. Wij rijden door richting Coromandel, een schiereiland vlak bij Auckland. Als we de volgende ochtend wakker worden kijkt Joost op zijn telefoon en zegt: 'Ik voelde het al een beetje aankomen, maar onze vlucht is geannuleerd...'

'Meen je dat?' zeg ik verbaasd. 'En nu?'

Joost lijkt kalm, maar ik zie dat hij het ook even niet weet. 'Ik heb geen idee. We gaan er gewoon een leuke dag van maken, wachten de persconferentie van de minister-president vanmiddag af en zien het wel.'

Als we aankomen bij Hot Water Beach, een toeristisch strand met heetwaterbronnen, komt de regen met bakken uit de hemel. Alsof het een voorteken is voor alle ellende. We blijven even in de auto zitten en luisteren naar de persconferentie.

'Nieuw-Zeeland gaat binnen 48 uur in lockdown,' horen we.

'Hè? Waar komt dit ineens vandaan?' zeg ik tegen Joost.

Beduusd staren we allebei voor ons uit.

'Oké, wat gaan we doen? Als we niet meer met onze camper mogen rijden, moeten we hem inleveren en een hotel of appartement zoeken, denk je ook niet?' zegt Joost. Er zijn maar een paar coronagevallen bekend in het land, maar de premier wil alles op alles zetten om het virus zo snel mogelijk het land uit te krijgen. Daarom gaat het hele land in een zeer strenge lockdown. Alles gaat dicht: scholen, winkels, horeca. Eten afhalen of laten bezorgen is niet mogelijk en iedereen moet voor de komende vier weken een plek zoeken. Jezelf verplaatsen in de auto zonder geldige reden is verboden.

Vanwege de regen nemen we niet eens de moeite om Hot Water Beach te bekijken, maar boeken we via Airbnb voor de komende nachten een appartement in het centrum van Auckland. Dat lijkt ons het verstandigst, zo dicht mogelijk bij de plek vanwaar we naar huis vliegen. We bellen de verhuurmaatschappij, die ook adviseert om de camper terug te brengen. Dat moet wel voor vijf uur. Het is inmiddels halfdrie en het is nog tweeënhalf uur rijden.

'We crossen zo snel mogelijk naar die verhuur, gooien al onze spullen terug in de backpacks en nemen vanaf daar wel een taxi richting het appartement,' zegt Joost kortaf. Hij is duidelijk boos op de hele situatie en dat komt weer even volledig op mij terecht. Ik weet dat hij het niet zo bedoelt, maar de sfeer wordt er niet beter op.

'Luister, we kunnen hier allemaal niets aan doen, dus je zet nu je glimlach op en je stopt met mokken!' zeg ik plagerig met serieuze ondertoon. Het helpt: hij moet lachen, we zetten 'Never Going Home' keihard aan en zingen blèrend mee.

Vijf minuten voor sluitingstijd leveren we Kiwi in. Met een brok in mijn keel zwaai ik naar ons campertje, omdat het afscheid voelt als een veel grotere stap die we nog helemaal niet wilden zetten: terug naar huis. De vraag is alleen wanneer, en hoe.

Het appartement is eigenlijk een heel kleine hotelkamer met een keukentje, maar na weken in de minicamper voelt dit enorm luxe.

'Eigenlijk had ik hier ook wel echt even zin in!' zeg ik blij tegen Joost.

'Tjonge, ik vind het knap dat jij altijd alles meteen van de positieve kant bekijkt. Maar je hebt gelijk!'

Een warme douche, een fijn keukentje, een lekker zacht bed (want het camperbed was een baksteen!), een enorme tv en een perfecte locatie: recht onder de Sky Tower van Auckland. We mogen gelukkig nog wel naar buiten voor de boodschappen en een frisse neus. 's Avonds vallen we als een blok in slaap, na een dag vol spanning en adrenaline.

'Heb je dat berichtje in onze DM al gezien?' zeg ik zodra Joost wakker wordt.

'Nee, wat dan?'

'Het is van iemand die ons volgt en bij een uitgeverij werkt, of we er wel eens over na hebben gedacht om een boek te schrijven!' Dit idee zat al in mijn hoofd voordat we op reis gingen, maar ik wilde ook volop genieten van de reis. 'Ze wil van de week even met ons facetimen!'

Er zijn geen vluchten meer te krijgen, tenzij we drieduizend euro per persoon betalen. Gelukkig zitten er duizenden Nederlanders met hetzelfde probleem vast in Nieuw-Zeeland. Er worden appgroepen opgericht met alle gestrande Nederlanders en via de Nederlandse media krijgen we te horen dat de repatriëring binnen een week op gang zal komen. Er zit dus niets anders op dan dat af te wachten. Gelukkig kunnen we ons ondertussen richten op iets positiefs. Na een leuk FaceTime-gesprek mogen we een eerste hoofdstuk schrijven. Als dat bevalt gaan we misschien wel samen een boek schrijven. In slechts een paar dagen tijd is er zoveel gebeurd...

Contact houden met het thuisfront is door het tijdsverschil best lastig, dus we facetimen meestal meteen als we wakker worden en het in Nederland twaalf uur vroeger is. Onze dagen bestaan uit ontbijtjes maken, yogalessen volgen via YouTube, rondjes wandelen (we mogen officieel niet verder dan een kilometer van huis), boodschappen doen, af en toe even op straat afspreken met Marit en Tom, koken, netflixen en nog meer rondjes wandelen. Het is zonde dat we niets kunnen doen, want we kunnen ons best voorstellen dat Auckland normaal een gezellige en bruisende stad is. In vergelijking met Australië zijn de dorpjes in Nieuw-Zeeland sowieso iets moderner en vooral iets luxer. Waar het in Australië soms troosteloos en onbewoond aandeed, is dat in Nieuw-Zeeland wel echt anders. We merken het ook aan het type toerist: waar we in Australië vooral jonge backpackers tegenkwamen, zien we in Nieuw-Zeeland veel meer de generatie van onze ouders in grote luxe campers door het land trekken.

We houden het nieuws scherp in de gaten. Elke dag is er om twee uur een persconferentie en komen er dagelijks een paar besmettingen bij. In Nederland zijn dat er momenteel duizenden per dag, maar toch is in Nieuw-Zeeland de lockdown veel strenger. We leven op dit moment in twee werelden tegelijk. Overdag proberen we zo goed en zo kwaad als het gaat ons Nieuw-Zeelandse lockdownleventje vorm te geven. Als wij slapen is Nederland wakker en gebeurt er van alles dat ook betrekking heeft op ons. Ik ben iedere ochtend vroeg wakker en grijp dan direct naar mijn telefoon voor het laatste nieuws. Ik hoop steeds op een berichtje dat we worden gerepatrieerd. We hebben ons aangemeld via verschillende sites van Buitenlandse Zaken voor een eventuele terugvlucht en kunnen niets anders doen dan wachten.

Gelukkig is de eigenaar van ons appartement heel meelevend en kunnen we de huur steeds voor drie dagen verlengen, zodat we kunnen vertrekken wanneer het nodig is, maar ook niet zomaar op straat staan. Veel hotels zijn gesloten omdat ze geen nieuwe gasten willen ontvangen vanwege het risico op een corona-uitbraak. Wij hadden mazzel dat we dit nog konden boeken; de meeste Airbnb-verhuurders hebben hun appartement inmiddels uit de verhuur gehaald.

8 APRIL 2020

Na twee weken is het dan eindelijk zover: we vliegen naar huis. Twee dagen geleden kregen we een mail met onze tickets voor een vlucht naar Amsterdam. We moesten van tevoren akkoord geven op de negenhonderd euro per persoon die het ons gaat kosten. Dat is een vastgestelde prijs vanuit Buitenlandse Zaken voor repatriëring buiten Europa, of je nu terugkomt uit Marokko, Bali of Nieuw-Zeeland.

Twee weken klinkt niet lang, maar omdat we elke dag in spanning zaten of we eindelijk iets zouden horen voelde het als een eeuwigheid. En totdat ik in het vliegtuig zit blijf ik een beetje nerveus. Gelukkig mogen we mee.

Via een overstap op Kuala Lumpur vliegen we terug naar huis. Het is een reis van bijna dertig uur. Als de captain omroept dat we bijna gaan landen op Schiphol moet Joost ineens huilen. Dat gebeurt bijna nooit, maar nu zie ik intens verdriet, en tegelijkertijd enorme dankbaarheid in zijn ogen.

'Ik vond onze wereldreis zo fantastisch, lieverd,' zegt hij terwijl hij zijn hoofd op mijn schouder legt.

Ik huil met hem mee. 'Dit was de reis van ons leven!'

DANKWOORD

'Gaan jullie je reis nog afmaken? Wanneer gaan jullie naar Japan? Balen jullie niet dat jullie naar huis moesten?' Het zijn vragen die ons nog geregeld gesteld worden, en waar wij inmiddels al een antwoord op hebben gevonden. Natuurlijk was het ontzettend k*t dat we onze reis moesten afbreken en is onze droom om naar Japan te gaan nog steeds niet uitgekomen. Maar desondanks voelt het wel alsof deze wereldreis klaar en afgerond is. We zijn nét geen jaar (354 dagen) op reis geweest, hebben zestien landen bezocht en bijna 90.000 kilometer afgelegd. Dat neemt niemand, zelfs geen virus, ons meer af. We hebben het leven gevierd, nieuwe vrienden gemaakt, onszelf nog beter leren kennen, herinneringen voor altijd gemaakt en zo kunnen we nog wel even doorgaan. Twijfel jij om op reis te gaan? Doe het! Je krijgt er never nooit spijt van. We hopen dat dit boek jou een stukje verder heeft geholpen op weg naar de reis van je leven. Als wij het kunnen, dan kun jij het zeker.

Na ons eerste boek, waarin jullie een vlieg op de muur waren tijdens het leukemieproces, kwam er zowel vanuit jullie als Xander Uitgevers de vraag of de 'vlieg' ook nog mee de backpack in kon. Daar hoefden wij niet lang over na te denken. Precies een jaar na het tekenen van ons contract voor *Beter op reis*, tekenden we voor *De reis van je leven*. Het schrijfproces vonden we net als de vorige keer een feestje en heeft ons reisgevoel weer helemaal doen opvlammen.

Deze wereldreis was dan ook niet onze laatste lange reis, Japan gaan we zeker ooit nog bezoeken. We willen Xander Uitgevers en wederom Lotte in het bijzonder enorm bedanken.

We zijn heel benieuwd wat je van ons boek vond, en we vinden het natuurlijk te gek als je ons laat weten waar jouw volgende reis naartoe gaat! Heb je na het lezen van ons boek toch nog een prangende reisvraag? Je weet ons te vinden op Instagram!

Heel veel unicornglitters,

Joost & Viora
@bemoreunicorn.nl